Saberes americanos:
subalternidad y epistemología en los escritos de Sor Juana

Yolanda Martínez-San Miguel

©Serie *Nuevo Siglo*, 1999
Instituto Internacional de Literatura Iberoamericana
Universidad de Pittsburgh
1312 Cathedral of Learning
Pittsburgh, PA 15260
(412) 624-5246 • (412) 624-0829 FAX

Colaboraron en la preparación de este libro:

Composición: Erika Braga
Correctores: Ana María Caula y Rodrigo Naranjo
Diseño de portada: David Wallace

DEDICATORIA

A Lourdes Mercedes Frías Pardo, porque el 18 de julio de 1990 emprendiste un viaje silencioso e incomprensible. Contigo aprendí a cuestionar aquello que creía mi saber, cuando no pude siquiera imaginar, mucho menos comprender, todo aquello que estaba ocurriendo entre nosotros, los que nos quedamos aquí a hacerte día a día, por medio de nuestros recuerdos. Quiero devolverte una parte de lo mucho que de ti nos entregaste con la confianza de que, sin importar el tiempo ni el lugar, te íbamos a llevar siempre con nosotros. Gracias por regalarme la posibilidad de este afecto que no conocía.

— Desde Berkeley, ciudad de tránsitos.

TABLA DE CONTENIDO

Introducción 1
   Subjetividad y saber en la escritura de Sor Juana 3

Capítulo I 17
   Modernidad, barroco y subalternidad múltiple en Sor Juana: el siglo XVII y la constitución de una subjetividad epistemológica americana 19

   1. Siglo XVII: El sujeto-en-tránsito a la modernidad 19
   2. Literatura, epistemología y legitimación de otros sujetos y saberes 36
   3. Sujeto femenino y colonial en la Nueva España 38
   4. Saber y poder en la Colonia: el sujeto cognoscitivo subalterno 42

Capítulo II 45
   La constitución de una subjetividad femenina ante la emergencia de un nuevo paradigma del saber 47

   1. El sujeto epistemológico occidental y la crisis del paradigma moderno 47
   2. Constitución de una subjetividad intelectual femenina en la poesía de Sor Juana 51
   3. El debate entre el sujeto del conocimiento, la comunidad y el cuerpo: el *Primero sueño*, la "Carta de Monterrey" y la *Respuesta a Sor Filotea* 69
   4. Conclusión: articulando un sujeto femenino culturalmente inteligible 102

Capítulo III 105
   Sociedad colonial y *performance* femenino: representaciones de la subjetividad intelectual femenina en el teatro secular de Sor Juana 107

   1. El teatro y la constitución de un agente femenino 107
   2. La mujer en la sociedad colonial novohispana 110
   3. Teatro secular y *performance* de una subjetividad femenina intelectual 113

Capítulo IV 133
Saberes americanos: la constitución de una subjetividad colonial en los escritos de Sor Juana 135

1. El debate colonial y postcolonial 135
2. Fiesta barroca, arte masivo y subjetividad colonial 141
3. Los villancicos y la construcción de una "epistemología inter-cultural" 151
4. Subjetividades coloniales y la multiplicidad del saber 165

Capítulo V 169
Articulando las múltiples subalternidades en Sor Juana: la inscripción del sujeto femenino y colonial en los autos sacramentales y el debate teológico desde una discursividad criolla 171

1. Introducción: el auto como espacio de difusión e imposición de un saber 171
2. Las loas y los autos sacramentales: constitución y legitimación de un sujeto colonial y femenino ante el saber ... 175
3. Conclusión: transformación del auto desde una discursividad criolla 197

Capítulo VI 205
Subalternidad, poder y conocimiento en el contexto colonial: las conflictividades de la conciencia criolla 207

1. Sor Juana y el criollismo en la escritura colonial 207
2. La escritura "criolla" de Sor Juana: conflictividades de una discursividad colonial 213
3. Retóricas de la restitución: los estudios literarios y la "nacionalización" de las letras coloniales 225
4. Ficciones del latinoamericanismo: hacia una superación de la lectura criollista 231

Apéndices 237

Bibliografía 251

Nota Editorial 281

AGRADECIMIENTOS

Este proyecto ha sido producto del trabajo de mucha gente que ha colaborado conmigo de diversas maneras. Primero, quiero agradecer a los miembros de mi comité de tesis, Emilie Bergmann, Georgina Sabat-Rivers, Antonio Cornejo-Polar y Norma Alarcón, cuyos comentarios me ayudaron a precisar cómo debía armar este estudio de la obra de Sor Juana. También quiero agradecerle a Francine Masiello y Luiza Moreira, cuyas sugerencias a mi propuesta inicial fueron muy importantes para darle forma final a este texto. Sin los comentarios, diálogo y apoyo continuo de todos ellos este proyecto hubiera sido infinitamente menos fascinante para mí.

Quiero también agradecerle a Yolanda San Miguel, por su lectura dedicada de todo el manuscrito, algo que sólo el amor de una madre puede emprender con tanta intensidad y cuidado. Carlos Delgado, Micaela Chávez, y Luis Villar me asistieron, junto con todo un ejército de bibliotecarios, a localizar los materiales bibliográficos que he manejado para producir este texto; con su interés, eficiencia y ayuda desinteresada, me enseñaron que es imposible trabajar sin su colaboración. De igual manera quiero agradecer los valiosos comentarios de los lectores que recomendaron la publicación de este manuscrito al Instituto Internacional de Literatura Iberoamericana.

El apoyo emocional de tantos amigos tampoco puede quedar en el silencio, pues fueron ellos quienes me dieron la oportunidad de distanciarme de mi proyecto para poder volver a él con más energía. Por ello le agradezco a Jossianna Arroyo, Anjouli Janzon, Francisco García Serrano, Luz Mena, Carmen Ortiz, Javier Rodríguez, Betzaida Ramos, Alvin Rodríguez, Glenda Escanellas, Esteban Ramírez, Marisa Belausteguigoitia, Carlos Ramos, María Elena Rodrígez Castro y Oscar Moreno. Especial es mi agradecimiento al profesor y amigo Julio Ramos, quien supo barajar ratos de trabajo y ocio para acompañarme en este proceso de reflexión y escritura. Sus comentarios sobre la mayor parte de este manuscrito, pero también la posibilidad de compartir parte de su trabajo intelectual, lo hicieron uno de mis interlocutores más especiales durante mi estadía en Berkeley.

Hay gente a la que uno nunca puede agradecerle lo suficiente su compañía, afecto y apoyo. Quiero agradecerle a mi padre, Benjamín Martínez López, su cariño incondicional e ilimitado, de modo que nuestra cercanía estuvo siempre cifrada en mi certeza de su afecto. Aprendí de él la devoción hacia el estudio de la literatura, y la pasión por la ficción en todas sus formas. A mis hermanos Pablo y Mereche les agradezco las miles de conversaciones y mensajes electrónicos, en los que me hablaron de muchas tramas familiares que también he incorporado a este proyecto.

A Eugenio Frías Pardo le agradezco infinitamente muchísimas cosas: su amor constante, su diálogo consistente y sincero, y sobre todo su compañía a lo largo de los numerosos viajes que han ido trazando mis pasos en este texto. También le agradezco las muchas horas que soportó mis reflexiones y "espaceos" y las muchas veces que se amaneció escuchando cómo iba a escribir el próximo capítulo sin decir nunca que se aburría, o sin cansarse del tiempo que la escritura le robaba a nuestros encuentros. Su apoyo técnico en el mundo de las computadoras también fue vital en la materialización de este proyecto. La deuda que contraje con él, no se la pagaré nunca.

Finalmente, este libro no hubiera sido posible sin el apoyo continuo de la Ford Foundation, quienes me otorgaron una *Ford Foundation Predoctoral Fellowship* (1990-1995) y una *Dissertation Fellowship* (1995-1996) que me permitieron viajar a investigar a la ciudad de México, y concluir la redacción de la primera versión de este manuscrito mucho antes de lo esperado. Asimismo la Universidad de Princeton me ofreció el apoyo necesario para hacer posible la publicación de este libro, al concederme una *Grant of Research in the Humanities and Social Sciences* (1998-1999).

INTRODUCCIÓN

Subjetividad y saber en la escritura de Sor Juana

> Yo no estudio para escribir, ni menos para enseñar
> (que fuera en mí desmedida soberbia), sino sólo por
> ver si con estudiar ignoro menos (444).
> —Sor Juana Inés de la Cruz, *Respuesta a Sor Filotea*.

Al leer la obra de Sor Juana resulta notable un interés muy marcado por el saber y por la descripción de los procesos mediante los cuales un determinado sujeto puede llegar a conocer. Poemas como el *Primero sueño*, obras en prosa como la *Respuesta a Sor Filotea*, y obras dramáticas como el *Divino Narciso* y *Los empeños de una casa* apuntan de diversos modos a una preocupación con el conocimiento y el desarrollo de la capacidad intelectual humana en un contexto muy particular: el de una sociedad colonial que intenta acceder a una serie de debates oficiales sobre la educación y modos de saber legítimos en la época. Es por ello que me interesa estudiar este tema en los escritos de Sor Juana, en un deseo de contextualizar su tratamiento del conocimiento en una reflexión sobre el modo en que sus textos postulan la creación de una subjetividad intelectual femenina, colonial y americana.

La lectura epistemológica de los textos de Sor Juana se inició desde mediados de nuestro siglo, con propuestas como las de Francisco López Cámara (1950) y Gerard Cox Flynn (1960), quienes debaten sobre las posibilidades de que en Sor Juana predominen tendencias cartesianas o neoplatónicas, pero que excluyen por completo la condición femenina y colonial en la postulación de este discurso cognoscitivo.[1] Por otro lado, muchas de las lecturas feministas de su obra se concentraron en los múltiples entrecruces discursivos en que se generó esta preocupación epistemológica de Sor Juana. Aunque en estos comentarios se identifica un sujeto intelectual que se plantea el problema del conocimiento, el modelo es siempre Descartes, Platón o Aristóteles, por lo que se deja a un lado uno de los aspectos fundamentales de estos textos: quién habla y qué estrategias utiliza para autorizarse. No obstante, los estudios más recientes sobre Sor Juana

---

[1] Paula Gómez Alonzo ofrece una breve reseña de los estudios que abordan el tema filosófico en la obra de Sor Juana en su artículo "Ensayo sobre la filosofía en Sor Juana Inés de la Cruz", publicado en 1956. Algunos estudios más recientes que siguen la misma línea que señalamos en López Cámara y Flynn incluyen la tesis de licenciatura de Antonieta Guadalupe Hidalgo Ramírez, *El pensamiento filosófico en la obra de Sor Juana Inés de la Cruz* (1990), en la que comenta brevemente sobre la problemática femenina y el saber filosófico, y "La filosofía escolástica en la poesía de Sor Juana" de Mauricio Beuchot y que aparece en sus *Estudios de historia y de filosofía en el México colonial*.

—entre los que se encuentran las reflexiones críticas de Stephanie Merrim, Electa Arenal, Margo Glantz, Georgina Sabat Rivers y Mabel Moraña[2] — ya han comenzado a explorar el entrecruce entre la epistemología y la condición femenina. Al mismo tiempo, la reconfiguración del campo de los estudios coloniales después de la crisis disciplinaria de finales de la década del ochenta ha estimulado nuevos acercamientos discursivos que han enriquecido el estudio de la escritura colonial. Una de las aportaciones más significativas de este debate fue la incorporación del contexto colonial como elemento que resulta imprescindible para reflexionar sobre las particulares reformulaciones que realiza Sor Juana de las epistemologías predominantes en Europa, no sólo desde su perspectiva femenina, sino desde una perspectiva decididamente americana. Por lo tanto, me interesa concentrarme en cómo el sujeto femenino, colonial y criollo que enuncia este discurso intenta autorizarse para entrar en un discurso tradicionalmente masculino y eurocéntrico.

Por otro lado, la obra de Sor Juana también se ha ubicado en un momento de transición entre el escolasticismo y el saber moderno:

> Por las razones expuestas, el pensamiento de Sor Juana es el primero que en la historia de las ideas señala, precisamente a causa de sus oscilaciones entre lo nuevo y lo antiguo, el tránsito a la modernidad. [...] Exponiendo una concepción que no es científica, de los astros, por ejemplo, enuncia pensamientos modernos. Al igual que los autores de transición las doctrinas rebotan espontáneamente del sistema que se abandona a las nuevas posiciones (Moreno 132).

Sobre este aspecto se ha generado una amplia controversia, que se divide entre los que la ubican como figura de transición y ruptura (Klor de Alva, *Introduction*; Ross, "Carlos Sigüenza"; M. Beuchot, "Microcosmos, filosofía"), los que la ven como figura de incipiente conciencia diferenciada que no llega, sin embargo, a una concepción moderna del sujeto y el saber (Moreno; G. Méndez Plancarte, *Humanismo mexicano en el siglo XVI*), y los que la ubican de lleno como una conciencia moderna (Francisco López-Cámara, "El cartesianismo en Sor Juana" y "Las ideas científicas", P. Gómez Alonzo, T. León, A. Roggiano "Conocer y hacer"). Aunque no es mi interés

---

[2] Me refiero a textos como el libro editado por Stephanie Merrim, *Feminist Perspectives on Sor Juana Inés de la Cruz*, que incluye un importante ensayo de Electa Arenal sobre la constitución de una epistemología femenina titulado "*Where Woman is Creator of the Wor(l)d. Or, Sor Juana's Discourses on Method*", al ensayo de Georgina Sabat-Rivers "Mujer ilegítima y criolla: en busca de Sor Juana" incluido en *Crítica y descolonización: El sujeto colonial en la cultura latinoamericana*, y al libro de Mabel Moraña, *Viaje al silencio: exploraciones del discurso barroco*, que dedica una sección a la obra de Sor Juana, así como la obra de Margo Glantz sobre la preocupación epistemológica y la escritura en la obra de Sor Juana.

el determinar si Sor Juana accedió a la modernidad o no, resulta interesante que su particular acercamiento a la epistemología muestra más una falta de noticias específicas sobre las nuevas teorías astronómicas, médicas[3] y físicas, que un rechazo al nuevo método científico como tal, y en particular, a un nuevo sujeto cognoscitivo:

> La modernidad de Sor Juana no consiste en un repertorio de convicciones filosóficas, sino en la actitud titubeante que toma frente a los fenómenos de la naturaleza, sus misterios y las posibles soluciones científicas. Más que un pensamiento sistemático, hay en ella una preocupación por la verdad, por la certidumbre del conocimiento; mejor que una certeza es un recelo: no una afirmación, sino una duda (López Cámara, "Las ideas científicas de Sor Juana" 6).

Por ejemplo, su "desconfianza hacia la intuición" apunta a un nuevo método del saber científico y experimental (Gómez Alonzo 63). Por lo tanto, la obra de Sor Juana recoge una serie de tendencias que sugieren una utilización un tanto autónoma de principios que en ese entonces ya conformaban el nuevo sistema epistemológico de la modernidad:

> Nonetheless, this hunger to know all things demonstrates Sor Juana's confidence in reason (as opposed to authority) and its capacity to understand all things. She also appears modern in her belief that the end of understanding is to form order. Order and unity are requisites without which a clear idea is impossible (Klor de Alva, *Introduction* B-27).

En este sentido, Klor de Alva inscribe a Sor Juana en un movimiento más bien colectivo, rompiendo con la idea generalizada de que su obra fue un caso aislado que no tuvo impactos institucionales hasta mediados del siglo XVIII (Moreno 157). Continuando con este mismo gesto de lectura, Alfredo Roggiano ubica la obra de Sor Juana en la coyuntura misma de la transformación del paradigma epistemológico que incidió en una nueva conceptualización de saber y conocer:

---

[3] Francisco Fernández Castillo ha estudiado el saber de Sor Juana sobre la medicina, y ha concluido que en su obra Sor Juana sigue los principios de Galeno, y que no parece haber conocido la teoría fisiológica de Harvey. Señala, sin embargo que: "[a]unque saturada de la ciencia impasible de los antiguos, Juana Inés, con un criterio adelantado de su tiempo, concebía la posibilidad de una ciencia dinámica, en perpetua creación, tal como la había planteado Sir Francis Bacon" (*Sor Juana Inés de la Cruz y la medicina de su tiempo* 7). Sus estudios sugieren, entonces, una visión moderna del saber que coexistía con una falta de conocimiento de los últimos adelantos en los estudios europeos. Esto apuntaría nuevamente a la problemática de la marginalidad de la América colonial frente al saber eurocéntrico y metropolitano.

> [...] porque saber equivale ahora a conocimientos *nuevos*, diferentes de los establecidos. Estos se identifican con el sueño, que es un detenerse de la actividad del hacer, de la conciencia. Saber es más que conocer, como veremos, porque es un ir haciendo el conocimiento. Saber se equipara a hacer en un sentido estrictamente gnoseológico de la actividad del hombre ("Conocer y hacer" 51).

Parecería, entonces, que el trabajo escriturario de Sor Juana se detiene precisamente en los nuevos saberes que surgen a partir de las diversas coordenadas diferenciadoras que definen su acercamiento al conocimiento, tales como su condición femenina, colonial y criolla americana. Si algo se destaca en las alusiones al debate epistemológico en los escritos de Sor Juana es su noción de que el saber se limita al esfuerzo individual de un ser humano que se integra a un contexto histórico (Roggiano, "Conocer y hacer" 52; León 224). Por ello mi estudio se centra en la lectura de los escritos de Sor Juana para trazar la constitución de una serie de subjetividades epistemológicas que se urden a partir de los entrecruces de los elementos femenino y colonial. Llevo a cabo este análisis leyendo cada uno de estos elementos por separado para articularlo más adelante en la interacción de las múltiples facetas de la subjetividad epistemológica colonial que construye Sor Juana en sus textos.

Para comenzar a armar nuestra lectura es preciso detenerse inicialmente en las nociones de sujeto y epistemología en las que se fundamenta esta reflexión. Por ello el capítulo primero se dedica a un estudio del estado de la educación, la filosofía y el conocimiento en Nueva España a fines del siglo XVII. Dada su condición colonial y periférica, la Nueva España accedió de un modo un tanto fragmentario y desigual al influjo de ideas modernas sobre el saber empírico y científico y a las nociones de la subjetividad racional. Este tema ha sido objeto de una amplia controversia entre los estudiosos de esa época de la historia de las ideas en el México colonial, y por ello resumo brevemente algunos de los puntos sobresalientes de este debate. El estudio de materiales de archivo, y de otros textos producidos en la época que se han hecho accesibles en los últimos años, sugieren que el siglo XVII se caracterizó por numerosas pugnas simultáneas y heterogéneas entre las instituciones educativas, religiosas y gubernamentales locales y las instancias de poder metropolitano, que ejercían un control desfasado sobre los centros virreinales en las colonias. Asimismo, la presencia y coexistencia de una serie de culturas indoamericanas —con sus ideas particulares sobre el sujeto cognoscitivo y un sistema educativo comunal— añade otro nivel de interacción más que incide sobre el estado del sistema educativo en la Nueva España.

Por otro lado, es necesario ubicar a Sor Juana en el entramado de redes de poder institucional desde donde se produjo su reclamo de un derecho a un saber oficial. Es por ello que también me detengo en el primer capítulo en una breve caracterización de la vida en los monasterios y conventos, y del estado de la educación femenina en la época en que Sor Juana escribía sus textos en defensa de la instrucción de la mujer. Es a partir de esta contextualización general del estado de las ideas epistemológicas y del contexto desde el cual escribe Sor Juana que se emprende la lectura de sus textos para articular a partir de los mismos tres instancias particulares del sujeto: la dimensión femenina, la colonial y la criolla.

En el segundo capítulo releo la poesía lírica, algunos villancicos y sonetos filosófico morales para ampliar la reflexión llevada a cabo por Sabat-Rivers y Bergmann sobre cómo Sor Juana se apropia de la retórica poética de la representación del cuerpo femenino, pero asumiendo una perspectiva femenina: "los poemas de Sor Juana expresan sentimientos refinados, propios de una complicadísima estructura social, mientras reflejan toda una historia de pérdida, recuperación y presencia conflictiva de la voz del deseo femenino" (Bergmann, "Ficciones de Sor Juana" 179). Lo interesante de estos poemas es que en muchos de ellos se reformula un lenguaje del deseo que implica en última instancia una alabanza de la capacidad intelectual femenina. En este capítulo construyo una narrativa que comienza con la reformulación de un ícono de belleza que incorpora la capacidad intelectual como un atributo femenino. Este atributo se desplaza entonces a los versos teológicos y religiosos y se convierte en una virtud de las figuras femeninas religiosas como la Virgen María y Santa Catarina. Por último, en estos textos se opera una condensación que se apropia del lenguaje pedagógico y académico para postular la belleza femenina como fuente de un saber fundamental sobre la vida y sus rigores. De este modo los textos poéticos urden un complejo entramado semántico que ubica lo femenino en el centro del discurso institucional y disciplinario que difundía el saber oficial en la época.

Asimismo es importante tomar en cuenta los elementos satíricos de esta poesía, pues por medio de la ironía es que Sor Juana logra cuestionar y subvertir la estructura de un discurso de la representación del deseo que había sido claramente masculino.[4] Por medio de la ironía de textos como los "Ovillejos" se logra construir un saber parcial y localizado que cuestiona la legitimidad absoluta del saber oficial metropolitano. Por tanto, mi análisis se ubica particularmente en esa coyuntura de apropiación del lenguaje representativo y la constitución de una subjetividad femenina que tiene acceso legítimo a un saber.

Otro de los textos en que se articula más claramente esta transgresiva preocupación epistemológica de Sor Juana es su *Primero sueño* y es

---

[4] Julie Greer Johnson ha trabajado este tema en "La obra satírica de Sor Juana" y en *Satire in Colonial Spanish America*, donde le dedica una sección a la obra de Sor Juana, en particular, a sus redondillas "Hombres necios", los sonetos burlescos, los ovillejos satíricos, la *Respuesta* y algunas obras de teatro.

precisamente éste uno de los escritos con el que concluyo la reflexión de mi segundo capítulo. En el *Primero sueño* identifico una propuesta de un sistema de conocimiento que se enuncia desde el discurso literario, con un estilo decididamente gongorino, y en la cual el sujeto se define a partir de una supuesta asexualidad y de la posposición de un cuerpo, en un gesto similar a la lectura que hace Spivak en donde se localiza "the woman's body as last instance, and elsewhere" ("Woman in Difference" 117). Una vez que el sujeto logra demostrar su competencia para llevar a cabo el metafórico viaje que alude al proceso de conocimiento, se revela su género femenino a través de la aparición del cuerpo que se encuentra en "otro lugar," en relación al deseo intelectual. Por tanto, el cuerpo femenino se convierte en un espacio alternativo desde donde se pueden formular intereses epistemológicos. De esta forma, el hablante se autoriza primero en el discurso, para luego revelar que carece de uno de los elementos esenciales del sujeto que tradicionalmente enuncia el discurso epistemológico: la masculinidad. Por otro lado, esta posposición del cuerpo, y el énfasis en la racionalidad que resulta evidente en el poema, puede responder a la inescapable realidad de que el cuerpo posee una sexualidad a la cual se le impide acceder al discurso epistemológico. Esta es la línea de la lectura que propone José Gaos, cuando dice que el poema expresa el fracaso del afán mismo de saber pues "su feminidad era impedimento capital a la realización plenaria de esa humanidad" ("El sueño de un sueño" 68). En este tipo de lectura, el cuerpo —en tanto sexualidad— y el conocimiento se excluyen a la misma vez que coinciden en la producción de un saber diferente —por su parcialidad y reconocimiento de límites— que se quiere incorporar al conocimiento oficial. Esto explicaría también por qué en sus autos sacramentales se destaca la importancia de lo empírico en el proceso de adquisición de conocimiento, a la vez que se niega el cuerpo para acceder a un conocimiento por medio de los sueños, pues esta posposición del cuerpo y sus sentidos es estratégica e intrínseca al proceso cognoscitivo cuando se toma en cuenta la categoría de género sexual.[5] De este modo, la confluencia entre epistemología y sexualidad produce nuevas maneras de plantearse el problema del conocimiento, producidas por esta interacción que revela los efectos implícitos de la sexualidad, como construcción cultural, en la epistemología oficial.

Termino el capítulo con el comentario de dos cartas en las cuales Sor Juana parte de su experiencia individual para reflexionar sobre las dificultades que confronta la mujer al concebirse como un sujeto

---

[5] Gerard Cox Flynn ha trabajado con esta noción escolástica de que todo conocimiento racional ha tenido una base sensorial (105). Para más información sobre el lugar del cuerpo en el proceso de adquisición del conocimiento y la teoría escolástica ver su tesis doctoral titulada *A Revision of the Criticism of Sor Juana Inés de la Cruz*.

cognoscitivo. Tanto la "Carta de Monterrey" como la *Respuesta a Sor Filotea* ilustran la pugna de la monja con las autoridades eclesiásticas para defender su derecho a manifestarse como artista y como intelectual. Por eso leo la "Carta de Monterrey" como una batalla discursiva en la cual se articula una subjetividad epistemológica que se inscribe en una comunidad social y religiosa. En este texto la palabra pública —entendida en ocasiones como el escándalo difundido por Núñez para desprestigiar a Sor Juana y en otros momentos como las "obras" literarias que le dan visibilidad a la monja en su calidad de artista e intelectual— se opone al estudio privado y al silencio, constituyendo desde ahí el espacio problemático en el que el sujeto femenino accede al saber dentro del contexto eclesiástico y secular en la Nueva España de la segunda mitad del siglo XVII.

De ahí paso al comentario de la *Respuesta a Sor Filotea*. En contraste con la ausencia del yo que se nota en el *Primero sueño*, la *Respuesta a Sor Filotea* parte de la autobiografía como el espacio discursivo en el que el yo femenino se presenta y representa ante una autoridad religiosa (el Obispo de Puebla) que le ha escrito a Sor Juana fingiendo que es una monja compañera, Sor Filotea de la Cruz. El yo de la carta se dirige a la monja-obispo en un interesante juego discursivo que pone al descubierto la distancia verdadera entre la supuesta compañera y el Obispo real que la amonesta por entrar en un debate público con la publicación de su "Carta Atenagórica" (Ludmer 50-51). Es importante recordar que como parte del control institucional de la mujer, el aspecto que con mayor celo se vigilaba era la intervención de las mujeres en la esfera pública en actividades tales como la publicación de textos, la pronunciación de sermones en la iglesia y la participación en debates. Por ejemplo, Santa Teresa recibe una amonestación de la Inquisición, no tanto porque se dude de la legitimidad de sus experiencias místicas, sino porque el manuscrito de su *Vida* ha comenzado a difundirse muy ampliamente entre los lectores de ciertos círculos (Steggink 53-57).[6] En el mismo momento en que la mujer se convierte en agente de su propia experiencia, la institución religiosa interviene para integrarla a unas redes de poder en las cuales la decisión definitiva sobre la participación en la esfera pública depende de otro sujeto autorizado, y obviamente masculino (Glantz, "Prólogo", XXXI).[7] En el caso

---

[6] Algunos estudiosos han comparado las vidas de Santa Teresa y Sor Juana, señalando algunas similitudes en su acceso a la escritura y sus actitudes hacia la adquisición de conocimiento individual, pero destacando las diferencias en cuanto a los medios utilizados para adquirir un saber, místico en el caso de Santa Teresa y filosófico, científico y teológico en el caso de Sor Juana. Para más información ver *Santa Teresa y Sor Juana: un paralelo imposible* de Julio Jiménez Rueda.

[7] Marcela Castro también ha comentado este fenómeno de la publicación de los escritos de Sor Juana como "el punto máximo de transgresión que Juana no puede asumir como deseado, porque ello supondría admitir una finalidad del saber más

de la *Respuesta* sabemos que el Obispo amonesta a Sor Juana después de que ha sido él mismo quien publicara la "Carta Atenagórica". Este sinuoso juego de autoridades es lo que hace preciso que Sor Juana se desplace por varias posiciones del sujeto que le permitan negociar con las diversas instancias de esta jerarquía institucional. Y la autobiografía viene a ser el espacio ideal para este arreglo global de posiciones del sujeto porque se trata de una auto-reflexión que se centra en la misma subjetividad que la produce. Esto contrasta con la estrategia del *Primero sueño*, en el que el sujeto se borra intencionalmente como presencia particularmente individual y agencial, para demostrar los límites cognoscitivos de una posicionalidad asexual y de una racionalidad sin cuerpo.

También estudio el teatro secular de Sor Juana en el tercer capítulo para comentar su reformulación del personaje femenino, en una dimensión específica: como agente eficiente en el espacio público y social. Aunque es innegable que Sor Juana preserva muchas de las convenciones del teatro del Siglo de Oro de Lope de Vega, y sobre todo de Calderón, también es cierto que un análisis detallado revela nuevas articulaciones estructurales que se distancian de estas convenciones y permiten identificar una inflexión femenina en su escritura (Merrim 95-99). Sin embargo, también puede ser significativa la preservación de ciertas convenciones del Siglo de Oro español si se enfocan estos textos a partir de lo que Ann Rosalind Jones define como el proceso de apropiación y negociación:

> When a member of the sex systematically excluded from literary performance takes a dominant/hegemonic position toward an approved discourse, she is, in fact, destabilizing the gender system that prohibits her claim to public language —although with limited disturbance to that system. [On the other hand] [...] a negotiated viewer position is one that accepts the dominant ideology encoded into a text but particularizes and transforms it in the service of a different group (4).

Al escribir como el "otro" Sor Juana legitima la entrada de la mujer e intelectual colonial al discurso como creadora de un texto y como agente de la trama. Por lo tanto, incluso en los personajes que preservan los roles tradicionales del teatro del Siglo de Oro se puede identificar un proceso de legitimación del acceso al medio representativo, que en este caso en particular, redunda en la entrada de perspectivas novohispanas en la representación y en una crítica de las relaciones sociales y amorosas tradicionales de la época.

---

allá de sí mismo y una adjudicación al sujeto de valores considerados negativos en una mujer: la ambición de fama, de notoriedad, de trascendencia" (3). Para Castro este tipo de transgresión resultó insostenible y llevó a la crisis final de Sor Juana. Para más detalles ver su ensayo "Una transgresión insostenible".

Asimismo, el teatro es un género especial para la consideración de la constitución de un sujeto subalterno, porque supone una forma de llevar a la representación pública a una serie de sujetos tradicionalmente marginados en el espacio social: las mujeres, los indios, los negros y los mestizos. Esta apertura a un espacio público se cimenta en un proceso de ficcionalización, que no supone una entrada real del sujeto marginal al espacio del debate cultural y social, pero que implica la aparición del cuerpo de un actor que representa al personaje, y que toma el lugar de algunos de esos "otros" para presentarlo como una voz que enuncia en el espacio público. También es importante leer estas piezas como procesos de legitimación del sujeto productor/emisor de estos nuevos espacios y roles sociales que el teatro dramatiza. En esa alternancia entre el sujeto subalterno representado y el sujeto productor/emisor es que el teatro se convierte en un discurso que interacciona problemáticamente con los centros de poder social: "La paradoja del arte barroco es que es una técnica de poder (aristocrático-absolutista), y a la vez, la conciencia de la finitud de ese poder" (Beverley, "Nuevas vacilaciones" 224).

Por ello, es importante recordar la importancia que tenía el teatro del Siglo de Oro en la legitimación y/o subversión del orden social establecido. Acceder al teatro era, a fin de cuentas, acceder a un medio de comunicación masivo —aunque limitado a veces a la corte, y dirigido, por lo tanto, a los sectores hegemónicos de la sociedad— a través del cual se legitimaban unas subjetividades tradicionalmente excluidas del orden hegemónico. Por lo tanto, en estas obras dramáticas se plantean preocupaciones afines a las que Chang-Rodríguez identifica en los villancicos de Sor Juana: "preocupaciones que atenazaron a la poeta en cuanto al conflicto entre religión y conocimiento, los derechos de la mujer, y el papel de sectores marginados en la sociedad novohispana" ("Mayorías y minorías" 25).

En mi cuarto capítulo reflexiono sobre la intersección entre el deseo de saber y la condición colonial, a partir de la lectura de una selección de sus villancicos, el "Neptuno alegórico" y algunos romances y poemas líricos. Como ha señalado Sabat-Rivers, la marginalidad femenina posiblemente facilitó que Sor Juana llegara a identificarse "con la alienación social sufrida por los indios y negros (hombres y mujeres), a quienes les da voz en sus villancicos" ("Sor Juana: feminismo y americanismo" 102). Es por ello que me detengo en el estudio de cómo esta subjetividad colonial se constituye a partir de importantes paralelismos con la marginalidad femenina que ocupa una parte central en la mayoría de sus textos. Pero más importante aún que la constitución misma de esta subjetividad americana resulta la representación de una serie de sujetos coloniales que no sólo tienen una capacidad racional e intelectual equiparable a la europea, sino que también tienen acceso a un saber que no está contenido ni puede ser asumido por el sistema de conocimientos metropolitano. Sin embargo, mi lectura se aleja de proyectos críticos que identifican en Sor Juana el origen de un discurso americanista y protonacionalista para resaltar en la estrategia misma de equiparación de saberes y subjetividades novohispanas y metropolitanas la condición colonial que las enmarca. América se postula como generadora de un saber alternativo que vulnera el dominio epistemológico metropolitano, pero no para postular una identidad distintiva de "lo mexicano", sino para legitimar la entrada del sujeto criollo y colonial en el campo del saber oficial metropolitano:

> The criollos —some of whom were not totally pure-blooded Spaniards— remained identified with Europe, but as colonized Americans they lived a multifaceted reality ordered by hierarchies of race, class, gender, and religion. Their literature shows a constant wavering of language from dominant to subordinate positions, resulting in subversions of European models even when those models are consciously being imitated. And above all, the great preoccupation is history: rewriting it to include the New World. This foundation was made for themselves and their colonial reality, not for the modern nations of Spanish America that formed after independence; but it was American and not European, even though we cannot yet point to a nationalist impetus (Ross, *The Baroque Narrative* 7).

En ese contexto tan denso no basta con analizar la constitución aislada de una serie de subjetividades epistemológicas marginadas, sino que resulta imperativo explorar los entrecruces de ciertas posiciones e identidades que los textos plantean y generan en su representación de la compleja realidad novohispana colonial. Un ejemplo magistral de este proceso de confluencias complejas y problemáticas se puede ver en los autos sacramentales de Sor Juana, obras en las que se incorporan las diversas facetas de todo el debate que se ha venido armando a lo largo de esta lectura. Tradicionalmente se ha mantenido una separación de las loas y los autos sacramentales, estudiando por un lado la constitución de sujetos coloniales en las loas, y por otro la representación de debates teológicos en los autos sacramentales. Se interrumpe así una importante relación de contigüidad que enriquece la lectura de ambas piezas. Por lo tanto, el capítulo quinto traza un análisis del debate epistemológico colonial a partir de las loas, pero restableciendo una relación con sus respectivos autos sacramentales. De este modo, comienzo con una lectura de las loas a *El mártir del Sacramento, San Hermenegildo*, el *Divino Narciso* y *El cetro de José*, como obras en las que se enfrentan el colonizador —representado por medio de su empresa evangelizadora— y el colonizado, en un debate sobre los modos de saber y percepción humanos. El problema epistemológico está enmarcado en un contexto claramente colonial, y Sor Juana reflexiona sobre la influencia de esta experiencia en todo el proceso de reorganización del saber que ocurrió en Europa durante el siglo XVII, pues el "Nuevo Mundo" puso en duda el orden cosmológico prescrito por el dogma religioso. Ante esta relativización de los dogmas es que se abre un espacio a nuevas subjetividades que se autorizan para aspirar a un saber.

Pero cuando se restablece un diálogo entre la loa introductoria y su respectivo auto sacramental resulta evidente, que en estas piezas se articulan los discursos entrecruzados de la subjetividad femenina, colonial y criolla que intenta inscribirse en un debate no sólo epistemológico, sino también teológico. Por tanto, realizo una lectura de estos tres autos sacramentales para intentar articular estas diversas posiciones subjetivas en su carácter autónomo, y a la vez interdependiente, matizando así las contradicciones y continuidades que caracterizan esta subjetividad de múltiples posiciones que elabora Sor Juana en el contexto colonial.

No obstante, como parte final de esta lectura de múltiples posiciones subjetivas, es necesario establecer distancias: Sor Juana representa en sus obras toda una serie de sujetos coloniales que se integran a una discursividad que ya se puede empezar a llamar criolla. Esta representación supone, por tanto, un proceso de pérdidas, transposiciones y reconfiguraciones que convierten al sujeto colonial mismo en objeto del discurso literario que lo define y legitima. Es por ello que el sexto capítulo se dedica a una relectura de la obra de Sor Juana, para apuntar algunas de las conflictividades que constituyen e identifican la incipiente discursividad criolla que emerge en sus escritos. En su deseo de reinvindicar un espacio propio, la nueva conciencia criolla se inventa una continuidad con el pasado indígena y los referentes culturales negros y mestizos, para construir cierta legitimidad en la voz del criollo, que a su vez desplaza la autoridad y hegemonía absoluta del español sobre las redes de poder en el espacio americano. En este sentido Sor Juana despliega en sus textos una serie de estrategias que objetivan al sujeto colonial, indígena, mestizo o negro que representa en sus obras, de un modo similar al que la crítica ha apuntado en textos latinoamericanos de índole indigenista o negrista. Este tipo de lecturas críticas casi no se ha llevado a cabo sobre la obra de Sor Juana, porque ha predominado el análisis que ve en su obra el inicio de una tradición cultural que origina una identidad latinoamericana. Mi lectura destaca las sinuosidades y falibilidades de la recreación cultural, pues estas contradicciones inherentes al proceso de representación también deben ser estudiadas detenidamente, porque implican una legitimación de un discurso que aspira a ser hegemónico, pero que no deja de ser peligrosamente marginador:

> Es fenómeno harto curioso lo que sucede inmediatamente después de la controversia: los indios, que durante los primeros cincuenta años de la conquista absorben la atención de misioneros, políticos, intelectuales y encomenderos, poco a poco van hundiéndose en una sombría oscuridad, mientras que el nuevo elemento autóctono —los "españoles" "nacidos en estas tierras" o criollos— cobra pujanza, interviene decisivamente en

la marcha del país y lo personifica, dando expresión a su conciencia y a sus sentimientos; los antiguos pobladores dejan de ser un problema vivo y se convierten, ya en el siglo XVII, en objeto de estudios arqueológicos y etnográficos, como si su historia estuviera definitivamente consumada (Gallegos Rocafull, *El pensamiento mexicano* 49-50).

Por eso en el sexto capítulo quiero problematizar la distancia que media entre el sujeto de la enunciación y el sujeto de la representación, de modo que se pueda aprehender en esta lectura parte de la complejidad y densidad que caracteriza la escritura de Sor Juana, cuando se plantea el problema epistemológico. Se trata de que en su obra se trabaja la complejidad de las múltiples interacciones de lo femenino y lo colonial en la constitución de un sujeto americano que aspira a un saber, pero este proceso de formulación se lleva a cabo desde una discursividad criolla que no estaba exenta de sus conflictividades, y de sus agendas hegemónicas y exclusivistas. De este modo la escritura de Sor Juana deja de verse como testimonio auténtico y no mediado de una voz americana o como un espacio localizado y localizable de la diferencia. Se convierte así su trabajo escriturario en una de las diversas prácticas discursivas que interactuaron —ya fuera replicando, subvirtiendo o postulando— con los límites del poder colonial que las posibilitaron.

Es así como en el último capítulo también se revisan algunas de las construcciones contemporáneas de la figura de Sor Juana como exponente importante de un discurso liberal y americanista que prefigura las luchas de independencia en los países latinoamericanos. A partir de esta imagen "revolucionaria" de Sor Juana se traza una reflexión crítica sobre la definición y evolución de categorías como "Latinoamérica", "americanismo", "protonacionalismo", "criollismo" y "barroco americano" y se cuestiona su aplicación en el contexto colonial. Nuestro estudio concluye, entonces, con un análisis de las reconfiguraciones del campo de los estudios literarios y culturales latinoamericanos para ver cómo es la disciplina misma y sus "métodos de análisis" la que construye una imagen determinada de la época colonial que depende casi completamente de las teleologías nacionalistas. A partir de este proceso de desmontaje de categorías y disciplinas se propone un acercamiento a los escritos de Sor Juana que trascienda los ejes criollistas y nacionalistas que han predominado en los modos en que se han concebido la escritura y subjetividades coloniales en América.

Por último, y regresando a la preocupación inicial de nuestra reflexión, es interesante notar que este proyecto criollo de constitución de subjetividades coloniales y femeninas se puede cuestionar a partir de su gesto de equiparación con el sujeto masculino, colonizador y europeo. La idea de esta equiparación sería romper con las oposiciones binarias del yo/otro que implican, como señala Rolena Adorno, una clasificación de superior/inferior que anula toda posibilidad reinvindicativa del sujeto marginal en el texto ("El sujeto colonial" 66). Parecería, en efecto, que Sor Juana intenta desestabilizar estas oposiciones binarias en el texto para comprobar que la inferioridad o superioridad es producto de una perspectiva unívoca y unilateral sobre el sujeto. Se podría extender este supuesto a la neutralización de jerarquías tales como peninsular/criollo, metropolitano/colonial, europeo/ americano y masculino/femenino, entre otras. Sin embargo, parecería que la discursividad criolla no aspira a borrar sino a invertir o reforzar ciertas jerarquías y oposiciones como las que funcionan en el eje criollo/indoamericano, criollo/mestizo, criollo/negro, y criollo/peninsular. Es así como en el proceso mismo de desmontar unas jerarquías se crean otras que desplazan y vulneran a elementos locales del entorno colonial americano.

Los textos de Sor Juana reflejan la conflictividad interna de este dilema, conflictividad que tal vez se relacione en última instancia con la contradicción no resuelta que parece ser constitutiva de la condición colonial. En este proceso de borrar oposiciones y barreras se descubre el hecho de que permanecen una serie de elementos improcesados en el texto mismo. Me refiero, en particular, al contexto colonial como espacio de un poder vertical entre subjetividades que no gozan de una misma legitimidad o autoridad ni frente a los centros de poder, ni frente a los discursos epistemológicos. Es por ello que este proceso de equiparación de subjetividades coloniales y colonizadoras permanece inconcluso, como la representación a medias de un proyecto criollo todavía no del todo cristalizado. Es precisamente en estos intersticios que se articula la resistencia más conflictiva de los textos de Sor Juana, y que se debe repensar en relación con el problema más amplio del espacio americano como productor de una serie de saberes alternos a los cuales los centros metropolitanos no han tenido un acceso estable ni coherente. De este modo, Sor Juana subvierte el problema del conocimiento, planteando prácticas cognoscitivas que son ajenas al espacio europeo, y sobre las cuales esta nueva subjetividad criolla reclama una especie de dominio cabal. No obstante, esta estrategia no deja de ser problemática, pues predomina en ella una tendencia reduccionista de las otras subjetividades americanas que todavía se representan desde una visión bastante jerárquica de la diferencia.

Capítulo I

Modernidad, barroco y subalternidad múltiple en Sor Juana: el siglo XVII y la constitución de una subjetividad epistemológica americana[1]

> Si esta divergencia fundamental en la metodología intelectual fue apenas discernible a principios del siglo XVII, en pocas décadas cambiaría los conceptos de muchos sobre el mundo, amenazando la cosmología medieval y la ortodoxia religiosa. La aplicación de los métodos de análisis y de medida implicó una nueva búsqueda de un plan divino del universo; pero como esta empresa se tradujo en la creación de nuevos valores, el caduco monopolio teológico y escolástico del camino hacia la verdad quedó hecho pedazos y se inició la duda sobre la infabilidad de los dogmas (45).
> —Irving A. Leonard, *La época barroca en el México colonial*.

1. Siglo XVII: El sujeto-en-tránsito[2] a la modernidad

Como han señalado Irving Leonard y Rafael Moreno, entre muchos otros estudiosos del México colonial, el siglo XVII fue un momento de amplia especulación sobre el orden del universo y los medios con que se alcanzaba y legitimaba el conocimiento humano. En particular, y a tono con el epígrafe que inicia esta reflexión, en el siglo XVII ocurre un resquebrajamiento de los modos de saber tradicionales, para dar paso a una epistemología racionalista y empiricista que se desarrolla en conjunción con una

---

[1] Para fines de esta reflexión utilizo "americano" como referente al conglomerado de países de Latinoamérica que estuvieron bajo el control colonial de España durante los siglos XVI al XIX. La América colonial se designaba en los escritos de la época con el nombre colectivo de "Nuevo Mundo" o simplemente como "América", y es precisamente a ese sustantivo globalizante al que me refiero cuando postulo saberes o identidades propiamente americanas. Dejo fuera en mi utilización de este término los debates posteriores que se suscitaron en torno a la organicidad de este sustantivo para denominar una compleja realidad cultural internacional que contemporáneamente se alude con el nombre colectivo de Latinoamérica.

[2] Utilizo este término a partir de las reflexiones de Mario Cesáreo sobre el Barroco como discurso de la diferenciación en la América colonial: "En este sentido, el 'banquete corporal' americano permitiría retomar la noción de abarrotamiento barroco desde una noción de 'sujeto-en-tránsito' dentro de coordenadas históricas bien delimitadas por una reconstrucción de la fenomenología institucional" (186). De acuerdo a Cesáreo, la experiencia de la colonia implicó un replanteamiento de lo que se entendía como un sujeto capaz de ocupar el nuevo entorno americano y de ahí que la constitución de la identidad sea una preocupación central en la formulación misma de los discursos coloniales.

secularización de los centros de poder y saber institucionales. Es precisamente en esta época que ocurre la transición entre el saber tradicional —basado en el principio de autoridad, y en la escolástica como método de acceder a un conocimiento— al saber moderno, íntimamente ligado al desarrollo de un método científico que dependía del análisis racional, la observación, y la medición por medio de instrumentos exactos, para postular una serie de leyes que explicaban los fenómenos físicos que ocurrían en el universo (Moreno 121-123).[3] El punto central de esta transformación del aparato cognoscitivo es el abandono del dogma y del principio de autoridad como modos de dar cuenta de una realidad física y material (Trabulse, *Ciencia y religión* 9-10). En su lugar se ubica el sujeto, y su capacidad racional y de observación objetiva, como el medio de obtener un saber eficiente sobre el mundo físico.

Como apunta Kathleen Ross en su artículo "Carlos de Sigüenza y Góngora y la cultura del barroco hispanoamericano", el fin del siglo XVII en la Nueva España ha sido objeto de un amplio debate crítico y teórico relacionado con el estado del conocimiento y la educación en la Colonia. Algunos estudiosos, como Agustín Rivera, Vicente G. Quesada, Samuel Ramos, David Mayagoitia, Bernabé Navarro, Patrick Romanell, José M. Gallegos Rocafull y Octavio Paz, entre otros, presentan el siglo XVII novohispano como una época de parálisis, estancamiento y crisis del escolasticismo, y del sistema de conocimiento *per se*. El otro bando en este debate —compuesto por Rafael Moreno, Elías Trabulse, José Gaos, José Klor de Alva, Mabel Moraña, Alfredo Roggiano y Katleen Ross, entre muchos otros— encuentra más contradicciones y dinamismo en la sociedad del siglo XVII novohispana, e identifica atisbos de una racionalidad moderna en desarrollo.[4] Según estos estudiosos, este período se caracterizaría por una serie de ambigüedades y tensiones que no se pueden resolver fácilmente. Barroco y modernidad son, a fin de cuentas, dos modos complementarios de procesar un momento de múltiples transiciones, entre las que es preciso destacar el paso de un saber tradicional a un saber

---

[3] Entiendo escolástica como el sistema de conocimientos basado en las ideas de Aristóteles sobre el mundo natural y las ideas de Santo Tomás sobre el mundo sobrenatural, que explicaban los fenómenos físicos a partir de una causa primera, identificada como la figura de Dios, que era el eje y explicación última de todos los fenómenos conocidos. La escolástica se basaba en la lógica —argumentada a base de silogismos— y el principio de autoridad como modos de alcanzar y legitimar un conocimiento sobre el mundo físico y el universo en general. Para más información sobre el escolasticismo, ver *Introduction to Mexican Philosophy* de José Klor de Alva; *Ciencia y religión en el siglo XVII* de Elías Trabulse, y "Philosophy in Mexico in the Sixteenth and Seventeenth Centuries" de José M. Gallegos Rocafull.
[4] Para un resumen de las fuentes consultadas para contextualizar el sistema educativo de la colonia, ver las notas del Apéndice I.

moderno, el surgimiento de un discurso "exacto" y "objetivo", y la constitución de una individualidad racional que intenta ubicarse en el centro mismo del discurso para legitimarse. Es precisamente en este momento de transición cuando se enfrentan autoridades y centros de poder distintos, puesto que ninguno logra ocupar completamente un espacio hegemónico. Por un lado, la Iglesia y la universidad luchan por el control y difusión de un saber cuyos fundamentos están sufriendo una transformación muy significativa, al sustituir la autoridad teológica por la observación científica. Por otro lado, la condición colonial que define al virreinato de la Nueva España genera una lucha entre el gobierno colonial y la metrópoli, convirtiéndose en polos conflictivos que pugnan por acaparar la función legislativa y política, en un deseo de controlar eficientemente el entorno colonial novohispano. Esta lucha política incide sobre las instituciones religiosas y educativas, que son a la vez reguladas y transformadas por la condición colonial que las define y posibilita.

Inscrito en esta lucha entre instituciones y centros de poder es que se va organizando el sistema educativo novohispano. Como es de esperarse, el establecimiento de un sistema de enseñanza en la Nueva España tendría dos objetivos principales: (1) por un lado, la evangelización de los indoamericanos que poblaban la zona como un modo de lograr su asimilación cultural; y (2) más tarde, la educación de los jóvenes criollos que empezaron a exigir acceso a una educación adecuada sin tener obligatoriamente que desplazarse a la metrópoli. Es en esa coyuntura que surgen las escuelas, la Universidad y los Colegios de educación superior que establecieron diversas órdenes religiosas en la colonia.[5] Como ha señalado Pilar Gonzalbo Aizpuru la educación se convierte en otro de los modos de diferenciación y jerarquización de la sociedad colonial (*Historia de la educación* 16-17). En este sentido se puede notar cómo la educación estuvo íntimamente ligada con el ejercicio del poder imperial en la colonia, y cómo el acceso a la misma se convirtió en fuente de pugnas internas en la sociedad colonial, pues para ingresar en la Universidad había que probar "limpieza de sangre" (Becerra López 124), y no se permitía la entrada de mujeres, negros esclavos ni indios pobres a las instituciones de educación superior.

Otro de los problemas que surgen con el establecimiento de un sistema educativo colonial son las continuas pugnas institucionales que caracterizan el siglo XVII. Por un lado la Universidad lucha por establecer una autonomía institucional frente a la corona y a la Iglesia, y por otro intenta legitimar su

---

[5] En adelante sigo muy de cerca los argumentos de Pilar Gonzalbo Aizpuru, sobre todo de su libro *Historia de la educación en la época colonial. La educación de los criollos y la vida urbana*, para comentar sobre la estructura del sistema educativo novohispano.

espacio como centro de estudios superiores frente a la competencia que se genera con los colegios jesuitas que comienzan a ofrecer cursos de gramática, retórica y filosofía:[6]

> Durante el siglo XVII se produjeron muchos choques entre las autoridades académicas y las religiosas y civiles por cuestiones de preeminencias, ostentación y jerarquía. En la mayoría de los casos el motivo de las fricciones fue la precedencia en actos públicos y la ocupación de lugares de mayor o menor categoría por parte de los miembros del cabildo de la ciudad, órdenes religiosas, consulado de comerciantes y claustro universitario. Estas pugnas llegaron a ser la causa de rivalidades duraderas y reflejan de un modo ejemplar las características de una sociedad en la que las formas externas tenían una enorme importancia como manifestación de categoría individual y corporativa, y en la que el ritual y el goce de privilegios honoríficos proporcionaba un marco de dignidad, un refrendo de señorío y, en todo caso, la seguridad de encontrarse situado dentro de un orden jerárquico que a cada quien le adjudicaba su misión y lugar propios (*Historia de la educación* 77).

Esta lucha por la autonomía universitaria en el contexto colonial está matizada por la idea de que la Universidad, más que un centro de educación superior, era concebida como "un organismo al servicio de la sociedad y la Corona" (97) que debía, por tanto, regirse por estatutos provenientes de la Corona y el gobierno virreinal. Otro de los motivos principales que generó esta competencia dentro del sistema educativo fue la divergencia en los métodos educativos utilizados por la Universidad y los colegios jesuitas. Si la Universidad utilizaba el método tradicional medieval, que dividía las disciplinas en el *trivium* (gramática, retórica y lógica dialéctica) y el *quadrivium* (aritmética, geometría, música y astronomía), los colegios jesuitas siguieron más bien el método de la Universidad de París, el cual se basaba en un sistema moderno de enseñanza que ampliaba el conocimiento de la lengua y cultura grecolatina, y que proponía una progresión ordenada y disciplinada en los estudios, de acuerdo a las capacidades de los estudiantes.[7] También los colegios jesuitas modificaron la estructura de las

---

[6] Esta pugna por la autonomía universitaria frente a la Iglesia se puede ver en el Volumen 69 del ramo Universidad en el Archivo General de la Nación en México, donde se menciona que la Universidad debe gobernarse por los estatutos de la Universidad de Salamanca y no por los estatutos hechos por el Obispo Visitador (folio 2). También en el Volumen 562 del mismo ramo se pueden encontrar documentos que evidencian la competencia entre colegios jesuitas y la Universidad, sobre todo en el momento en que algunos estudiantes de la Universidad piden permiso para que se les acrediten cursos tomados en el Colegio San Ildefonso.

[7] Alain Guillermou ha estudiado la labor educativa de los jesuitas en Francia en su libro *Los jesuitas*. Un detalle interesante que Guillermou estudia es la competencia

clases, dándole más importancia al aprovechamiento del alumno que a la exposición de una brillante conferencia por parte del profesor (Santillán González 11). Otra de las modificaciones más significativas del llamado *modus parisiensis* de educación es el replanteo del principio de autoridad, de modo que la instrucción no se concebía como la memorización de lo que ya otros habían afirmado, sino que se desarrollaba a partir de una argumentación que utilizaba una serie diversa de puntos de vista para llegar a una conclusión lógica sobre una controversia. Es así cómo desde su llegada a la Nueva España en 1572, los jesuitas se convertirían en un sector en constante competencia y pugna con los espacios más tradicionales para la difusión del saber, como lo fue la Universidad.[8]

Es precisamente en esta pugna no resuelta que se hace necesario comentar brevemente el rol que jugó la Iglesia en la difusión y desarrollo del saber en aquella época. Aunque en el siglo XVII en Europa había comenzado un proceso de secularización del saber, es importante señalar que en la Colonia este mismo fenómeno experimentó una serie de transformaciones particulares. Me refiero precisamente a la función catalizadora de los jesuitas y sus colegios privados, en la difusión de los principios de la ciencia moderna en la Nueva España:

> La amplitud de criterio con que la Compañía estimulaba toda clase de conocimientos indispensables para llevar adelante su obra educadora, ponía a sus maestros en la necesidad imperiosa de seguir los adelantos científicos europeos, estando de esta manera en contacto con los elementos indispensables para una reforma tan necesaria (Mayagoitia 189).

Por lo tanto, los jesuitas fueron una fuerza que promovió la difusión de las ideas más recientes de los estudiosos científicos de Europa, tales como

---

que surgió entre los colegios jesuitas y La Sorbonne en París, en un conflicto muy similar al que se encuentra en la Nueva España. Según Guillermou, fue precisamente desde el espacio educativo que los jesuitas contribuyeron "de manera considerable no sólo al éxito de la Reforma Católica, sino incluso a la génesis del humanismo moderno y de la creación de una enseñanza secundaria de calidad" (35).

[8] Sobre la llegada de los jesuitas a la Nueva España y el establecimiento de su poderoso sistema educativo ver la transcripción que ha hecho Francisco González Cossío de la *Relación breve de la venida de los de la Compañía de Jesús a la Nueva España*, manuscrito del 1602 y que se encuentra en el Archivo General de la Nación-México, en el expediente 258 1/33 del ramo del Archivo Histórico de la Hacienda. Para más información sobre los Colegios jesuitas se puede consultar el ramo de los Jesuitas en el Archivo General de la Nación-México, en particular la Caja I-37, expedientes 10, 14, 17 y 34 y el Ramo de Cartas Anuas, Cajas III-15; III-26 y III-29. En estos expedientes se describe la disciplina y estructura general de los colegios, y se recogen algunas de las pugnas institucionales con el Cabildo y la Universidad.

Descartes, Copérnico, Gassendi, Bacon, Pascal y Newton, entre otros (Gómez Alonzo 60).[9] Asimismo, es importante destacar que estos mismos centros educativos establecidos por los jesuitas se convirtieron en un espacio idóneo para el desarrollo de un sector intelectual criollo. Es por ello que no se puede considerar a estos centros educativos como exentos de las pugnas y diferencias sociales que caracterizaban a la sociedad colonial, ya que en los mismos también se afianzó y legitimó el conservadurismo de los sectores criollos que aspiraban a controlar los centros de poder virreinales.[10]

Sin embargo, los jesuitas representan a sólo un sector de la Iglesia Católica, de modo que también hay que tomar en cuenta la función represiva de esa institución en el desarrollo de un saber racional, antidogmático y secularizado en las colonias. Elías Trabulse ha reflexionado sobre este proceso de desplazamiento de la religión como autoridad suprema en el saber medieval, y el entronizamiento de la ciencia moderna como paradigma de un nuevo saber individual (*Ciencia y religión* 173). El siglo XVII se caracteriza por una transformación a medias, que limita los avances del saber racional, para que las nuevas verdades descubiertas no contradigan los principios establecidos por la fe católica. De ese modo, se pasa de la Edad Media, que "fue la edad de la fe basada en la razón", a un siglo que "fue la edad de la razón basada en la fe" (93). Fe y razón se convierten en dos fuerzas en pugna que dominan, de modo problemático e incompleto,

---

[9] Para más información sobre la labor educativa heterodoxa de los jesuitas ver el estudio de Gabriel Méndez Plancarte titulado *Humanismo mexicano del siglo XVI*, así como los textos de D. Mayagoitia, Alain Guillermou y R. Moreno que estoy manejando. Los jesuitas no sólo difundieron el saber más avanzado de Europa en las colonias, sino que promovieron el surgimiento de una discursividad intelectual criolla, generando un ambiente de resistencia muy marcado en Nueva España. Los colegios jesuitas promovieron la creación de espacios alternos de debate y formación intelectual, y ello también permite entender mejor las razones de su expulsión de la América colonial en el siglo XVIII.

[10] Francisco Zertuche, en un estudio bastante sucinto y general, ha relacionado la presencia de los jesuitas en la sociedad colonial con la vida de Sor Juana en su libro *Sor Juana y la Compañía de Jesús*. Su texto sugiere la importante labor represiva que desempeñaron figuras como Antonio Núñez, jesuita, en el trabajo intelectual de Sor Juana y especula sobre las posibles presiones que se ejercieron tras la publicación de su *Carta Athenagórica*. Por otro lado, también fue jesuita Carlos Sigüenza y Góngora, intelectual novohispano contemporáneo con el cual Sor Juana sostuvo una relación muy significativa, y que fue expulsado de la orden por causas todavía desconocidas. Este es un aspecto de la vida de Sor Juana que no se ha estudiado suficientemente y que puede resultar muy sugestivo. Sobre la relación entre Sigüenza y Góngora y la orden jesuita, ver la tesis de maestría de Baltasar Santillán González, titulada *Don Carlos Sigüenza y Góngora. Con unas notas para la bibliografía científica de su época*.

en el proceso de constitución de un sujeto epistemológico novohispano.[11] En este afán de producir un saber que no contradiga a la fe es que se surge un conjunto de escuelas eclécticas, que caracterizan al sistema educativo y científico novohispano (Gaos, *En torno* 23). Por otro lado, y como han señalado Redmond y Beuchot, la escolástica no fue tampoco un campo de saber monolítico e impermeable a las transformaciones del nuevo saber, sino que tal sistema de conocimiento —y en especial la lógica— fue reapropiado por la ciencia moderna para disponer sus datos a partir de una "estructura sistemática" (275-6). Es así como el eclecticismo permite postular y producir conocimientos innovadores sin implicar una ruptura absoluta con el sistema epistemológico previo.

También hay que añadir a este desarrollo del sistema educativo y epistemológico una serie de elementos que provienen de los modos de pensar y conocer que se habían desarrollado en las culturas indoamericanas que habitaban la zona antes del conflictivo proceso de conquista (Klor de Alva, *Introduction to Mexican* B-22). En este sentido, no se puede hablar de una mera asimilación de los movimientos filosóficos de España y Europa, sino que surgen unos rasgos originales, que promueven a su vez una profunda transformación en este campo del conocimiento (*En torno* 48). Uno de los detalles más llamativos de la filosofía precolombina náhuatl es su idea de que la escritura artística —conocida como "flor y canto"— es el único discurso que puede transmitir un contenido sobre lo verdadero o lo real, de manera que se asocian epistemología oficial y literatura como modos complementarios de plantearse el problema del saber (*Introduction to Mexican* A-42). De acuerdo a la cultura náhuatl "la verdadera poesía implica un peculiar modo de conocimiento, fruto de una auténtica experiencia interior, o si se prefiere, resultado de una intuición" (León Portilla, *La filosofía náhuatl* 143). Puesto que se le asigna un origen divino al lenguaje poético y artístico, es evidente que el saber oficial se encuentra íntimamente ligado al saber religioso y a la expresión artística de la comunidad. Sin embargo, también resultaba claro que para fines del siglo XV y principios del siglo XVI la cultura náhuatl diferenciaba el saber religioso del saber que era "fruto de las observaciones, cálculos y reflexiones puramente racionales" (*La filosofía náhuatl* 76). En este sentido, en la cultura náhuatl existía una relación bastante conflictiva entre las autoridades religiosas, gubernamentales y

---

[11] No es mi interés afirmar la exclusividad de estos procesos de individuación y modernización en el entorno americano, sino más bien consignar los rasgos distintivos de este proceso en el contexto novohispano. Es evidente que estos procesos también ocurrieron en Europa, pero con una serie de rasgos distintivos, que deben ser tomados en cuenta al estudiar este aspecto de la vida colonial. Este comentario no pretende ser un estudio exhaustivo sobre el tema, ya que no es ése el eje de esta reflexión. Por eso he incluido un breve resumen de las ideas más relevantes para armar una lectura de la obra de Sor Juana.

educativas al momento de postular el espacio en que se constituía y reformulaba el saber. Lo que sí permanecía bastante claro era la identificación del lenguaje poético como único vehículo autorizado para transmitir el saber oficial. Esta idea, que contradice abiertamente la tradición platónica que asocia el arte con lo ficticio y lo falso, resultará importante en la lectura epistemológica que llevaré a cabo más adelante de los textos literarios barrocos de la Nueva España.

Por otro lado, las nociones de educación y filosofía que existían entre los náhuatls también influyeron en la organización del sistema educativo novohispano. León-Portilla, Inga Clendinnen y James Lockhart han estudiado con algún detenimiento el modo en que se educaba a los jóvenes en la cultura náhuatl. En particular, se ha señalado que "la educación es el medio de comunicar a los nuevos seres humanos la experiencia y la herencia intelectual de las generaciones anteriores, con el doble fin de capacitarlos y formarlos en el plano personal e incorporarlos eficazmente a la vida de la comunidad" (*La filosofía náhuatl* 221). La educación náhuatl se iniciaba en el hogar y partía de la idea de que lo fundamental era la formación de un "sujeto" que supiera ejercer auto-control y demostrara fortaleza en los momentos difíciles (Clendinnen 130). Entre los aztecas existía la noción de que era precisamente la formación del sujeto —en continua interacción con la comunidad— el centro de todo proyecto educativo. Se entendía, además, que por medio de la educación el individuo adquiría un "rostro" y un "corazón" diferenciados, o una personalidad particular que le permitía desarrollar una conciencia de su entorno y de su subjetividad (190). Esta noción de una identidad colectiva partía también de un concepto de prestigio público que hacía muy frágil todo proceso identitario (Clendinnen 143).

Existía además un sistema de educación pública para los jóvenes, que comenzaba a las quince años de edad. Los niños podían asistir al *Telpochcalli*, en donde eran entrenados como guerreros, o al *Calmécac*, una escuela de tipo superior donde se educaban los hijos de los nobles y los futuros sacerdotes. Aunque no existía una rígida jerarquía social para el acceso a determinadas instancias educativas, lo cierto es que la mayoría de los jóvenes aztecas asistía al *Telpochcalli*, mientras que sólo una minoría seleccionaba el *Calmécac*, escuela que se concentraba más en la formación intelectual de sus estudiantes.

En el Calmécac se enseñaba a los jóvenes a "hablar bien", de modo que adquirían un lenguaje noble y cultivado que se diferenciaba del hablar del pueblo. También se memorizaban los cantos divinos y eran instruidos en las artes de la cronología y la astrología. Estos campos del saber incluían nociones de abstracción racional y conciencia histórica de la cultura náhuatl, que los jóvenes debían manejar con cierta propiedad. Esta última resultaba fundamental para el mundo azteca, pues al momento del inicio de la conquista este grupo hegemónico se encontraba en el proceso de construir una narrativa histórica alternativa que legitimaba su dominio de las otras poblaciones indígenas en la región (León Portilla, *La filosofía nahuatl* 251-2).

Josefina Muriel en su libro *Las mujeres de Hispanoamérica. Epoca colonial*, ha destacado cómo se mantenía una diferenciación en el tipo de educación que recibían las mujeres y los hombres en la cultura azteca. Aunque durante los primeros años la educación de las jóvenes aztecas también se impartía en el hogar, existía una clara separación de actividades y saberes basadas en el género sexual. La instrucción de la mujer, por lo tanto, "no rebas[a] los límites de las labores del hogar y otras conectadas con la producción y consumo cercanas a ellas" (25). A la madre le correspondía la educación de las hijas en el hogar, que se concentraba en el aprendizaje de destrezas de cocina, hilado y limpieza. Si la joven era de origen noble la educación se llevaba a cabo en un riguroso aislamiento y vigilancia, para asegurar que ésta no tuviera contacto con los hombres de su comunidad o familia antes de que estuviese en edad casamentera (entre los 12 y 14 años).

Una vez completada la educación en el hogar, algunas niñas podían asistir a ciertas escuelas públicas, donde se les instruía en materia religiosa y sobre los modos de conducta propios de la comunidad en general. Estas jóvenes que recibían educación fuera del hogar por lo general habían sido ofrecidas en voto para servir a los dioses, por lo que su educación se especializaba en las tareas propias del servicio religioso. Sin embargo, algunas hijas de familias nobles también asistían a estas escuelas para asegurar el favor de los dioses, sobre todo en el mantenimiento de la riqueza o el logro de un buen matrimonio.

Muriel también señala la existencia de una serie de trabajos fuera del hogar a los cuales se podía dedicar la mujer azteca, entre los que se encuentran el trabajo agrícola, el comercio al menudeo, el oficio de partera, curandera, casamentera, y los oficios artesanales y literarios, muy preciados entre los aztecas. La mujer era crucial en el orden económico familiar, pues la fabricación de tejidos era una actividad muy preciada para el sostén del núcleo doméstico (Quezada 36-38). Algunas mujeres también se dedicaban a la prostitución, oficio que era visto como parte de la vida social y privada, y que no era censurado por las leyes sociales y gubernamentales de los aztecas. De ahí que la mujer náhuatl no fuera considerada un sujeto inferior. La sociedad mexica entendía que tanto el hombre como la mujer eran sujetos diferentes, pero complementarios, y la presencia y participación activa de ambos sexos en la vida económica, reproductiva, social y doméstica era fundamental para mantener la armonía colectiva. Por ello en la religión mexica las deidades eran casi todas figuras sexualmente ambiguas, porque la dualidad sexual era un modo de aludir a la complementariedad vital de ambos sexos en la cual se fundamentaba el orden comunal.

Hay, por tanto, dos elementos que conviene destacar del mundo educativo azteca. En primer lugar, resulta evidente que existía un modo distinto de concebir y conocer la realidad desde una perspectiva cultural azteca. Todo este aparato filosófico y educativo no desaparece con la llegada de los españoles a la Nueva España, sino que supone una coexistencia muy problemática que generó sus procesos particulares de asimilación y resistencia ante el sistema epistemológico que se impuso durante la conquista. Esta interacción de sistemas educativos encuentra su primer punto conflictivo en la diversidad de agendas educativas dirigidas a los jóvenes indígenas en los momentos iniciales de la Conquista. Si los españoles diseñaron todo un sistema educativo dirigido a evangelizar y asimilar a los indígenas como sujetos limitadamente funcionales en la sociedad colonial, la cultura náhuatl poseía todo un sistema educativo particular para la creación de sus propios roles sociales y públicos. Además, la mayoría de los indígenas no fue incluida en los colegios de educación superior hasta bastante entrado el siglo XVII, y las mujeres de origen indígena y mestizo fueron excluidas de los conventos hasta el siglo XVIII. En segundo lugar, el mundo náhuatl tampoco estaba exento de sus pugnas de poder internas, que se reflejaron en el modo particular en que los aztecas intentaron legitimar su rol hegemónico en la sociedad indígena. Estas pugnas internas continuaron durante el establecimiento del sistema colonial, y marcaron de un modo muy particular la formación de un campo intelectual novohispano.

Asímismo, el contexto social colonial marcó los debates filosóficos e intelectuales novohispanos, al punto que se puede hablar de la constitución de lo que Mauricio Beuchot llama una "filosofía social" (*Estudios de historia* 39). De acuerdo a sus estudios, los problemas con los indios, los mestizos, e incluso las luchas de poder entre criollos y peninsulares generaron nuevos modos de concebir la humanidad y sus capacidades específicas para la racionalización y el conocimiento. Esta interacción problemática del sector indoamericano con el criollo forman, entonces, una parte constitutiva del saber americano que se está fraguando en la América colonial. Es en esta coyuntura que se ha intentado vincular los debates epistemológicos y del campo intelectual criollo novohispano con el surgimiento de un discurso americanista o mexicanista que postula un saber particular del entorno colonial novohispano.[12] Aunque es un tanto precipitado hablar de un sentimiento mexicanista en la Nueva España del siglo XVII, se puede estudiar cómo el escolasticismo interactúa con el sistema de control imperial para generar sus resistencias particulares en el espacio americano. De este modo, se puede afirmar que el ambiente intelectual de la Colonia, lejos de ser completamente asfixiante y aniquilador —como lo caracteriza Quesada

---

[12] Mauricio Beuchot ha realizado estudios sobre el carácter americano y liberador de la escolástica novohispana en su ensayo "Filosofía medieval y filosofía colonial" incluido en su libro *Estudios de historia y de filosofía en el México colonial* y en *Filosofía social de los pensadores novohispanos*.

(15) — llegó a crear sus propias formas de desarrollo y especulación intelectual.

Pero además de tomar en cuenta este proceso de transculturación que incide sobre el campo epistemológico y educativo como tal, es importante notar que el proceso mismo de la conquista implicó una profunda transformación del cuerpo de conocimientos europeos, al cuestionar el orden del cosmos, de la religión y de la lengua, y de la noción misma de cultura (Zavala 112-3).[13] Por lo tanto, y a modo de resumen de lo argumentado, parecería que el fin del siglo XVII demarca entonces las características generales que anuncian un peculiar campo intelectual americano:[14]

> Y en efecto, desde luego y totalmente en Sigüenza, pero también, aunque sólo parcialmente, en Sor Juana, se encuentran las características de los que dieron al siglo XVIII su esplendor: ser religiosos, afán de saber enciclopédico, saber de la ciencia moderna, interés por saber de las cosas naturales y humanas del país y por el progreso y emparejamiento de éste con Europa en los dominios de la cultura, conciencia de la peculiaridad de lo mexicano y de lo equiparable de sus valores a los más clásicos de los extraños (*En torno* 37).

Este eclecticismo y sincretismo del saber americano produce una discursividad también entrecruzada con varias identidades y nociones de legitimidad. De ahí que la pugna entre el gobierno colonial y la metrópoli por controlar la producción y alcance del estado y sus leyes sea un segundo nivel que mediatiza todo este proceso de constitución de identidades que aspiran a un saber. El espacio colonial se convierte, entonces, en campo de

---

[13] El texto de Zavala, *El mundo americano en la época colonial,* contiene valiosa información sobre las singularidades de la cultura americana y su profundo impacto en la lingüística, la epistemología, las nociones raciales y culturales que existían en Europa. Zavala reconoce la conquista y colonización como un proceso dinámico en donde el espacio colonial experimenta un desarrollo que supera el mero agregado o adopción de influencias europeas, africanas y americanas.

[14] James Lokhart y Stuart Schwartz desarrollan la tesis contraria en su libro *Early Latin America. A History of Colonial Spanish America and Brazil* cuando argumentan sobre el intelectual del siglo XVII lo siguiente: "Within this context there soon developed the type of the Spanish American intellectual, little different to be sure from the peninsular or more general European prototype. On the economic plane, he held several part-time, lowly paid posts, in some way related to intellectual activity, hoping to employ himself fully and remunerate himself adequately from the totality of them; on the intellectual plane, partly as a result of his necessarily many-faceted career, his production was equally broad, varied, and fragmented." (161). Mi tesis es que la situación social en que surge este nuevo intelectual es distinta del contexto europeo, y por tanto el intelectual colonial será diferente al metropolitano.

batalla de múltiples perspectivas, agendas políticas, intereses y subjetividades que intentan legitimarse como representativas de lo que no sólo ha producido un nuevo conocimiento y una nueva cosmología, sino un nuevo entorno, diferente al europeo. Mario Cesáreo ha estudiado las implicaciones de esta distancia entre metrópolis y vida colonial en el caso particular de la vida religiosa y conventual de la colonia en "Menú y emplazamientos de la corporalidad barroca". Sobre estas distancias, comenta:

> El desperfilamiento de la identidad geográfica y corporativa es el resultado de la distancia y el carácter descarnado del poder en el seno de las relaciones sociales coloniales. Europa existe de forma referencial, discursiva, como realidad 'allí' y 'entonces' pero no existencialmente; el mundo metropolitano existe ambiguamente, desrealizado por la ausencia de sus usos, por la distancia geográfica y temporal (190).

Este desdibujamiento del espacio metropolitano resulta más marcado cuando el sujeto que emite el discurso pertenece al sector criollo, pues de entrada lo metropolitano ocupa ya un espacio secundario frente a la realidad americana. Por lo tanto, el saber mismo está matizado por todo un proceso de desdibujamientos, distancias y contigüidades inusitadas que conforman una nueva perspectiva y un nuevo cuerpo de saberes por adquirir, provenientes del espacio colonial mismo.

Esta discursividad de la diferencia y la multiplicidad se desarrolla a su vez en una época en que prima un estilo que se ha caracterizado tradicionalmente por su recargamiento y complejidad semántica y sintáctica, síntoma de un profundo resquebrajamiento de los centros de poder y saber post-renacentistas: el Barroco. Maravall ha estudiado el siglo XVII español y europeo y lo ha catalogado como como una sociedad en crisis frente a una serie de contradicciones que implicó el proceso de modernización en ciernes ("From the Renaissance" 3-7).[15] De acuerdo a sus estudios, el siglo

---

[15] Utilizo la visión de Maravall sobre el barroco en Europa, y su teoría sobre el proceso de individualización en la época, sin que por ello entienda que el barroco en Latinoamérica no desarrollará sus rasgos distintivos. En particular, me parece importante señalar que la constitución de una subjetividad colonial en Nueva España, y en Latinoamérica en general, fue un rasgo distintivo importante, que aunque se puede comparar con la experiencia de los conversos en España, también implicó un proceso de diferenciación en que se subvertía el orden social vigente en Europa. El criollo, contrario al nacido en España que podía probar su pureza de sangre, carecía de poder en el "Nuevo Mundo" específicamente por haber nacido en el "Nuevo Mundo" y no en España. En este sentido, las redes del poder colonial añadieron un entrecruce discursivo más en la constitución de la identidad criolla en América que Maravall no considera en su reflexión del barroco, porque esta nueva condición de marginalidad estaba ausente en España. Regreso a este concepto

XVII se caracteriza por una crisis más bien social, estimulada por una profunda y prolongada crisis económica que vulneró el sistema de jerarquías y poderes de la sociedad española (*La cultura del barroco* 54, 66-7). Durante este período se restablece una alianza entre la nobleza —como clase que mantiene su frágil hegemonía gracias al inmovilismo y anquilosamiento de la sociedad barroca— y la monarquía absoluta —como centro de poder— para controlar al resto de los sectores sociales. Este control absolutista y marginador produjo un descontento general que se manifestó en numerosas protestas físicas y verbales. Maravall denomina como "hombre moderno" a este sujeto diferenciado que se percata de su situación injustamente marginal en la sociedad y empieza a manifestar sus inquietudes para mejorar su situación social. También propone una suerte de continuidad entre el barroco español y el europeo, e incluye el barroco en la América colonial como una extensión del barroco español (*La cultura del barroco* 40).

Sin embargo, Nueva España participa de esta crisis de la sociedad barroca a partir de una serie de experiencias particulares:

> El caso colonial, además de contar con las tensiones ya encontradas en los comienzos de la modernidad europea, supone una yuxtaposición material de elementos conflictivos: la multiplicación de razas, lenguas, usos culturales; la proliferación de modalidades institucionales antagónicas entre sí y en competencia por el usufructo simbólico y económico, así como por la dirección de la materialidad americana: la encomienda, la reducción, el esclavismo (Cesáreo 205-6).

Es por esto que resulta evidente que el modelo que establece Maravall sobre el barroco no se puede aplicar automáticamente al caso americano (Ross, "Carlos Sigüenza" 234). Es necesario ampliar la noción de lo que se entiende por Barroco, y particularizar las dimensiones de una crisis económica, social y epistemológica que asume unas características específicas en el espacio colonial. Uno de los objetivos de este estudio es, precisamente, leer el entretejido de las diversas dimensiones que componen una discursividad barroca y americana de fines de siglo XVII.[16]

En esta coyuntura también es importante tomar en cuenta la relación problemática que existe entre esta discursividad barroca y los centros de poder oficial. Como ha señalado Alfredo Roggiano, el barroco no era un discurso oficial en la España de fines del siglo XVII, pues era visto como

---

del "criollismo" como categoría de análisis de la experiencia colonial en los estudios latinoamericanos en el capítulo final de este estudio.

[16] Para ello utilizaremos el trabajo de Mabel Moraña, Alfredo Roggiano, John Beverley, Georgina Sabat-Rivers, y Kathleen Ross, quienes han trabajado con detenimiento el barroco como el momento en que surge un discurso criollo. Regresaré a este punto al final de este estudio.

una práctica artificial y extranjerizante que se oponía al hispanismo nacional, y que criticaba los modos de ejercicio del poder oficial ("Para una teoría" 5-6). Por lo tanto, el barroco se instala en el "Nuevo Mundo" como una poética clandestina y de transgresión, y se puede estudiar su cultivo colonial como un modo de resistencia al poder metropolitano.[17] Kathleen Ross, por su parte, ha propuesto leer el barroco como ese momento en que los intelectuales novohispanos se apropian del lenguaje representativo anteriormente controlado por sujetos metropolitanos, como los cronistas del siglo dieciséis (*The Baroque Narrative* 43-45). El siglo diecisiete sería, entonces, un momento crucial en la emergencia de una nueva perspectiva que ya comienza a asociarse con un entorno más americano que europeo.

En esa misma época, y como resultado de los cambios que he mencionado, surge una nueva concepción del individuo y de su rol dentro de la comunidad. Se da, entonces, un proceso de redefinición de espacios estimulado por las nuevas posibilidades de movilidad emergentes en la sociedad barroca:

> Rather, it is a matter of a revolution in social role: studies are converted into a channel of great importance for the processes of minority socialization, as much as for the selection of those to be distinguished from the general public, as for the formation and selection of professional group elites. This problem of minorities is one of the great problems brought on by social changes at the end of the sixteenth century (Maravall, "From the Renaissance" 15).

Entre los intersticios de los nuevos centros de poder en ciernes es que se va gestando en Nueva España una conciencia de lo americano que permite postular en este momento el surgimiento de una subjetividad colonial moderna. El Barroco se convierte, entonces, en el discurso que permite el tránsito hacia un sujeto diferenciado que busca una autonomía a través de su acceso a un conocimiento alterno:

> Precisamente esta noción de la persona individual y universal consolidada en el estilo es fundamental para entender el Barroco como resistencia a lo estable, permanente, incambiable de la concepción clásico-medieval y como salida en busca de lo propio y no legitimado por una autoridad única a la que hay que obedecer para "ser". Ahora se empieza con el

---

[17] John Beverley, por el contrario, ve la literatura barroca colonial como parte constitutiva de las expresiones literarias metropolitanas, incorporándolas a un corpus de lo que denomina la literatura de la "época Imperial" ("Nuevas vacilaciones" 216). Para más información sobre esta visión de la literatura barroca, ver su ensayo "Nuevas vacilaciones sobre el barroco." Sin embargo, es importante señalar que existen unas inflexiones particulares en el barroco novohispano que esta propuesta no considera.

debe ser, que nace con la duda cartesiana: el *pienso, luego soy*, que cambia la gnoseología renacentista del recibir y aprender para ser; ahora se persigue el *saber para hacer*, el conocer para transformar y *crear*, frente al *conocer* para *obedecer* de la teología tomista (Roggiano, "Para una teoría" 9).

Saber es, entonces, un modo de legitimar un nuevo sujeto que conoce y que enuncia desde una perspectiva de igual importancia que la peninsular y la europea, aunque alterna. Se cuestiona, de este modo, al sujeto epistemológico tradicional que estaba identificado con el espacio europeo imperial:

> For concomitant with exploring, mapping and claiming the world, European identities were fashioning and defining themselves as the subjects of the modern *episteme*. While laying claim to the ownership of 'universal' knowledge Europeans were simultaneously involved in the paradoxical exercise of inventing the myths and traditions of the emerging modern (European) state and national identities that sustained such claim. Knowledge and power were mirrored and sustained in an assumed global destiny. The European became the universal 'we' —able to grant and withdraw history from others: the pervasive 'I' that speaks in knowledge and science, never the object, the 'they', of these discourses" (Chambers 126).

De este modo, epistemología y barroco novohispano se complementan como prácticas a partir de las cuales se forja una discursividad colonial que se mueve simultáneamente entre la asimilación y la creación de una identidad diferenciada que se resiste a ciertas prácticas del orden colonial, dando paso al surgimiento de "el sujeto americano en tanto actor social y productor de discursos" (Moraña, "Introducción", xii).

Es a partir de este contexto de múltiples crisis y transformaciones que comento la obra de Sor Juana Inés de la Cruz (1648-1695), hija ilegítima, mujer y criolla,[18] que intenta entrar en el espacio discursivo metropolitano, masculino y secular de la época. Por tanto, propongo una reflexión sobre algunos de sus textos, e intento identificar el sujeto que se construye para enunciar un discurso epistemológico que se engendra desde múltiples subalternidades: en primer lugar, desde la realidad femenina, en segundo lugar desde el ámbito literario, y en tercer lugar, desde el mundo colonial producto de una perspectiva que empieza a ser criolla. Estas subalternidades son parte esencial en la construcción de las numerosas

---

[18] Georgina Sabat-Rivers ha llevado a cabo varios estudios sobre esta condición de múltiple subalternidad en Sor Juana. Aludo aquí específicamente a uno de sus estudios, que lleva el mismo título, "Mujer, ilegítima y criolla: en busca de Sor Juana".

posiciones subjetivas que asume Sor Juana, unas veces enunciando desde el verso gongorino, otras desde el género autobiográfico; unas veces amparándose en el mundo religioso o en la asexualidad elusiva, otras veces afirmando su condición femenina; unas veces recurriendo al racionalismo, otras al saber del cuerpo; unas veces adoptando la omisión o el silencio, otras desde el pleno dominio de la autoridad lingüística y discursiva. Este vaivén que se observa en la constitución del sujeto a través del análisis del discurso resulta fundamental para entender el espacio desde el cual Sor Juana enuncia y autoriza su deseo de conocer.

En mi lectura intento articular el proceso de constitución del sujeto desde lo que Smith denomina como tres aspectos o niveles de la subjetividad: (1) el individuo, entendido como la ilusión de una organización personal coherente e íntegra; (2) el sujeto en sí, que se define como un conglomerado o serie de posiciones, provisionales y a veces contradictorias, en las cuales se ubica una persona al ser interpelada por los discursos y el mundo en el que vive; y (3) el agente, como el espacio donde se puede articular una resistencia a los sistemas ideológicos prevalecientes a partir de las contradicciones y disturbios que producen estas diversas posiciones del sujeto (Smith, xxxv).

A partir de esta triple articulación del sujeto comento los textos de Sor Juana en relación con el contexto en que vivían las monjas en el siglo XVII, sin dejar de lado la dimensión individual que se puede observar en los mismos. Es importante estudiar a Sor Juana en su contexto social, pero debe evitarse leer sus textos como representativos de la voz de todas las monjas que compartían su experiencia social, pues Sor Juana fue una monja atípica en muchos aspectos.[19] Por otro lado, también es importante comentar la obra de Sor Juana a partir de un contexto más amplio en términos literarios y epistemológicos, para romper con la idea de que su obra es un caso aislado e inusitado en medio de un ambiente intelectual y literario completamente baldío. Como resulta evidente a partir de la caracterización del ambiente intelectual de la Nueva España al que he aludido brevemente, Sor Juana estaba inscrita en una época de gran complejidad social e intelectual, algo que se refleja claramente en su obra.

Mi lectura del sujeto tomará en cuenta lo que Smith describe como el gesto del doble sujeto utilizado por el feminismo —fijo y a la vez descentrado— pues me parece que estas categorías pueden ser útiles para entender la ambigua dinámica entre la asexualidad y la sexualidad, entre la subjetividad y su determinado género sexual, entendidos ambos como construcciones culturales y sociales que no son fijas ni inmutables:

---

[19] Sobre este tema resulta muy sugestivo el ensayo de Asunción Lavrin titulado "Unlike Sor Juana? The Model Nun in the Religious Literature of Colonial Mexico."

> The effect of feminism's double-play is demonstrably to have broken down the old habit of presuming the "subject" as the fixed guarantor of a given epistemological formation, as well as to have cast doubt on the adequacy of the poststructuralist shibboleth of the decentered "subject" (Smith 150-151).

Según esta perspectiva, el sujeto debe ser considerado como una serie de posiciones alternas y simultáneas, que generalmente se articulan sin excluir la posibilidad de contradicciones internas. Lo que se cuestiona en última instancia es la coherencia y unidad de un "sujeto", como un espacio definible en una posición estable. El sujeto deja de ser, entonces, un espacio clausurado, homogéneo y estático, para convertirse en un constante "sujeto-en-tránsito", y por tanto, en un espacio en el proceso continuo de constituirse, de hacerse. Este acercamiento enriquece y dinamiza la definición tradicional, basada en una oposición binaria entre un "yo" y un "otro", pues no se trata simplemente de multiplicar a los "otros", sino de reconocer además que el "yo" no es una variable controlada ni estable en el proceso de la constitución del sujeto.

Entre estas diversas posiciones del sujeto, me detengo en las múltiples perspectivas y modulaciones que asume el sujeto de la enunciación para legitimar su autoridad y su derecho a adquirir un saber, transgrediendo y replicando de diversos modos toda una red institucional de control con la cual Sor Juana intentó negociar su espacio personal. En este sentido, creo que es importante estudiar al sujeto en su proceso de definición en contraposición con unos "otros" que pueden ser tanto externos al sujeto como internos. Por tanto, un elemento fundamental de esta relación yo-otro es que el otro que interpela al sujeto también se diversifica, ya que puede ser una persona, un grupo social, o incluso una ideología dominante. La idea de incluir la otredad interna del psicoanálisis como parte de mi percepción del sujeto que enuncia, es conservar la posibilidad de una resistencia ante las interpelaciones que esos otros exteriores dirigen al sujeto. Es necesario, como señala Bhabha, romper con los binarismos excluyentes que definen la otredad como un elemento que siempre se encuentra fuera del sujeto. La condición colonial, por ejemplo, supone la inscripción de la otredad dentro del sujeto colonizado, quien se reconoce a la vez como el otro ante el poder institucional, lo que implica:

> a place of hybridity, figuratively speaking, where the construction of a political object that is new, *neither the one nor the Other*, properly alienates our political expectations, and changes, as it must, the very forms of our recognition of the "moment" of politics ("The Commitment" 10-11).[20]

---

[20] Esta es precisamente la tesis de Nandy en su libro titulado *The Intimate Enemy*, puesto que el sujeto colonial internaliza ciertas nociones de otredad y oscila entre

Por lo tanto, la noción del "sujeto" no equivale únicamente a la situación de "sumisión" que la palabra implica, sino que deja abierto un espacio a la resistencia como una forma legítima para definir un "yo" que unas veces se opone y otras veces asume problemáticamente estas numerosas interpelaciones.

2. Literatura, epistemología, y legitimación de otros sujetos y saberes

Para iniciar mi lectura sobre la relación entre literatura y epistemología en la obra de Sor Juana parto del acercamiento de Anthony Cascardi en *The Bounds of Reason*:

> In turning away from epistemological answers to skepticism, Cervantes, Dostoevsky, and Flaubert cannot themselves be called skeptics. Rather, one finds in their works ways of posing the questions of our knowledge of others and the external world which circumvent epistemological methods. Thus in speaking of the "bounds of reason" I mean to indicate the limits of traditional epistemology, its formulation of the problem of the knowledge, and its manner of response to the threats of skepticism, and also the possibility of a range or region of knowledge which might be available where epistemology fails (xi).

En el caso particular de Sor Juana, la literatura es el espacio discursivo alternativo desde el cual se legitima una voz, para cuestionar los sistemas epistemológicos vigentes sin invadir abiertamente, un espacio de especulación que en la época era estrictamente masculino.[21] En este sentido la literatura se utiliza como espacio en el que se pueden explorar particularmente esos entrecruces entre saber, género sexual (*gender*) y condición colonial. Sin embargo, es importante destacar que, como apunta Cascardi, la escritura literaria se puede prestar para toda una gama de reflexiones y especulaciones alternas que no tienen espacio en la escritura filosófica tradicional de una época, de modo que la reflexión epistemológica resultante experimenta también una serie de modificaciones significativas:

> Where philosophy is seen as aspiring to "closure", to "system", or to knowledge as possesion or full presence, literature will be defined as that which is disruptive of closure and productive of (sexual, racial,

---

distintos centros de legitimación y autoridad en un proceso asimétrico y muy conflictivo de constitución identitaria.

[21] Otros textos que reflexionan sobre la relación entre literatura y poesía a partir del debate platónico son *Poesía y conocimiento* de Ramón Xirau y *Filosofía y poesía* de María Zambrano. Resultan más sugestivas, sin embargo, las reflexiones incluidas en la antología *Literature and the Question of Philosophy* editada por Anthony Cascardi.

historical, etc.) difference, as the province of desire, displacement, delay, deferral, or lack ("Introduction" xi).

El saber pasa a ocupar el lugar de lo deseado, de lo pospuesto, de lo desplazado en un contexto que excluye el deseo femenino y la perspectiva colonial del espacio especulativo intelectual. Y es en este proceso de especulación que se va forjando el sujeto que se legitima por medio de la escritura, de modo que, como apunta Bondy: "[e]ach work of literature shows in this sense an aspect we would not know as ours [...] each discovers [...] an unguessed dimension of the self" (19).[22]

Por otro lado, hay que añadir a esto que la obra de Sor Juana estuvo inscrita en un contexto religioso que también estaba marcado por un conjunto de relaciones de poder y jerarquía en el cual las monjas ocupaban un espacio bastante marginal. Además es importante tener en mente que ella defendió su derecho a una racionalidad femenina justo cuando otro grupo de religiosas recurría a las experiencias místicas como un espacio alternativo desde donde autorizar un conocimiento femenino. Estas mujeres, estudiadas por Jean Franco en el primer capítulo de *Plotting Women*, fueron eventualmente integradas al control institucional mediante la red de confesores que autorizaban o censuraban la legitimidad de estas experiencias femeninas. Según Jean Franco, la misma Sor Juana recibió sugerencias de su confesor Núñez de Miranda para que dirigiera sus deseos de saber hacia el campo de la mística, e incluso para que iniciara un camino hacia la santidad (40). Sin embargo, Sor Juana se negó a ocuparse en tales experiencias alternas, que implicaban la domesticación de su inquietud intelectual mediante su integración a la irracionalidad del "balbuceo místico" (Franco, xvi). A Sor Juana le interesaba ingresar al discurso de la racionalidad tradicionalmente definida como masculina, para acceder a un saber que, como plantea claramente en el *Primero Sueño* y la *Respuesta a Sor Filotea*, no está dirigido ni a hombres ni a mujeres en particular, sino a la capacidad racional humana, que no depende del género sexual. En este contexto la asexualidad de Sor Juana es una de las posiciones de su subjetividad que abiertamente desafía la marginación de las mujeres en los campos intelectuales de la época. Esta mirada lateral que dirige Sor Juana a la subjetividad epistemológica pone en evidencia lo que el feminismo contemporáneo ha señalado como la masculinización del saber:

---

[22] Este ensayo de A. Danto, titulado "Philosophy as/and/of Literature" reflexiona sobre los puntos de contacto entre el texto literario y el filosófico y concluye que ambos textos se constituyen en el proceso de lectura. En este sentido, el lector viene a ser el espacio en el cual se procesan las experiencias que el texto narra, a diferencia de la escritura digamos científica, que no requiere del lector para legitimar su reclamo de verdad.

> Although it has rarely been spelled out prior to the development of feminist critiques, it has long been tacitly assumed that S is male. Nor could S be just any man, the apparently infinite substitutability of the 'S' term notwithstanding. The S who could count as a model, paradigmatic knower has most commonly — if always tacitly — been and adult (but not *old*), white, reasonably affluent (latterly middle-class) educated man of status, property, and publicly acceptable accomplishments. In theory of knowledge he has been allowed to stand for all men (Code 8).

Es precisamente cuando se intenta constituir un sujeto epistemológico que incluye lo femenino, colonial y criollo que se ponen en evidencia estos supuestos fundamentales que permean el proceso de constitución de un yo que se autoriza para acceder a un saber. Por eso esta lectura se detiene en la articulación de estas subjetividades alternas frente al sujeto epistemológico legitimado en el contexto colonial del siglo XVII. Es importante señalar que el centro de mi reflexión no es ninguna de estas posiciones del sujeto por separado, sino la articulación de posiciones simultáneas y coexistentes para estudiar la constitución de un intelecto que se forja en el espacio de la América colonial. Para ello hay que tomar en cuenta que Sor Juana escribe desde el convento en un momento en que el saber se secularizaba, pero la Iglesia todavía regulaba gran parte del acceso al saber. Este doble entrejuego de fuerzas contribuye a complicar aún más las subjetividades que enuncian y se representan en los textos de Sor Juana, convirtiendo todo el proceso en un debate centrado más en la condición de múltiple subalternidad del ser colonial, que sobre su particular inflexión del saber secular.

3. Sujeto femenino y colonial en la Nueva España

Con el fin de poder observar la constitución del sujeto dentro de estas redes de poder institucional de la Iglesia resulta útil tomar en cuenta los estudios sobre el ambiente en que vivían las mujeres religiosas de la época.[23] En primer lugar, es necesario distanciarse de la idea muy popular de que el motivo de Sor Juana para entrar al convento fue bastante atípico. Por el contrario, muchas otras mujeres que deseaban estudiar entraron a los conventos para tener acceso a la actividad intelectual (Lavrin, "Unlike Sor Juana?" 64). Sin embargo, los estudios realizados sobre las condiciones de sexualidad y matrimonio en Latinoamérica colonial revelan que las mujeres tenían otras opciones que excluían el convento y el matrimonio. Aunque

---

[23] En esta sección resumo dos estudios de Asunción Lavrin para contextualizar la escritura de Sor Juana en relación con su vida religiosa. Para más detalles sobre este tema, ver "Female Religious"; y "Unlike Sor Juana? The Model Nun in the Religious Literature of Colonial Mexico".

la Iglesia establecía unas regulaciones claras en cuanto a lo que se consideraba una vida decorosa para las mujeres, lo cierto es que existían prácticas alternativas que eran aceptadas por la sociedad en general, siempre y cuando se mantuviese una actitud discreta al respecto.[24] La entrada de Sor Juana al convento, lejos de ser su única opción, en realidad pareció ser la forma de vida que seleccionó para lograr un acceso estable a los estudios que tanto anhelaba, en un momento en que, como ya se dijo, la educación femenina era un tanto limitada (López-Cámara, "La educación en México" 9-C).

Asunción Lavrin también ha estudiado la organización de los conventos, beaterios, recogimientos y orfanatorios como espacios donde vivían muchas mujeres sometidas a un control femenino local que a su vez estaba subordinado a un poder masculino institucionalizado. Sin embargo, dado su relativo aislamiento del espacio secular, algunos de estos lugares llegaron a funcionar casi como ciudades de mujeres, aunque nunca lograron sustraerse del todo de una jerarquía religiosa predominantemente masculina. Lavrin destaca cómo estos conventos estaban claramente asociados a los sectores hegemónicos de la sociedad colonial ("Female Religious" 165). Aunque los conventos implicaban el retiro de las monjas de la vida secular, lo cierto es que se mantenían estrechos lazos entre los conventos y los sectores financieros de la sociedad que podían proveer un ingreso a estas instituciones a través de rentas o compra de propiedades, así como las donaciones y la asignación de dotes a las monjas que profesaban en los mismos.[25] La vida de las religiosas incluía una infraestructura económica que les servía de sustento para mantener la institución. Esto no quiere decir, sin embargo, que los conventos estuvieran exentos de severas limitaciones económicas que afectaron su acceso a ciertos suministros, por lo que la vida de las monjas no fue siempre cómoda (Lavrin, "Vida conventual" 36-49).

Al mismo tiempo, las dotes que se pagaban cuando profesaban las monjas limitaban el ingreso a estos conventos a los sectores pudientes de la sociedad. Aunque había mujeres que profesaban como "hermanas seculares", y pagaban menos dote, éstas tenían que llevar a cabo labores físicas, con lo que se marcaba una jerarquía interna en el convento según la

---

[24] Sobre este tema resulta útil el texto editado por Lavrin titulado *Sexuality & Marriage in Colonial Latin America*.

[25] María del Carmen Reyna, en su libro *El convento de San Jerónimo. Vida conventual y finanzas*, ha documentado algunas de las transacciones económicas que convirtieron el convento en que estaba sor Juana en uno de los cinco más ricos de la Nueva España durante los siglos XVIII y XIX (74). Su estudio reseña un conjunto de prácticas financieras dirigidas a aumentar el capital del convento, tales como los préstamos perpetuos (o censos), los préstamos de plazo fijo, el arrendamiento de fincas urbanas, así como la construcción y reparación de casas para alquiler.

procedencia social de la religiosa (Lavrin, "Female Religious" 177). De este modo resulta evidente que la entrada de Sor Juana al convento también posibilitó su contacto con personalidades pertenecientes a sectores hegemónicos, algo que como mujer soltera en la corte hubiera resultado un tanto más difícil en la época. Sin embargo, es importante recordar que Sor Juana, por su amistad con la Marquesa de Mancera, gozó desde muy temprano de la protección y contacto con personas influyentes en la corte. De este modo, su entrada al convento se puede ver como un modo de continuar con estas relaciones desde un espacio un tanto más estable para una mujer como Sor Juana en el contexto de la sociedad virreinal.

Otro aspecto que se menciona en estos estudios es la dimensión cultural de esta vida religiosa. Una de las aportaciones más significativas de estos conventos fue que las monjas que profesaban en los mismos tenían acceso a una educación más completa que la mujer promedio:

> Nuns were expected to read and write well, to keep accounts, and to know some Latin for their prayers. Many excelled in their learning and mastered skills beyond the expectations of the period. Nuns also served as teachers of young female pupils who were placed in convents to be educated until they were of age. In fact, the education imparted to young girls was not systematic, and varied considerably according to the abilities of the teacher. (Lavrin, "Female Religious" 185).

Lo más importante de esta descripción de la dimensión cultural de los conventos es que se integra la escritura de Sor Juana a un corpus bastante amplio de escritos femeninos que fueron propiciados por los confesores como una forma de aprender y ejercer control sobre la narración de las experiencias femeninas.[26] Sin embargo, Sor Juana resulta ser un caso atípico, porque sus escritos lograron una publicidad poco común para otras mujeres en su época. Este pudo ser uno de los aspectos de su vida que atrajo la atención de sus superiores, quienes se sintieron en la necesidad de amonestarla. Lavrin también destaca algunos aspectos en los cuales la vida de Sor Juana como monja se acerca y se aparta de la religiosa típica de la época. Aunque Sor Juana afirma en su *Respuesta a Sor Filotea* que profesó buscando tranquilidad para retirarse a sus estudios (IV, 446), lo cierto es que murió participando en las labores de servicio comunitario. En sus escritos no se encuentran alusiones frecuentes a experiencias místicas que eran muy comunes en la época, ni experiencias narrativas de penitencia y

---

[26] Ver la antología de Electa Arenal y Stacey Schlau, *Untold Sisters: Hispanic Nuns in Their Own Works*, donde se incluye una colección de escritos de mujeres contemporáneas a Sor Juana.

mortificación del cuerpo, y el sujeto que se construye en la mayoría de sus textos no tiende a la auto-humillación esperada de la religiosa obediente.[27] Sin embargo, al igual que muchas monjas, Sor Juana mantuvo una cercana relación con su confesor Antonio Núñez, y al final de su vida volvió a su confesionario durante su última crisis espiritual. Lavrin afirma que fue el mismo Antonio Núñez quien entusiasmó a Sor Juana para que profesara, pues ésa era la mejor manera de integrarla a una red de control institucional ("Unlike Sor Juana?" 67).

Al integrarse a este orden institucional, sin embargo, Sor Juana tuvo que negociar con las diversas presiones que recibió para dedicarse a la teología o a la mística (Franco 40). Aunque su deseo de retirarse al convento para dedicarse a sus estudios no era incompatible con el ambiente cultural en el que vivía, también fue cierto que la convivencia comunitaria, y la presión de sus confesores y superiores formaron parte de una de las grandes batallas que libró Sor Juana para definirse como sujeto con un espacio personal desde el cual pudiese lograr sus aspiraciones intelectuales. Esta batalla culminó al final de su vida, cuando abandonó sus estudios y escritos y se dedicó al servicio religioso, lo que evidencia la fuerza de este orden institucional sobre el individuo y tal vez apunta hacia un cambio en las estructuras de poder que implicó la pérdida de apoyo que Sor Juana tuvo dentro de este orden jerárquico (Paz, *Las trampas* 566-581; Bergmann 155).[28]

---

[27] Algunos de sus escritos religiosos y devocionales, como los *Ejercicios de la encarnación*, sí recogen experiencias de disciplinación y mortificación corporal como ejercicio religioso. Pero este tema es poco tratado en el resto de sus escritos literarios, que no se pueden clasificar como propiamente místicos. Georgina Sabat-Rivers ha llevado a cabo un excelente estudio de este texto en su artículo titulado "*Ejercicios de la Encarnación*: sobre la imagen de María y la decisión final de Sor Juana".

[28] Los motivos de la crisis final de la vida de Sor Juana no son del todo claros y han sido ampliamente debatidos por estudiosos como Octavio Paz en su libro *Las trampas de la fe* (566-581), y por Marie Cécile Bénassy-Berling, quien propone la idea de una conversión voluntaria de Sor Juana, no forzada por las presiones de su confesor Antonio Núñez ni el arzobispo Aguiar y Seijas. Por su parte, Georgina Sabat-Rivers propone la crisis de Sor Juana como el final de una gran tensión entre su amor al conocimiento y su deseo de salvación espiritual ("Ejercicios" 278). De acuerdo a su propuesta, Sor Juana abandona las letras una vez resulta evidente que esta práctica no le permitirá salvar su alma, dadas las limitaciones que se imponían al sujeto femenino en el campo intelectual y religioso. Para más detalles sobre esta controversia ver los artículos de Bénassy Berling titulados "Hipótesis sobre la 'conversión' final de Sor Juana Inés de la Cruz" y "Sobre el senequismo moral de Sor Juana Inés de la Cruz".

4. Saber y poder en la Colonia: el sujeto cognoscitivo subalterno

Es a partir de estas diversas coordenadas que intento articular tres instancias del sujeto en la obra de Sor Juana: su perspectiva femenina, su condición colonial y su conflictividad criolla. Los textos de Sor Juana claramente se produjeron en un contexto marcado profundamente por las pugnas simultáneas y desiguales entre las instituciones educativas, gubernamentales y religiosas por el dominio y control del campo del saber. Asimismo, el campo intelectual novohispano ocupaba un lugar intersticial entre los centros de poder virreinal ubicados en la Colonia y los centros de poder metropolitanos que ejercían un control desfasado y distanciado de los territorios coloniales de América.

Esta breve revisión del estado del conocimiento y las instituciones religiosas, educativas y gubernamentales en la Nueva España del siglo XVII apunta hacia un mundo cruzado por una serie de poderes fragmentarios operando sobre numerosos grupos raciales y étnicos que multiplicaron las instancias de marginalidad constitutivas de la experiencia colonial:

> In the seventeenth century there were black slaves who used all their strength to survive in an unknown and hostile environment, seeking revenge or to protect themselves from the oppression of their masters; *mestizos*, who found a place to occupy neither in the world of whites, nor in that of the Indians; mulatto slaves, who could hope to see their progeny emancipated provided that they merged into, if possible, the *mestizo* and indigenous crowds; *ladino* Indians, acculturated enough to share the life of the *mestizos* and mulattos, but irrevocably condemned like them to occupy the lowest ranks of Mexican society. Finally, let us not forget the poor whites without a future, Spanish women, orphans, widows or abandoned, on their own or given over to prostitution. All swelled the ranks of a class unbearably excluded from power and the riches shared by all the powerful of the viceroyalty (Gruzinski 199).

Es precisamente en la intersección entre marginalidad y saber que se concentra esta lectura que propongo de los textos de Sor Juana. En su representación de un sujeto epistemológico femenino, colonial y criollo, estos textos apuntan a la cristalización de múltiples instancias de marginalidad en una posición que configura un modo particular de acceder al campo de saber oficial. Este sujeto cognoscitivo subalterno no produce, por otro lado, un saber alternativo ni marginable del campo del saber oficial, sino que se inscribe en el centro mismo de los debates epistemológicos de la época. En este sentido los textos de Sor Juana no articulan necesariamente otro tipo de conocimiento. Lo que se articula es otra serie de posiciones que acceden al saber oficial y que con su entrada al campo intelectual hegemónico ponen en evidencia las posiciones limitadas en las que se fundamenta el sujeto eurocéntrico y masculino que representa el saber supuestamente absoluto y universal. Es así como las marcas de subalternidad que trae consigo este sujeto colonial, femenino y criollo sirven para revelar puntos ciegos del saber oficial que necesitan ser identificados como constitutivos de una práctica que no abarca ya todo el quehacer intelectual imaginable.

Finalmente, esta lectura del sujeto epistemológico en los escritos de Sor Juana nos lleva a otro problema particular que predomina en la mayoría de los estudios sobre la América colonial y sus prácticas culturales. Me refiero particularmente a la condición colonial, y al modo en que se ha estudiado este período desde el campo de los estudios literarios latinoamericanos. Desde que se identificó este corpus de textos que se denomina como la "literatura colonial" se le asignó un lugar y una función muy específica a un conjunto de escritos por demás bastante heterogéneos (Zamora, "Historicity" 336). Es como si de entrada la "literatura colonial" fuese un campo cerrado y homogéneo que se ha constituido como el origen de toda una serie de discursos sobre la identidad latinoamericana. Del mismo modo que la literatura medieval pasó a ser el origen de las literaturas nacionales europeas en los estudios hispánicos alemanes, la literatura colonial pasó a convertirse en esa etapa en que se inició un vocabulario y un modo de expresarse y ser latinoamericano.[29] Este tipo de lectura impone una serie de interpretaciones teleológicas que encuentran en diversas expresiones de la literatura colonial el origen del nacionalismo, el americanismo, o de la identidad latinoamericana que hace posible el proceso de constitución de los estados nacionales a lo largo del siglo XIX. Quedan de lado, entonces, las condiciones particulares que articulan la situación colonial, y la contradicción interna a partir de la cual se forja un discurso periférico que aspira a integrarse al circuito hegemónico y metropolitano sin perder unas trazas diferenciadas de identidad. Eso es precisamente lo que Gruzinski denomina "la colonización del imaginario" (2) o lo que Cornejo-Polar ve como el "discurso de la armonía imposible" (79) y que apuntaría a una ambigüedad inherente en el proceso mismo de constitución

---

[29] Roberto González Echevarría trabaja con la construcción de los textos coloniales como equivalentes a los textos medievales en cuanto a ser el origen de la literatura latinoamericana en su ensayo "José Arrom, autor de la 'Relación acerca de las antigüedades de los indios' (picaresca e historia)" y Margarita Zamora problematiza este concepto de la literiedad de los textos coloniales como producto de la lectura descontextualizada de estos escritos por la crítica contemporánea en su ensayo "Historicity and Literariness: Problems in the Literary Criticism of Spanish American Colonial Texts". Antonio Cornejo Polar también ha estudiado este proceso de "nacionalización" de la literatura colonial en *La formación de la tradición literaria en el Perú* y en "Ajenidad y apropiación nacional de las letras coloniales." Propongo aquí una reflexión que continúa con algunos de los cuestionamientos ya planteados por Zamora y Cornejo Polar.

de la subjetividad cognoscitiva en la escritura colonial. Por eso me parece necesario rearticular las lecturas de los textos coloniales para tomar en cuenta esa dualidad inherente, esa contradictoriedad que es constitutiva de una identidad predominantemente intersticial, fragmentaria y discontinua. De ahí que la multiplicidad y sinuosidad del sujeto y del discurso literario de Sor Juana apunte hacia esa condición colonial tan particular que merece un análisis y una reflexión más detenida. Es por ello que en los capítulos que siguen se traza un comentario que observa dos direcciones complementarias: (1) por un lado, se reconstituye el circuito institucional y semántico en el que se generaron estos textos para observar cómo se constituye un sujeto inscrito en las redes del poder virreinal novohispano; y (2) por otro, se toma en cuenta la contradictoriedad que genera la condición colonial del sujeto productor de los textos que leemos, para señalar las particularidades que articulan una identidad que no funciona dentro de las agendas nacionalistas o latinoamericanistas que predominan en muchos de los estudios críticos contemporáneos. De este modo, los textos de Sor Juana se inscriben más dentro de los conflictos locales y metropolitanos de su época y se distancian un poco de los estudios que quieren identificar en su literatura proyectos liberadores o espacios localizados de la autenticidad y la diferencia latinoamericana.

Veamos, entonces, cómo se articula cada una de estas instancias de la subjetividad en la obra de Sor Juana, para luego intentar articular este sujeto cognoscitivo subalterno a partir de sus diversas dimensiones simultáneas. La construcción de la subjetividad intelectual femenina —aspecto que recibe un amplio tratamiento en su obra— será el tema que ocupará nuestro próximo capítulo.

Capítulo II

La constitución de una subjetividad femenina ante la emergencia de un nuevo paradigma del saber

> Some differences are playful; some are poles of world historical systems of domination. 'Epistemology' is about knowing the difference.
> —Donna Haraway, "A Cyborg Manifesto: Science, Technology, and Socialist-Feminism in the Late Twentieth Century", 161.

1. EL SUJETO EPISTEMOLÓGICO OCCIDENTAL Y LA CRISIS DEL PARADIGMA MODERNO

Una de las zonas de debate en el feminismo contemporáneo es el cuestionamiento del paradigma científico como espacio desinteresado y neutro en la producción de un conocimiento absoluto.[1] Esta reconceptualización del saber se amplía en la epistemología feminista que tiene su auge en la década de 1980, en la historia de la ciencia y en el debate posmoderno, y nos permite identificar una crisis reciente de la ciencia moderna como paradigma epistemológico occidental. Como han señalado Jaggar y Bordo en su introducción a *Gender/Body/Knowledge*, es desde la ventaja histórica que produce esta crisis que se puede comprender mejor el contexto en el que emergió la ciencia moderna como otro modo de producir un saber en el siglo diecisiete (9). Esta lectura permite una deconstrucción del sujeto epistemológico moderno, y su concepción del saber, para estudiar el modo en que estas categorías están inscritas en un proceso de representación y constitución que participa de los imperativos políticos y sociales de la época. Como apunta Harding, el reclamo de la ciencia moderna como campo neutro y desvinculado de los procesos sociales y culturales resulta vulnerado por el contexto en que surge el nuevo paradigma en el siglo XVII, ya que el desplazamiento de la teología como autoridad epistemológica implicó una revolución religiosa, moral y política (204).[2]

---

[1] Me refiero en particular a los trabajos de Donna Haraway en *Simians, Cyborgs, and Women*, Lorraine Code en *What Can She Know?* y Sandra Harding en *The Science Question in Feminism*, textos que resumen todo un debate feminista y epistemológico de la década del 1980 que cuestiona el saber científico como paradigma absoluto en la adquisición y difusión de un conocimiento.

[2] Para más información sobre el reclamo de autonomía de las ciencias y su inscripción en dinámicas sociales, políticas y culturales contemporáneas, ver el trabajo de Ruth Bleier, "Lab Coat: Robe of Innocence or Klansman's Sheet?" que se detiene en los estudios de lateralización diferencial del cerebro de acuerdo al sexo del sujeto, y "Making Gender Visible in the Pursuit of Nature's Secrets" de Evelyn Fox Keller, sobre la constitución de un paradigma de certeza en las investigaciones biológicas, que no escapa a las delimitaciones basadas en el género sexual. Ambos ensayos se incluyen en *Feminist Studies/Critical Studies*, editado por Teresa de Lauretis.

Mi lectura de Sor Juana se detiene, entonces, en su constitución de una subjetividad epistemológica femenina que cuestiona el paradigma de la ciencia moderna en el mismo momento de su emergencia en el contexto novohispano (ver Apéndice II). No es mi interés, sin embargo, detenerme en un análisis feminista de los textos de Sor Juana, aunque esta perspectiva ha resultado crucial en mi estudio. Me interesa, más bien, trazar una reflexión que se centre en la construcción de subjetividades y epistemologías que vulneran la hegemonía de un solo paradigma del saber, y con ello la posibilidad de acceder al conocimiento como una categoría inmutable y absoluta. Puesto que los textos de Sor Juana se producen en la coyuntura de un cambio significativo en los modos de plantear y difundir un saber — transición que ya hemos comentado con más detalle en el capítulo anterior — lo interesante es detenerse en esos puntos de vacilación que permiten plantear una reflexión más amplia que inscribe el saber en las redes institucionales y sociales que posibilitan y condicionan su producción, acceso y difusión.[3]

Uno de los puntos centrales de este debate sobre la epistemología y el saber como construcción histórica es el cuestionamiento de la subjetividad moderna cartesiana como eje a partir del cual se produce un conocimiento objetivo y racional. Parecería que el paradigma cartesiano del sujeto autónomo y racional prima todavía en muchas de las reflexiones contemporáneas sobre la literatura y su modo de plantear preocupaciones epistemológicas y saberes alternos. Para discutir los textos de Sor Juana hay que comenzar por el cuestionamiento de los principios básicos que permitieron la constitución del paradigma epistemológico moderno, de forma tal que se pueda distinguir el ejercicio interpretativo de los mismos presupuestos que se intenta analizar. Por eso es fundamental trazar la deconstrucción de la noción del sujeto cartesiano, para identificar los puntos ciegos que señalan una determinada posición ideológica e ideologizante. De acuerdo a Code, el sujeto cognoscitivo que se constituye desde la epistemología moderna se identifica implícitamente como perteneciente a un sector social hegemónico hasta bastante entrado el siglo XX (8).

---

[3] Este debate sobre la constitución de una epistemología feminista también se trabaja en los textos de Luce Irigaray, *Speculum of the Other Woman* y *This Sex Which is not One*, y las antologías *Women's Ways of Knowledge* y *Gender/Body/Knowledge*. Más que proponer una epistemología feminista, Sor Juana parece defender el acceso femenino al saber oficial desde experiencias y perspectivas alternas no necesariamente limitadas a la condición del género sexual. Aunque lo femenino es central en la formulación de mi lectura, no participo de la tendencia que ve lo femenino como un modo más orgánico de acceder a un conocimiento verdadero. Para más detalles sobre los saberes alternos concebidos como categorías que desafían un orden vigente, ver el ensayo de Harding titulado "Other 'Others' and Fractured Identities: Issues for Epistemologists", que se incluye como el séptimo capítulo de su libro *The Science Question in Feminism*.

A partir de las categorías del género sexual, raza y clase social se ha emprendido un profundo cuestionamiento de la subjetividad cartesiana para situar la epistemología en un contexto donde el cuerpo y su inscripción en un entramado social, marcan y delimitan las posibilidades de un acceso al conocimiento. Dalia Judovitz ha llevado a cabo un cuidadoso análisis del surgimiento y constitución del sujeto cartesiano en el contexto barroco, para señalar cómo Descartes postula un modo particular de acercarse al saber que no era predominante ni el único en su época.[4] Partiendo de la lectura de Montaigne y de autores contemporáneos a Descartes, Judovitz señala que el sujeto cartesiano se define como autónomo, solitario y racional en un momento en que el sujeto se concebía como múltiple, transitorio, y cruzado por numerosas instancias de alteridad no necesariamente separadas de la subjetividad (10-17). El texto de Judovitz se detiene precisamente, en esta emergencia del nuevo paradigma cartesiano, que fundó la ciencia moderna como un saber ahistórico producido por la razón y difundido por medio de un lenguaje que se asumía como transparente. Lo interesante de su trabajo, sin embargo, es que reinscribe a Descartes en un contexto histórico —el Barroco— que se basaba en una idea del sujeto y del saber contrarios al nuevo paradigma fundado por él:

> Descartes' reiteration of the baroque themes of dreaming, waking, madness, deception, illusion, and his use of the rhetorical figures (hyperbole and the double) demonstrate more than a mere transposition of metaphors from literature to philosophy. Although overtly critical of the baroque and its paradigm of allegory (governed by resemblance, illusion and interpretation), Descartes uses its figures and rhetorical structure (the evil genius and hyperbolic doubt) in order to construct the fiction of a philosophical system that is in fact free of all deception, *i. e.* one of certitude (5).

Es precisamente este proceso de localización e historización del sujeto cartesiano lo que me permite emprender otro análisis de los textos de Sor Juana. Esta lectura no se centra en la identificación de rasgos de modernidad o de la influencia del modelo cartesiano en sus textos, sino que se detiene específicamente en el modo en que se articula el debate epistemológico, y la subjetividad que accede al mismo. Una vez que se logra cuestionar efectivamente la noción del sujeto racional y autónomo, es posible captar los modos alternativos del saber que se proponen en algunos de estos textos sin asumir una perspectiva jerárquica y teleológica sobre la constitución de un sujeto epistemológico necesariamente "moderno". En este sentido los

---

[4] Este tema se desarrolla más ampliamente en el libro de Dalia Judovitz titulado *Subjectivity and Representations in Descartes. The Origins of Modernity*. Sigo de cerca la reflexión de Judovitz en esta sección.

textos de Sor Juana podrían dialogar con las nociones más contemporáneas de lo que Haraway denomina como "saberes situados"(188) o lo que Foucault denomina como "saberes subyugados" (97). Lo que propongo aquí es que el paradigma posmoderno del saber parcial, subjetivo y limitado no implica una ruptura absoluta con la tradición epistemológica occidental, sino que más bien evidencia una exploración de otros modos de saber tradicionalmente marginados por la construcción de un método particular de conocimiento que llegó a ser hegemónico a partir de fines del siglo XVII.[5]

Asimismo, me interesa continuar con la crítica de las utopías contemporáneas sobre la organicidad y autenticidad de los llamados saberes marginales: "The positionings of the subjugated are not exempt from critical re-examination, decoding, deconstruction, and interpretation; that is, from both semiological and hermeneutic modes of critical enquiry. The standpoints of the subjugated are not 'innocent' positions" (Haraway 191).[6] Destaco en estos textos la constitución de un sujeto epistemológico localizado que accede a un conocimiento que, como señala Kant, es también un constructo histórico y mudable (Code 323).

Por lo tanto, en este capítulo propongo la lectura de una serie de textos líricos, algunos villancicos y sonetos filosófico-morales de Sor Juana para estudiar su constitución de una mirada y discursividad femenina que intenta legitimarse ante un saber que la excluye precisamente por su condición de género sexual. Para ello, parto de los diversos acercamientos feministas a la obra de Sor Juana, para especificar el modo en que estos textos inscriben una determinada perspectiva sexual en el debate sobre el saber. El capítulo termina con una discusión de la *Respuesta a Sor Filotea*, la "Carta de Monterrey" y el *Primero sueño*, como textos que reinscriben lo femenino en

---

[5] Sobre paradigmas alternos del saber, ver los trabajos de Lorraine Code, Donna Haraway y Sandra Harding que ya hemos citado, y el estudio de Ruth Berman, titulado "From Aristotle's Dualism to Materialist Dialectics: Feminist Transformation of Science and Society", incluido en *Gender/Body/Knowledge*. En estos textos se traza una historia de la ciencia como campo que construye un método para obtener un saber que se basa en un sujeto masculino y su relación con un objeto pasivo de conocimiento. También señalan el paso de la belleza como eje del conocimiento platónico a la certeza como eje del conocimiento cartesiano, que sirve como base para la constitución de la ciencia moderna.

[6] Uma Narayan también trabaja con los conflictos del saber subalterno o marginado en su ensayo "The Project of Feminist Epistemology: Perspectives from a Nonwestern Feminist". Su ensayo resulta interesante porque explora la constitución de un sujeto cognoscitivo desde una perspectiva feminista, colonial y no occidental, lo que evidencia la localidad de muchos de los debates contemporáneos de la epistemología dentro de la tradición occidental. Su ensayo también elabora una crítica de las utopías del saber subalterno deconstruyendo el mito de la ventaja epistémica del esclavo frente al amo —elaborada por Hegel (236-40)— y señalando límites y conflictos de este modelo un tanto reduccionista de la condición del oprimido.

el proceso del acceso al saber, por medio de una rearticulación del cuerpo como frontera cultural. Esta reflexión se ubicará, como ya he señalado, en los debates contemporáneos sobre los límites del paradigma epistemológico moderno con el cual Sor Juana parece haber tenido un contacto bastante desigual y conflictivo.

2. Constitución de una subjetividad intelectual femenina en la poesía de Sor Juana

Los estudios feministas que se han llevado a cabo sobre la obra de Sor Juana han recalcado dos temáticas específicas en su obra: (1) por un lado su defensa de la educación femenina,[7] y (2) su articulación de lo que Electa Arenal denomina como una "epistemología femenina" ("Where Woman" 124). Aunque estos estudios destacan tendencias significativas en la obra de Sor Juana, tienden a dejar de lado uno de los asuntos centrales en su desarrollo del tema femenino: la articulación de un sujeto intelectual que aspira a acceder a los espacios intelectuales hegemónicos. Lejos de automarginarse en la creación de una "escritura femenina" o en la postulación de un modo de saber específicamente femenino, Sor Juana parece dirigirse más a la ampliación del espacio intelectual de su época mediante la inclusión de la mujer en los debates epistemológicos y teológicos que se estaban ventilando en la Universidad, los centros religiosos y en otras instituciones educativas e intelectuales de la Nueva España.[8]

---

[7] Sobre la defensa de la educación femenina en la obra de Sor Juana ver "Sor Juana Inés de la Cruz: 'Let Your Women Keep Silence in the Churches" de Nina Scott; "Sor Juana Inés de la Cruz y la defensa de la educación femenina superior" de Francisco Larroyo; "La defensa de la mujer como intelectual en Teresa de Cartagena y Sor Juana Inés de la Cruz" de Luis Miguel Vicente-García, y "A manera de apéndice: Sor Juana y el problema del derecho de las mujeres a la enseñanza" de Bénassy-Berling.

[8] Este debate sobre la auto-marginación del feminismo con relación al saber oficial se trabaja en los textos de Code, *What Can She Know?* y el ensayo de Uma Narayan titulado "The Project of Feminist Epistemology: Perspectives from a Nonwestern Feminist." Sobre este tema Narayan apunta que: "Feminist epistemology, like these other enterprises [that restore to women a sense of richness of their history], must attempt to balance the assertion of the value of a different culture or experience against the dangers of romanticizing it to the extent that the limitations and oppressions it confers on its subjects are ignored" (257). En este sentido Sor Juana no parece postular una epistemología feminista, puesto que en su escritura no se concibe diferencia esencial en la capacidad intelectual humana debido al género sexual, sino que estas diferencias se presentan como producto de la construcción social y cultural de la identidad sexual. Podría hablarse más bien de una defensa del saber femenino que de un feminismo clásico en su obra.

Por otro lado, este espacio intelectual colonial y metropolitano tampoco estaba exento de toda una serie de pugnas internas ya comentadas, y que incidían principalmente en el conflicto entre un saber secular emergente y un saber religioso dogmático que estaba haciendo crisis en Europa desde principios del siglo XVII.[9] Otro elemento que añadía tensión dentro del campo intelectual hegemónico y su resistencia a la modernidad europea eran las disensiones raciales y religiosas que cruzaban la articulación y legitimación de subjetividades en la época. Entre las mismas se encontraba la competencia entre judíos, conversos y católicos por el dominio de la actividad intelectual y cultural: "La actitud anti-intelectual y anti-técnica era así, a la vez, fuente del clásico orgullo español y productora de una sociedad en que pululaban los pícaros y se despreciaban los conocimientos científicos objetivos" (Durán, "El drama intelectual" 251). Es por ello que nuestro trabajo con la constitución de un sujeto epistemológico femenino en Sor Juana se debe ampliar para incluir los elementos raciales, sociales y políticos que afectaban la constitución del mismo campo intelectual al que se quiere acceder por medio de la literatura. Sin embargo, trazaremos en este capítulo una reflexión que se limitará inicialmente a la categoría del género sexual, para luego vincularla con algunos de los otros elementos que condicionan su articulación en los capítulos finales de este estudio.

Pasando ahora a la poesía lírica y algunos sonetos filosófico-morales y villancicos de Sor Juana, es posible proponer desde los mismos la articulación de una capacidad racional femenina que se quiere integrar al campo del saber oficial en la Colonia. Muchos estudiosos han señalado cómo la preocupación intelectual *per se* es central en la obra de Sor Juana.[10] En algunos de sus poemas lo que llama la atención, sin embargo, es la postulación de un saber "localizado" que se niega a concebirse como coherente e inmutable:

---

[9] Un buen resumen de esta crisis en Europa se encuentra en los dos capítulos iniciales de la tesis de Tonia León, titulada *Sor Juana Inés de la Cruz's 'Primero sueño': A Lyric Expression of Seventeenth Century Scientific Thought*. La limitación que tiene este texto es que no sustenta documentalmente la idea de que este debate epistemológico circuló ampliamente en la Nueva España.

[10] Dos de los estudios más abarcadores sobre la preocupación intelectual en Sor Juana son *Sor Juana o las trampas de la fe*, de Octavio Paz, y la tesis doctoral inédita de Jesús García Alvarez, *El pensamiento filosófico de Sor Juana Inés de la Cruz*. También la tesis de Constance Morhardt titulada *The Rationalist Nature of the Lyrical Poetry of Sor Juana Inés de la Cruz*, y la tesis de Tonia León, *Sor Juana Inés de la Cruz's 'Primero sueño': A Lyric Expression of Seventeenth Century Scientific Thought*, elaboran este tema a partir de la lectura de textos específicos de Sor Juana. Además, hay numerosos artículos que aluden a este tema, entre los que se destacan los trabajos de Francisco López Cámara, Paula Gómez Alonso y Gerard Cox Flynn que he venido manejando.

> Todo el mundo es de opiniones
> de pareceres tan varios,
> que lo que el uno que es negro,
> el otro prueba que es blanco.
> [...] Los dos Filósofos Griegos
> bien esta verdad probaron:
> pues lo que en el uno risa,
> causaba en el otro llanto (OC, I, 5)

Estos versos destacan el carácter construido del saber, que responde más al ejercicio de la interpretación del sujeto cognoscitivo que a una verdad absoluta comprobable universalmente. Sin embargo, no hay en esta lírica un rechazo total del saber que llegue al escepticismo, por cuanto el conocimiento sigue siendo un objeto deseado que se desplaza en la lírica al lenguaje amoroso, y en otros poemas y cartas se compara con un "vicio" o "negra inclinación" que el sujeto no puede controlar: "También es vicio el saber: / que si no se va atajando, / cuando menos se conoce/ es más nocivo el estrago" (OC, I, 7). Es entre estos dos polos del deseo erótico y el vicio que se inscribe el cuerpo en el proceso de adquisición del conocimiento como instancia mediadora impostergable: "El conocimiento, como ejercicio intelectual y objeto de deseo, se carga de erotismo; o dicho de otro modo, se carga de pulsiones sexuales y de autoconservación al servicio de un proyecto diferente al de la mujer convencional" (López González 343).[11] Es precisamente esta articulación del saber como deseo lo que lleva finalmente a la inclusión de lo femenino en la noción de un sujeto epistemológico en Sor Juana.

Mi lectura traza el proceso mediante el cual se articula esa inscripción de lo femenino en lo epistemológico construyendo una narrativa textual y semántica que se fundamenta en la descripción y alabanza de cualidades intelectuales como atributos de belleza femenina. De ahí ocurre un desplazamiento hacia una construcción teológica que transforma el intelecto de atributo en virtud constitutiva de un sujeto epistemológico femenino. Este desplazamiento entre el lenguaje amoroso y teológico se condensa finalmente por medio de la integración de un lenguaje pedagógico y académico en la tradición literaria del amor cortés, lo que constituye la belleza y corporeidad femenina en enseñanza sobre los "rigores" de la vida. De este modo los textos de Sor Juana urden un complejo entramado semántico que termina por postular lo femenino como constitutivo del discurso oficial mediante el cual se difundía el saber de la época.

---

[11] En este sentido Sor Juana parece acercarse más a Aristóteles en su concepción de la interdependencia del cuerpo y el alma en la constitución de todo sujeto cognoscitivo. También parece coincidir con lo que Heidegger denomina como el "Dasein", y que depende de la presencia del sujeto en el mundo material que intenta comprender (Code 146-7).

La narrativa que acabo de proponer no es coherente ni continua, ya que la obra de Sor Juana oscila y presenta simultáneamente varias de estas estrategias. No es mi propósito, por tanto, postular esta narrativa como hilo conductor que permita un análisis cronológico y teleológico del desarrollo de estas ideas en Sor Juana. Más bien quiero comentar estas diversas estrategias para trazar con ellas algunos de los modos en que se constituye esta subjetividad epistemológica que los textos producen como una suerte de efecto del sujeto (Spivak, *In Other Worlds* 204).[12] Así mismo, existe en estas obras un conjunto de posiciones del sujeto femenino que coexisten y se movilizan a través de los textos, pues lo femenino tampoco se asume como un elemento constante ni coherente. Como ha señalado Brenda Logan, la obra de Sor Juana se puede caracterizar como cruzada por una noción múltiple del sujeto:

> The intermingling of these myriad components, vividly and alternately manifested in her verses, resembles the permutations of a kaleidoscope: with a change in position, each distinct, colorful pattern shifts to form another equally stunning one. Of the many images Sor Juana presents, those to be examined here include the self-referential poet; the maternal figure; the intellectual; the lover/beloved (of both men and women); the jocular, mischievous observer of humanity; and the poet conforming to the prevailing literary constraints (76).

Lo que busco por lo tanto, no es identificar las instancias particulares en que se articula cada una de estas posiciones del sujeto, sino concentrarme en la subjetividad epistemológica femenina como una zona de identificación que está cruzada por diversas posiciones alternas, simultáneas, contradictorias o complementarias que van matizando la inflexión del elemento cognoscitivo en los textos.

Me detendré primero en la poesía amorosa para destacar la transformación que se opera en estos poemas, al proponer un ideal de belleza femenino que incorpora la capacidad intelectual.[13] Por ejemplo, en

---

[12] Spivak define la noción de efecto del sujeto como "that which seems to operate as a subject may be part of an immense discontinuous network ('text' in the general sense) of strands that may be termed politics, ideology, economics, history, sexuality, language, and so on. (Each of these strands, if they are isolated, can also be seen as woven of many strands.) Different knottings and configurations of these strands, determined by heterogeneous determinations which are themselves dependent upon myriad circumstances, produce the effect of an operating subject" (*In Other Worlds* 204). Mi lectura parte, por lo tanto, de esta idea del sujeto como rastro del texto, para proponer los diversos modos en que se matiza la subjetividad intelectual en los textos de Sor Juana, leídos a partir de su contexto colonial.

[13] Nina Scott ha trabajado las narrativas del tema femenino que urde Sor Juana en estos poemas a la Condesa de Paredes, al trazar una historia de embarazos, partos

su descripción de la belleza de la Condesa de Paredes, se destaca lo siguiente: "Angel eres en belleza,/ y Angel en sabiduría/ porque lo visible sólo/ de ser Angel te distinga" (OC, I, 52). Del mismo modo, en su romance a la Duquesa de Aveiro se destaca el saber femenino como virtud de la dama: "Claro honor de las mujeres, / de los hombres docto ultraje,/ que probáis que no es el sexo/ de la inteligencia parte; [...]/ clara Sibila Española,/ más docta y más elegante/ que las que en diversas tierras/ veneraron las edades;" (OC, I, 101). Según Emilie Bergmann, este trabajo y reformulación del ideal de belleza femenino para incluir la capacidad intelectual como parte de los atributos de la dama se puede ver como una transformación de la tradición literaria que ocurre cuando es una mujer quien articula el discurso del deseo en la poesía de amor cortés ("Ficciones" 179; "Dreaming in a Double Voice" 164-5).[14]

Asimismo, Frederick Luciani ha estudiado cómo Sor Juana reformula el discurso literario de la tradición del amor cortés mediante un trabajo que se concentra particularmente en el proceso de representación mismo y su agotamiento lingüístico y formal, para proponer nuevas inflexiones a este discurso predominante en la lírica medieval y renacentista ("El amor desfigurado" 19-20; 47-8). Este tipo de estudio inscribe los retratos femeninos de Sor Juana en un discurso literario amoroso que parte de los cancioneros petrarquistas, y que propone la belleza de la amada como bien último al que aspira el artista creador.[15] Lo peculiar del *performance* que Sor

---

e intercambio de regalos. Según Scott estos temas femeninos no se trataban en la poesía amorosa masculina de la época. Para más detalles ver su ensayo "'Ser mujer ni estar ausente/ no es de amarte impedimento': los poemas de Sor Juana a la condesa de Paredes" (164-5). Aquí me ocupo de otra narrativa paralela que se elabora en los poemas y que tampoco era usual en la lírica masculina sobre la mujer amada.

[14] Emilie Bergmann y Frederic Luciani han trabajado con mayor detenimiento este diálogo conflictivo con la tradición literaria que ocurre en los escritos de Sor Juana cuando se postula un nuevo ideal de belleza y deseo femeninos. Para más información sobre este tema ver "Ficciones de Sor Juana: poética y biografía" de Emilie Bergmann y "The Burlesque Sonnets of Sor Juana Inés de la Cruz", y "El amor desfigurado: el Ovillejo de Sor Juana Inés de la Cruz" de Frederick Luciani. Luciani ha trabajado más con el tema de cómo los sonetos burlescos de Sor Juana desafían y parodian el ideal femenino de la tradición del amor cortés. Mi reflexión añade a estas lecturas la postulación del sujeto epistemológico como parte integral de esa transformación que se produce en la poesía amorosa que concentra su mirada en el cuerpo femenino.

[15] Para más información sobre la relación de estos poemas líricos de Sor Juana y la tradición del amor cortés, así como de la evolución de este modelo literario en España y en la Nueva España ver los ensayos de Frederick Luciani, "El amor desfigurado: el ovillejo de Sor Juana Inés de la Cruz" y de Georgina Sabat Rivers, "Veintiún sonetos de Sor Juana y su casuística del amor". En su ensayo, Luciani

Juana hace de este discurso es que se integra la capacidad intelectual a toda una serie de atributos que conforman el ideal de belleza femenino en sus poemas.

Una de las inflexiones más interesantes de esta reinscripción de lo intelectual en la poesía amorosa es que el cuerpo femenino resulta eventualmente desplazado como objeto de la mirada poética. Este diferimiento del cuerpo se articula en dos vertientes. La primera señala la incapacidad de la tradición literaria existente para tan siquiera describir una realidad corporal que ya excede las convenciones del género:

> revolví, como ya digo,
> sin que entre todas pudiese
> hallar una que siquiera
> en el vestido os semeje.
> Con que de comparaciones
> desesperada mi mente
> al ¿*viste*? y al *así como*
> hizo ahorcar en dos cordeles,
> ya sin tratar de pintarte,
> sino sólo de quererte: [...]
> Por ellos, Señora mía,
> postrada beso mil veces
> la tierra que pisas y
> los pies, que no sé si tienes (OC, I, 126).

Esta exploración de los límites de la tradición lleva a una materialización del sujeto que enuncia la voz poética, como una presencia que admite ahora la parcialidad de su visión y su participación activa en la construcción de imágenes poéticas que corresponden eventualmente a los saberes sociales y culturales con los que se constituye la tradición literaria.[16] Este mismo tema aparece en el "Ovillejo dedicado a Lisarda", texto en el cual la voz poética reflexiona humorísticamente sobre los límites de la tradición literaria, y el saber artístico, para representar la belleza femenina: "Es pues, Lisarda, es pues... ¡Ay Dios, qué aprieto!/ No sé quién es Lisarda, les prometo;/ que

---

estudia cómo Sor Juana trabaja en el poema del "Ovillejo" con la representación misma como límite que sólo describe apariencias y superficies y no esencias que definan al objeto amado (29).

[16] Luciani elabora una tesis similar en su ensayo "El amor desfigurado", pero propone que esta presencia del artista que produce el texto dota su voz de una autoridad que a su vez se inscribe en la tradición literaria hegemónica (47-8). Sin embargo, este acceso a la tradición literaria predominante trae una serie de marcas que vulneran la autoridad y legitimidad absoluta del discurso hegemónico al postular en la representación un límite infranqueable, de pérdidas y recuperaciones, que sólo permite producir "apariencias" y "superficies", y no "subjetividades" ni esencias fijas. Esta es la línea de lectura que propongo a continuación.

mi atención sencilla,/ pintarla prometió, no definilla" (OC, I, 323). Johnson también ha visto el poema satírico de los "Ovillejos" como texto que cuestiona no sólo la tradición literaria del retrato femenino, sino la voz que enuncia y organiza el poema:

> No physical profile is given of the poet; however, she is meticulously portrayed in the process of performing an activity. In this respect, she demythologizes the static image of womanhood at the height of its perfection and dispels as well the aura surrounding literary creativity by describing it as being the result of exploration and experimentation. Although her own description is presented within an imaginative context, she demonstrates through her actions that she is a real woman who wonders, doubts, commits errors, and corrects them (*Satire in Colonial*, 70).

El texto se marca entonces por la parcialidad de la mirada que deconstruye el ideal de belleza femenino: "En fin, yo no hallo símil competente,/ por más que doy palmadas en la frente/ y las uñas me como:/ ¿dónde el *viste* estará y el *así como*, / que siempre tan activos/ se andan a principiar comparativos?" (OC, I, 326). El sujeto que postula el saber poético se autolocaliza y limita a un desconocimiento de los medios que posibilitan el discurso mismo. De este modo el saber se vincula a un contexto y perspectiva particulares que condicionan los intereses y maneras en que se construye lo que finalmente se legitima como "verdad".[17] Al mismo tiempo, aquí se insiste en la irreductibilidad del cuerpo femenino al proceso de representación artística, de modo que lo corporal deja de ser un límite pasivo en el que se inscriben discursos culturales y pasa a ser eso que Butler denomina como la materialidad (*Bodies that Matter* 9-10) que define, en este caso, el lugar de la mujer como productora de bienes simbólicos.

La segunda vertiente en la representación de la mujer como objeto poético se centra en el desplazamiento del cuerpo como categoría superficial que imposibilita la constitución de una capacidad intelectual femenina. Ahí se podrían ubicar los poemas que niegan lo corpóreo femenino, como exploración del límite social que excluye a la subjetividad femenina del acceso a un saber, ya sea amoroso o intelectual: "Ser mujer, ni estar ausente,

---

[17] Herón Pérez Martínez ha estudiado precisamente cómo Sor Juana desarrolla una variante muy particular de "ovillejos" que se diferencian del "ovillejo cervantino" tradicional. En este sentido, nos llama la atención el estudio de este poema de Sor Juana, porque trabaja con la reconfiguración de un género literario al mismo tiempo que señala los límites de la tradición poética existente para representar la corporeidad e intelectualidad femenina. Para más información sobre la formación y evolución del género del ovillejo en España y América, ver el capítulo "Los ovillejos de Sor Juana" que Pérez Martínez incluye en sus *Estudios sorjuanianos*.

/ no es de amarte impedimento;/ pues sabes tú, que las almas,/ distancia ignoran y sexo" (OC, I, 57). El cuerpo se asocia con una superficie que debe relegarse por su valoración social negativa, para privilegiar al "Alma" como depositaria de una capacidad intelectual que no reconoce ese tipo de límites: "Si porque estoy encerrada/ me tienes por impedida,/ para estos impedimentos/ tiene el afecto sus limas./ Para el alma no hay encierro/ ni prisiones que la impidan,/ porque sólo la aprisionan/ las que se forma ella misma" (OC, I, 121). Es notable cómo se mantiene el vínculo entre lenguaje amoroso y reflexión intelectual, de modo que los textos entrelazan ambos campos semánticos en una sola narrativa. Esta postergación del cuerpo femenino culmina en los conocidos versos del romance 48, que recalcan la neutralidad del cuerpo intelectual:

> Yo no entiendo de esas cosas;
> sólo sé que aquí me vine
> porque, si es que soy mujer,
> ninguno lo verifique.
> Y también sé que, en latín,
> sólo a las casadas dicen
> *úxor*, o mujer, y que
> es común de dos lo Virgen.
> Con que a mí no es bien mirado
> que como a mujer me miren,
> pues no soy mujer que a alguno
> de mujer pueda servirle;
> y sólo sé que mi cuerpo,
> sin que a uno u otro se incline,
> es neutro, o abstracto, cuanto
> sólo el Alma deposite (OC, I, 138).

Vale la pena detenerse en este texto porque en el mismo se integran algunas de las estrategias que he venido señalando. Por un lado, aquí se opone sinuosamente el "Yo no entiendo" (*i. e.* no sé) con el "sólo sé", construyendo una autoridad que se ubica en la parcialidad y limitación de su saber. Del mismo modo el texto moviliza la oposición "soy mujer"/ "no soy mujer" cruzada por la instancia del cuerpo que se niega a la misma vez que ocupa el centro de la reflexión sobre el ideal femenino: es precisamente el acceso o no a la sexualidad, y la oposición entre "Virgen" y "mujer" el modo en se define el lugar intersticial, si se quiere, de la capacidad intelectual femenina. Para acceder al espacio epistemológico hay que recluir la sexualidad femenina, difiriéndola hacia el ansia de saber que se propone entonces como "vicio" en otros textos de Sor Juana. El deseo sexual se sublima hacia el deseo intelectual, y el cuerpo se pospone —no necesariamente se niega— para neutralizar la construcción social y cultural del género sexual que margina y excluye al sujeto femenino de un acceso al saber.[18] De ahí que la femineidad se postule desde la condición misma de su imposibilidad, planteada en frases condicionales y subjetivas: "porque, si es que soy mujer/ ninguno lo verifique. [...]/ pues no soy mujer que alguno/ de mujer pueda servirle".

Por último, el texto elabora un elemento central en la reflexión sobre la tradición poética que se ha ido transformando a lo largo de esta discusión: la mirada. Es nuevamente a partir de la oposición quiásmica entre "no es bien mirado" y "me miren" que se adjudica a una mirada "social" o "colectiva" la valorización negativa de lo femenino. La reclusión de la sexualidad viene a ser un modo de salirse del campo de acción de esa misma "mirada cultural" que excluye y prescribe, transformándola por medio de la inflexión que añade la presencia de un deseo femenino que ahora dirige la mirada amorosa a la dimensión intelectual.[19] Asímismo el texto parece insistir en que la diferencia sexual se ha convertido en una marca de identidad que ha sido objeto de lo que Haraway denomina como "polos de dominación histórica" en el campo epistemológico (165). Es así como el género sexual —aludido en su condición de ser mujer que pueda ser "mirada"— se transforma en el texto en un modo de exclusión del sujeto

---

[18] El debate sobre la inclusión del cuerpo en el proceso cognoscitivo es amplio y variado. Jane Gallop propone en *Thinking Through the Body* que el cuerpo es constitutivo del proceso mismo de conocimiento, y por ello no puede ser desplazado. Según Gallop el cuerpo es una especie de enigma que excede el control de la mente, por lo cual no se puede separar tajantemente una instancia de la otra (18). Sin embargo, este tipo de argumentación culmina en el trabajo de Luce Irigaray, quien propone el cuerpo femenino como el lugar absoluto del saber feminista. Este tipo de conceptualización del cuerpo termina esencializando ciertos tipos de saber, al construir utopías de un saber más orgánico y auténtico que se deriva del cuerpo femenino *per se*, y que se margina de los debates oficiales del campo epistemológico en general. Para más información sobre esta vertiente del debate, ver *This Sex Which is Not One* y *Speculum of the Other Woman* de Irigaray. En mi lectura el cuerpo se incluye como una instancia mediadora más en el proceso de conocimiento, y como un límite cultural y social para el acceso al conocimiento por la construcción sexista del campo epistemológico occidental. En este sentido, coincido con la postulación de Judith Butler en *Gender Trouble* y *Bodies that Matter*, que define el cuerpo como la superficie material donde se articulan toda una serie de inscripciones y regulaciones culturales, y en donde el género sexual se convierte en una categoría más que se postula como inteligible en determinados contextos, y que evoluciona como una suerte de frontera variable (*Gender Trouble* 129-133). Sor Juana estaría trabajando, entonces, con esa "frontera variable" del cuerpo al postergarlo y reinscribirlo como modo de negociar su constitución de una subjetividad intelectual femenina.

[19] Emilie Bergmann ha trabajado este mismo tema en su ensayo "Sor Juana Inés de la Cruz: Dreaming in a Double Voice" donde analiza cómo se transforma la tradición literaria cuando la "mirada poética" la ejerce una mujer.

que trasciende las capacidades intelectuales de un determinado individuo para ubicarse en diferencias superficiales, accesorias pero significativas en la conformación y entrada a un campo intelectual.

Esta categoría racional femenina también se traspone textualmente del espacio literario secular del amor cortés a la poesía religiosa y sacra de Sor Juana. Allí se postula lo que Linda Egan denomina como una "teología feminista".[20] La misma se elabora de diversas maneras, pero destaco aquí dos de estas estrategias: (1) la alabanza de la capacidad intelectual en una serie de figuras femeninas sagradas, que replica los gestos de la poética amorosa que ya he comentado; y (2) la revisión de la teología misma para redefinir el lugar de la mujer en el campo intelectual, partiendo de la Virgen María como figura fundamental en la articulación de un sujeto teológico y epistemológico femenino. Para su elaboración de esta subjetividad teológica-intelectual Sor Juana aprovecha lo que Scott denomina como "inconsistencias" en el lugar que se le asigna a la mujer en el discurso teológico ("Let your Women" 515).

Un ejemplo muy conocido de este desplazamiento del intelecto como atributo de belleza en la lírica amorosa a virtud femenina en la poesía religiosa se encuentra en los "Villancicos a Santa Catarina" (1691), especialmente en los villancicos 316, 317 y 322.[21] Este paso de atributo físico a virtud femenina se fundamenta en el mismo discurso del amor cortés que le sirve de tradición literaria a los retratos femeninos de Sor Juana. Me refiero particularmente a la integración de la filosofía platónica y neoplatónica en el discurso amoroso cortesano, que postulaba que "el origen de la virtud del poeta-amante era la contemplación de la belleza de su amada" (Luciani, "El amor desfigurado" 11). Parecería que los textos de Sor Juana se apropian de este vínculo entre belleza femenina y virtud del amante y los condensan en la figura de la mujer como ícono religioso. De

---

[20] Esta teología feminista se estudia con mayor detenimiento en en el ensayo "Donde Dios todavía es mujer: Sor Juana y la teología feminista" de Linda Egan. Egan propone que esta teología feminista se articula a partir de una categoría de dualismo o androginia que es un principio fuerte de ciertas prácticas paganas, gnósticas y herméticas de las que Sor Juana se apropia para combatir el patriarcalismo de la religión católica. Por otro lado, en su libro *Cultura femenina novohispana*, Josefina Muriel también trabaja con la redefinición teológica en los textos de Sor Juana, sobre todo cuando postula a la Virgen María como sujeto femenino intelectual supremo dentro de la religión Católica (en especial, ver las páginas 236-55).

[21] Elías Trabulse, en su ensayo titulado "La Rosa de Alexandría: ¿una querella secreta de Sor Juana?" ha estudiado las fuentes herméticas de algunos de estos villancicos y ha reflexionado sobre el modo en que Sor Juana inscribe elementos autobiográficos en estos textos para construir una narrativa de su vida intelectual. También ha vinculado estos villancicos con el ambiente antifeminista de la época. La lectura de su ensayo resulta útil en el estudio del contexto social e histórico en el cual Sor Juana postula su nuevo ideal de subjetividad femenina.

este modo, el intelecto como atributo de belleza se transfigura una vez más en virtud femenina que ostentan figuras como la Virgen y Santa Catarina. Veamos algunos ejemplos del modo en que se desarrolla el tema en estos textos.

Por un lado se alaba la sabiduría junto con la belleza de la Santa: "Porque es bella la envidian,/ porque es docta la emulan:/ ¡oh que antiguo en el mundo/ es regular los méritos por culpas!" (OC, II, 170). Este fragmento nos recuerda el romance 18 dedicado a la Condesa de Paredes, puesto que en estos poemas también se inscribe el intelecto en un discurso que reconfigura un ideal de belleza femenino. Sin embargo, en la poesía religiosa se asocia el intelecto a la moralidad al inscribirlo en el contexto de los "méritos" y las "culpas". Similar es también la oposición entre sexo e intelecto al referirse ahora a las virtudes de Santa Catarina:

> De una Mujer se convencen
> todos los Sabios de Egipto,
> para prueba de que el sexo
> no es esencia en lo entendido [...]
> No se avergüenzan los Sabios
> de mirarse convencidos;
> porque saben, como Sabios.
> que su saber es finito.
> ¡Víctor, víctor!
> Estudia, arguye y enseña,
> y es de la Iglesia servicio,
> que no la quiere ignorante
> El que racional la hizo (OC, II, 171).

Vemos en este fragmento la confluencia de varias inflexiones del tema religioso. Por un lado se apunta al género sexual como categoría no esencial —*i. e.* no fundamental— en la postulación de una capacidad intelectual. Por otro lado, se señala el saber oficial —detentado por los Sabios a los que se alude en el poema— como un saber limitado y no absoluto que puede tranformarse a partir de la experiencia: Santa Catarina les prueba la posibilidad de que exista un saber femenino que se puede incorporar al saber tradicional. Por último, el texto apunta hacia la defensa del estudio y la enseñaza femenina como ejercicio de un atributo divino, por cuanto ella es un ser humano que participa de la capacidad racional con que Dios diferenció a la humanidad de las demás categorías del Ser. De ahí que el final del villancico apunte ya hacia una especie de transición o entrecruce con la segunda estrategia de estos textos religiosos, es decir, la revisión teológica de la posición de la mujer frente al saber oficial. Esta estrategia también la encontramos elaborada en la *Respuesta a Sor Filotea*, texto que comentaré más adelante.

Sin embargo, antes de pasar a los planteamientos teológicos en la poesía sacra de Sor Juana, es necesario detenerse en el villancico 322 dedicado a Santa Catarina, porque en el mismo se elabora una última estrategia. Me refiero al entrecruce entre autobiografía y constitución subjetiva, de modo que en los textos se trabaja también con el problema de la auto-representación. En este villancico se narra la vida de la Santa en unas coplas que nuevamente señalan la presencia de la voz poética que enuncia el texto desde una posición parcial que produce un saber limitado o "situado", para usar la expresión de Haraway:

> Erase una Niña
> como digo a usté
> cuyos años eran,
> ocho sobre diez.
> Esperen, aguarden,
> *que yo lo diré.*
> Esta (*qué sé yo,*
> cómo pudo ser)
> dizque supo mucho,
> aunque era mujer.
> Esperen, aguarden,
> que yo lo diré.
> Porque, como dizque
> dice *no sé quien,*
> ellas sólo saben
> hilar y coser...
> Esperen, aguarden,
> que yo lo diré.
> Pues ésta, a hombres grandes
> pudo convencer;
> que a un chico, cualquiera
> lo sabe envolver.
> Esperen, aguarden,
> que yo lo diré.
> Y aun una Santita
> dizque era también,
> sin que le estorbase
> para ello el saber.
> Esperen, aguarden,
> que yo lo diré.
> Pues como Patillas
> no duerme, al saber
> que era Santa y Docta,
> se hizo un Lucifer.
> Esperen, aguarden,
> que yo lo diré.

> Porque tiene el Diablo,
> esto de saber,
> que hay mujer que sepa
> más que supo él.
> Esperen, aguarden,
> que yo lo diré.
> Pues con esto, ¿qué hace?
> Viene, y tienta a un Rey,
> que a ella la tentara
> a dejar su Ley.
> Esperen, aguarden,
> que yo lo diré.
> Tentóla de recio
> mas ella, pardiez,
> se dejó morir
> antes que vencer.
> Esperen, aguarden,
> que yo lo diré.
> No pescuden más,
> *porque más no sé,*
> de que es Catarina,
> para siempre. Amén.
> (OC, II, 179-81, énfasis mío)

El texto elabora, a partir de la narrativa oral y sus giros coloquiales, el tema del intelecto de Santa Catarina como una fuente de tensión que desencadena su muerte. La vida de la Santa se representa como una batalla para defender su saber contra las fuerzas diabólicas que resisten su capacidad intelectual en particular. Lo interesante, sin embargo, es cómo se destacan elementos autobiográficos en la narración de la vida de la niña precoz y sabia que demuestra su saber a "hombres grandes". A partir de esta suerte de auto-representación se vincula el saber de Santa Catarina con el saber del sujeto que produce el texto que leemos. Esta identificación con el sujeto representado será una estrategia importante en la discusión de la *Respuesta a Sor Filotea* y el *Primero sueño*, textos que se centran en esta confluencia del sujeto representado y el sujeto productor del texto, creando una serie de espejismos en donde se confunden alteridad y subjetividad, representación y reflexión. Por otro lado, este texto también vuelve a trabajar con la oposición quiásmica "sé"/"no sé" que va trazando la narración de la vida de la Santa desde una perspectiva muy localizada y personalizada. De este modo el texto desplaza la voz centrada y absoluta del saber sacro para proponer un saber teológico en confluencia con el saber de la narración popular.

Pasando a la revisión teológica que se propone en algunos de estos textos sacros, quisiera detenerme en la postulación de la Virgen María como sujeto más cercano al saber divino por su rol maternal originador del hijo de Dios:[22] "Para estas empresas, tanta/ gracia Dios le comunica,/ que siendo pura criatura,/ Mujer parece Divina" (OC, II, 25). De acuerdo a Muriel, Sor Juana postula que la la Virgen María "participa más que cualquier otra criatura de las perfecciones de Dios" (*Cultura femenina* 253). Esta misma idea reaparece en el villancico 253, también dedicado a la Virgen María: "Del Cielo y Tierra extranjera,/ en ambas partes la extrañan:/ muy mujer para Divina/ muy Celestial para Humana" (OC, II, 64). La Virgen ocupa un lugar intermedio entre el saber humano y el divino, en donde su género sexual se destaca como impedimento para acceder a una divinidad absoluta (Sabat-Rivers, "Ejercicios de la Encarnación" 266).[23] Esta caracterizacción teológica de la Virgen María se desplaza luego hacia su constitución como "maestra" y "doctora" que ha vencido oposiciones a la Cátedra de Prima de Teología:

> La Soberana Doctora
> de las Escuelas divinas,
> de que los Angeles todos
> deprenden sabiduría. (OC, II, 6)

---

[22] Brenda Logan ha estudiado la representación del rol maternal en la obra de Sor Juana y ha señalado cómo este rol generalmente se asocia con el desempeño de una maternidad intelectual y creativa que no necesariamente implica un ejercicio físico ni biológico. En este sentido es que Sor Juana se postula como "madre" de sus versos y de su trabajo intelectual. Para una lectura más detallada de este lenguaje maternal en la obra de Sor Juana ver el ensayo de Logan, titulado "The Kaleidoscopic Self: Sor Juana Inés de la Cruz in Her Own Poetry", la Introducción que incluyen Electa Arenal y Amanda Powell en su edición bilingüe de la "Respuesta" y el libro de Ludwig Pfandl, *Sor Juana Inés de la Cruz. La décima musa de México*, especialmente la sección sobre "El afán de cavilar" y su análisis del "Primero sueño" (112-212). Aunque Pfandl lee este lenguaje maternal y procreador como parte de la neurosis de Sor Juana —lectura que ha sido ampliamente refutada por los estudios feministas de la obra de Sor Juana llevados a cabo por Merrim, Sabat Rivers, Arenal, y Paz, entre otros— lo cierto es que en su argumentación identifica muchos de los pasajes donde se utiliza este lenguaje maternal al que me estoy refiriendo.

[23] Georgina Sabat-Rivers, en su ensayo "'Ejercicios de la Encarnación': sobre la imagen de María y la decisión final de Sor Juana", estudia esta representación de la Virgen María como mujer docta suprema en los escritos religiosos de Sor Juana. Según Sabat Rivers la Virgen se convierte en el modelo idóneo para Sor Juana porque sintetiza su afán de saber y su vocación religiosa. Para Sor Juana la Virgen María llega a ser un ente tan perfecto, que en ocasiones la llega a colocar al mismo nivel de Dios (272). Alfonso Méndez Plancarte, en su libro *Crítica de críticas*, también alude a una tradición de monjas que han escrito sobre la Virgen como figura intelectual (284). Destaco aquí el desarrollo de este mismo tema pero a partir de sus villancicos, textos que circulaban entre un público más popular que el que leyó sus "Ejercicios de la Encarnación", pues éstos últimos estaban dirigidos a las religiosas coetáneas de Sor Juana.

> Hoy la Maestra Divina,
> de la Capilla Suprema
> hace ostentación lucida
> de su sin igual destreza: (OC, II, 7).
> La Astrónoma grande,
> en cuya destreza
> son los silogismos
> demostraciones todas y evidencias; (OC, II, 65).

La Virgen se convierte en la estudiante e intelectual suprema que accede a todo el saber religioso y científico de la época. De este modo se condensan tres campos semánticos: el del saber femenino, el de la figura santa de la Virgen y el del lenguaje oficial del sistema educativo secular y religioso al que no accedía la mujer. Se cristaliza así la última estrategia que me interesa comentar en la constitución de la subjetividad intelectual femenina, donde se "infiltra" el lenguaje educativo y académico en el discurso poético, de modo que los íconos de la femineidad como la belleza o el cuerpo se convierten ahora en fuentes de saber para el campo intelectual hegemónico. Ocurre aquí una inversión que se apropia del lenguaje disciplinario para desplazar el saber hacia un campo literario y lingüístico tradicionalmente femenino: "Cátedras de Abril, tus mejillas,/ clásicas dan a Mayo, estudiosas:/ métodos a jazmines nevados/ fórmula rubicunda a las rosas" (OC, I, 172). Como vemos en este texto, el cuerpo femenino se describe de un modo fragmentario que a la vez entrelaza el lenguaje educativo y epistemológico condensando cuerpo femenino, belleza y saber (Bergmann, "Dreaming in a Double Voice" 164-5).[24] Las mejillas de la mujer se convierten en la "fórmula", "método" y "cátedra" que imparte un saber sobre la esencia del color. De este modo el poema ubica lo femenino —y en particular el cuerpo— en la función pedagógica que tan ampliamente se defiende en la *Respuesta*.

Un buen ejemplo de los efectos de esta condensación en la postulación de un saber filosófico-moral planteado desde una discursividad femenina se encuentra en los Sonetos filosófico-morales de Sor Juana (Sonetos 145-150 en el Tomo I de Méndez Plancarte). El soneto 147 dedicado a la rosa se

---

[24] En este ensayo Bergmann vincula la representación de la belleza femenina a partir del lenguaje pedagógico con la articulación de un deseo femenino que se apropia de las prácticas discursivas masculinas. Su cuidadoso estudio del *romance decasílabo* traza en la escritura de Sor Juana un proyecto que trabaja con la constitución cultural del objeto femenino para convertirse en sujeto de le enunciación del deseo por medio del paso al lenguaje intelectual. Mi lectura explora un gesto paralelo a esta estrategia y propone que esta intelectualización de la figura femenina convierte a esta subjetividad, y sus prácticas escriturarias, en instancias constitutivas del saber oficial y disciplinario de la época por medio de la condensación del discurso lírico y del lenguaje pedagógico.

basa precisamente en esta condensación del lenguaje académico-pedagógico para la constitución de un sujeto cognoscitivo asociado con lo femenino, y que produce y difunde un saber fundamental sobre la caducidad de la vida:

> Rosa divina que en gentil cultura
> eres, con tu fragante sutileza,
> *magisterio* purpúreo en la belleza,
> *enseñanza* nevada a la hermosura.
>
> Amago de la humana *arquitectura*,
> *ejemplo* de la vana gentileza,
> en cuyo sér unió naturaleza
> la cuna alegre y la triste sepultura.
>
> ¡Cuán altiva en tu pompa, presumida,
> soberbia, el riesgo de morir desdeñas,
> y luego desmayada y encogida
>
> de tu caduco sér das mustias señas,
> con que con *docta* muerte y *necia* vida,
> viviendo *engañas* y muriendo *enseñas*! (OC, I, 278, énfasis mío).

La rosa ocupa el lugar de la maestra, posición que se señala con los vocablos "magisterio", "enseñanza" y "ejemplo", que apuntan hacia su rol pedagógico.[25] El final del soneto trata de la distancia entre la apariencia, que se asocia con una belleza superficial, y la enseñanza espiritual profunda, que permanece después de la muerte. Se opone, por lo tanto, el saber espiritual al material, privilegiando aquél que se acerca más a los valores supraterrenales. De nuevo el soneto alude a un saber teológico que trasciende el saber secular, y del cual la rosa viene a ser la transmisora idónea por medio de su "ejemplaridad" y su "experiencia".

El conocido soneto 145, dedicado al retrato, también desarrolla el tema del saber desde una condensación del lenguaje escolástico con el retrato femenino:

> Este que ves, engaño colorido,
> que del arte ostentando los primores,
> con falsos silogismos de colores
> es cauteloso engaño del sentido;

---

[25] Luiselli ha trabajado este mismo soneto y ha señalado cómo es característico de Sor Juana el asociar la rosa con un proceso de aprendizaje, algo que está ausente en textos similares de Francisco de Rioja y Luis de Góngora que elaboran el tema de la vida efímera de la rosa (143). Sobre este tema ver su ensayo "Tríptico virreinal: los tres sonetos a la rosa de Sor Juana Inés de la Cruz".

> éste en quien la lisonja ha pretendido
> excusar de los años los horrores,
> y venciendo del tiempo los rigores
> triunfar de la vejez y del olvido,
>
> es un vano artificio del cuidado,
> es una flor al viento delicada,
> es un resguardo inútil para el hado:
>
> es una necia diligencia errada,
> es un afán caduco y, bien mirado,
> es cadáver, es polvo, es sombra, es nada. (OC, I, 277).

El retrato se describe como "engaño colorido" y "falsos silogismos de colores" del cual se deriva el saber profundo del *Carpe diem*. Nuevamente el soneto trabaja un ícono tradicionalmente asociado con lo femenino —el retrato de una mujer bella— para derivar del mismo una enseñanza fundamental. Asimismo el momento de la experiencia especular, en que el sujeto se ve representado en el retrato, se ve interrumpida aquí por un discurso intelectual que pospone el instante del reconocimiento. Se construye así una "lectura" del retrato mediante la cual el sujeto de la voz poética se distancia de la información que recibe por medio de los sentidos que perciben el retrato, no para negar el cuerpo completamente, sino para regresar a la experiencia corporal del tiempo y sus "rigores". En este soneto volvemos a ver el mismo movimiento sinuoso que pospone y regresa al constructo cultural del cuerpo como categoría que produce un saber por medio de la experiencia y la temporalidad. De este modo el retrato produce un saber contextual, corpóreo e histórico que se resiste a las categorías absolutas del saber, ejemplificado aquí en los artificios del arte y su tradición.[26] Al mismo tiempo este texto propone un entrecruce de la tradición petrarquista y el discurso platónico, al representar la belleza femenina como bien último que conduce a un aprendizaje profundo sobre las contradicciones de la vida espiritual y terrenal. Es así como este texto ilustra, según Betty Sasaki, una modificación de la tradición literaria

---

[26] Jorge Checa también ha estudiado este soneto a partir de lo que denomina como la constitución de un saber localizado que reconoce la imposibilidad de articular una verdad sin mediaciones. En su estudio, Checa propone cómo se emprende una lucha entre lo visual —entendido como disperso— y lo lingüístico como medio que permite fijar un significado específico a lo visual (130). En esta lucha entre lo visual y lo lingüístico, el poema vuelve a trabajar con los límites del saber contextual vs. el saber ahistórico. Para más información ver su ensayo "Sor Juana Inés de la Cruz: la mirada y el discurso", incluido en la antología editada por Sara Poot Herrera, *"Y diversa de mí misma entre vuestras plumas ando": Homenaje Internacional a Sor Juana Inés de la Cruz.*

masculina, para proponer un sujeto intelectual femenino que se manifiesta en una voz poética que abandona el lugar pasivo que se le asigna a la mujer como recipiente de las proyecciones culturales del deseo masculino (13-15).

Por último, en el soneto 148 se presenta el tema del *Carpe diem*, pero esta vez en boca de una mujer, Celia, que es quien se apropia del discurso masculino para difundir una perspectiva diferente sobre este tópico tradicional: "Miró Celia una rosa que en el prado/ ostentaba feliz la pompa vana [...]/ y dijo: Goza, sin temor del Hado,/ el curso breve de tu edad lozana,/ pues no podrá la muerte de mañana/ quitarte lo que hubieres hoy gozado;" (OC, I, 279). Alessandra Luiselli ha leído este soneto como una "inteligente refutación al tema del *carpe diem* en su versión colateral *collige, virgo, rosas*", pues en el mismo se re-elabora el ejemplo de la rosa como modo de forzar a la mujer a que entregue su juventud al deseo masculino (154). Pero en este soneto la mujer que mira la rosa —tópico tradicional en el discurso del amor cortés— deja de contemplarse en un contexto pre-verbal para integrarse al flujo de saber añadiendo su propia inflexión al tópico del *Carpe diem*. De ahí que el poema culmine con la constitución de una subjetividad femenina que enuncia individualmente un saber oficial, y que por lo tanto ha dejado de ser representada desde la perspectiva ajena de una tradición literaria que no le da voz. Celia no es ya una enseñanza muda sobre lo caduco, sino que ella misma imparte y articula su saber y lo transmite a un otro aludido explícitamente como la rosa a la que habla, e implícitamente como el lector virtual del texto poético.

Esta condensación final del proceso del saber y la subjetividad intelectual femenina termina produciendo una transformación sustancial en el lenguaje poético. La perspectiva femenina no se apropia del discurso pedagógico y escolástico para producir una epistemología exclusivamente feminista,[27] sino que se incorpora en este lenguaje educativo para acceder y difundir un conocimiento dentro de las redes oficiales e institucionales que propagaban y sostenían el saber secular y religioso en la época. Es así como los textos urden una subjetividad racional que se inserta en el corpus del saber existente y que añade, con su experiencia y su parcialidad, nuevas inflexiones a temas centrales para la epistemología de la época. Estos temas son modulados literariamente a partir de la presencia o postergación del

---

[27] Utilizo la noción "feminista" en su acepción más tradicional, para referirme a una práctica discursiva que postula un saber femenino como diferente, más orgánico y aislado del campo de saber hegemónico. En este tipo de epistemologías se ubicaría el trabajo de Luce Irigarary, Alison Jaggar y Susan Bordo, así como los pronunciamientos de Helene Cixous sobre la escritura femenina. En este sentido me parece que no se puede hablar de que Sor Juana fuese feminista, aunque sí se puede afirmar que su obra legitima la entrada del sujeto femenino al campo de saber hegemónico en su época.

cuerpo en el saber, y a partir de la reformulación de debates filosóficos ya tradicionales como la caducidad de la vida material y física. También ocurren transformaciones conceptuales y teológicas en la constitución de figuras femeninas que ostentan una capacidad racional de origen divino, y que ejercen esta capacidad intelectual del mismo modo que los hombres. Es así como el género sexual deja de ser un impedimento para la entrada a discursos y espacios epistemológicos oficiales. Por último, estos textos cuestionan el conocimiento como categoría parcial y contextual que también participa de una red institucional, tanto secular como religiosa, que lo produce, transforma y posibilita.

Sin embargo, esta constitución de una subjetividad epistemológica femenina tiene todavía dos inflexiones más que ya he señalado en algunos de los textos poéticos discutidos, pero que reciben un tratamiento más amplio en la *Respuesta a Sor Filotea*, la "Carta de Monterrey", y en el *Primero sueño*. Me refiero a (1) la representación y auto-representación del sujeto intelectual femenino y su inserción en un mundo social e institucional que regula y problematiza sus procesos de constitución y resistencia, (2) la construcción del saber como "vicio" que delata la "materialidad" del cuerpo como frontera impostergable en la postulación de un sujeto cognoscitivo y (3) la publicidad de la palabra como trampa discursiva que arrastra a la subjetividad fuera de su espacio individual para integrarla en un campo institucional que la limita. Pasemos, entonces, a la discusión de estas estrategias representativas en estos tres textos de Sor Juana.

3. El debate entre el sujeto del conocimiento, la comunidad y el cuerpo: el *Primero sueño*, la "Carta de Monterrey" y la *Respuesta a Sor Filotea*

En el *Primero sueño* se representa un viaje intelectual del Alma, que busca el alcance de un conocimiento absoluto. El marco de este viaje es la noche, y el sueño, que son aspectos fundamentales en la definición del sujeto que enuncia el texto. La noche implica inicialmente la ausencia de la luz, que se asocia con el sentido de la vista y con la racionalidad (Pascual Buxó, *Sor Juana Inés de la Cruz en el conocimiento de su sueño* 40). La mirada, por su parte, es el sentido que puede distinguir la sexualidad del yo que habla, que es lo que ocurre cuando al final del texto el sol descubre el cuerpo y la revelación de la sexualidad se equipara a la percepción de los colores y de las formas materiales. Por lo tanto, la noche obliga al sujeto cognoscitivo a valerse de otros medios para "ver" lo cognoscible que no sean sus ojos físicos, que sólo ven colores y apariencias en las superficies (Arenal, "Where Woman" 130). Por otro lado, Electa Arenal sugiere que la noche es el espacio adecuado para buscar un conocimiento sin estar expuesta a una censura inquisitorial (132). Asimismo, a partir de la noche se puede trazar una lectura que destaque las posibles dimensiones sincréticas del poema, por cuanto la noche se puede asociar simultáneamente con la irracionalidad del mundo sublunar de acuerdo a la tradición hermética (Pascual Buxó, *Sor Juana Inés de la Cruz en el conocimiento de su sueño* 41-2) y con la cosmogonía azteca que representaba la noche como una diosa que simbolizaba la fuente de toda sabiduría (Velasco 546). Parecería que la noche se asocia, a fin de cuentas, con un espacio donde se puede plantear otro modo y lugar para acceder al conocimiento oficial, que eventualmente termina cuestionando los métodos de conocimiento vigentes (i.e. el método intuitivo platónico y el método discursivo aristotélico). José Gaos ha señalado cómo el fracaso de todos los métodos del conocimiento que se narra en el poema se puede relacionar con la particular posición de género sexual del sujeto que enuncia el texto, y que no se debe interpretar como una expresión de escepticismo ("En sueño de" 67-8). La noche es, pues, el espacio alterno para la búsqueda de un saber que transgrede un orden institucional, particularmente porque el sujeto que conoce es mujer durante el día y asexual (o simplemente abstracta, como el Alma) durante la noche. Esta transgresión del viaje cognoscitivo se tematiza más ampliamente en el poema a través de los mitos grecorromanos que se mencionan en el poema (Bergmann "Sor Juana Inés" 160; Franco, "Sor Juana Explores Space" 31-8; Sabat Rivers, "A Feminist Rereading of Sor Juana's *Dream*" 145-58).[28]

Por otro lado, el sueño es el segundo elemento que define la narrativa del sujeto en el poema, y tiene en el texto tres significados: (1) fisiológicamente, describe un estado corporal que permite al Alma (la capacidad racional) emprender su viaje intelectual; (2) alude, además, a las imágenes que se aparecen durante el sueño corporal, en donde ocurren eventos que resultan falsos durante la vigilia; en ese contexto el viaje intelectual realizado puede ser meramente un sueño, y por ello se trata de una transgresión del sujeto femenino que está fuera del plano de lo real; y (3) alude a un ideal deseado, que en este caso es el acceso a un conocimiento verdadero.[29] Temma Berg, en su ensayo titulado "Suppressing the Language

---

[28] Mi análisis se centra en la categoría del sujeto epistemológico y su articulación desde una perspectiva de género sexual. Por ello dejo fuera un estudio detallado de las influencias clásicas, neoplatónicas, aristotélicas, herméticas y aztecas, o literarias y formales en el "Primero sueño", trabajo que han abordado los estudios de Georgina Sabat Rivers, *El "Sueño" de Sor Juana Inés de la Cruz: tradiciones literarias y originalidad*, José Pascual Buxó, "Sor Juana egipciana (aspectos neoplatónicos de *El sueño*)", Manuel Durán, "Hermetic Traditions in Sor Juana's *Primero sueño*", Mabel Velasco, "La cosmología azteca en el *Primero sueño* de Sor Juana Inés de la Cruz", Rosa Perelmúter Pérez, *Noche intelectual: la oscuridad idiomática en el Primero sueño*, Andrés Sánchez Robayna, *Para leer "Primero sueño" de Sor Juana Inés de la Cruz*, y Dorothy Schons, "The Influence of Góngora on Mexican Literature during the Seventeenth Century", por mencionar algunos de los estudios más conocidos sobre estos temas.

[29] Resumo esta definición según la presenta Georgina Sabat Rivers en *El Sueño de Sor Juana Inés de la Cruz: tradiciones literarias y originalidad* (33). Para más información

of Woman" ha sugerido cómo el tópico literario del sueño se convierte en uno de los discursos alegóricos en los que se puede postular una reflexión sobre el sujeto femenino que le permite un acceso a la escritura desde un espacio que no responde del todo a la racionalidad occidental (11). El sueño se puede leer, entonces, como una narrativa más desde la cual el sujeto se ubica en el espacio de lo reprimido —según el sicoanálisis freudiano— para producir narrativas alternas, no exclusivamente femeninas, pero sí particularmente transgresoras de un orden textual y epistemológico vigente. Parecería que al soñar el sujeto se ubica precisamente en ese espacio intersticial entre la racionalidad y la irracionalidad, entre la actividad somática y la mental, para inventar desde allí otras categorías de saber que cuestionan el límite mismo que se ha trazado entre el saber y el cuerpo, entendidos ambos como constructos socio-culturales y no como fenómenos individuales, ahistóricos u ontológicos.[30]

Antes de pasar a la constitución del sujeto en el texto, es importante detenerse en otra de las categorías que el poema moviliza a lo largo de su narrativa. Me refiero particularmente a la noción de "razón" a partir de la cual se configura la posición del Alma que emprende el viaje. Esta noción de racionalidad que se maneja en el texto no coincide con la forma en que se articulará la razón en la modernidad:

> Cuando usamos la palabra, o concepto, "razón", nos enfrentamos con un problema de interpretación. Por lo general, lo primero que hacemos es interpretar este término como lo conocemos hoy día, esto es, el método deductivo separado de toda emoción y voluntad, no teniendo en cuenta que en la Europa del siglo XVII —el lente por el que miraban los intelectuales de la América Hispana de la época— este concepto era usado de una manera muy amplia. Los pensadores de esa época utilizaban este concepto como algo que incluía la capacidad de trascender una situación inmediata, "to grasp the whole, and such functions as intuition, insight, poetic perception were not rigidly excluded... 'irrational' was included in their idea of reason," (Catalá, "La trascendencia" 421).[31]

---

ver el segundo capítulo de este libro, titulado "Tradición poética del tema 'sueño' en España", que se concentra con mayor detalle en las inflexiones del tópico del sueño en la tradición literaria de la época (33-54).

[30] Pfandl ha descrito la representación del sueño en el poema "como una actividad puramente somática" (217), lo que destaca nuevamente el cuerpo como instancia posibilitadora y hasta constitutiva del viaje intelectual. De este modo el sueño estaría en ese lugar intermedio donde se entrecruzan categorías fisiológicas y mentales en la articulación de un saber.

[31] Aquí Catalá cita el texto editado por Rollo May, Ernest Angel y Henri Ellenberger, titulado *Existence* (New York: Simon and Schuster, 1958), 34. Constance Conn Morhardt, en su tesis doctoral titulada *The Rationalist Nature of the Lyrical Poetry of Sor Juana Inés de la Cruz*, también trabaja con esta noción particular del racionalismo, y se detiene particularmente en el desarrollo de lo irracional y el uso de las paradojas

De ahí que la noción de sujeto racional que maneja Sor Juana en su texto no participe de las separaciones tajantes que el cientificismo moderno impuso entre emoción y razón. También es por ello que el texto propone un saber que se produce desde la noche, la irracionalidad, la mitología, y la parcialidad del cuerpo, sin encontrar contradicciones en su modo de articular una subjetividad cognoscitiva a partir de un agregado de metáforas y materiales que puede parecer bastante disímil a un lector contemporáneo. Como se ha señalado al inicio de esta reflexión, la escritura de Sor Juana se produce precisamente en la coyuntura en que emerge el paradigma epistemológico de la modernidad, momento en que todavía coexisten otros paradigmas que no suponen una oposición tajante entre cuerpo y saber, experiencia e interpretación. Sin embargo, Sor Juana parece ubicarse en esos espacios improcesados, inconclusos, en esos intersticios que se generan entre el saber oficial en crisis y el nuevo paradigma emergente. De ahí que la noche sea el lugar idóneo para postular una reflexión que cuestiona algunos de los pilares básicos del campo intelectual todavía vigente, como modo de legitimar espacios y subjetividades tradicionalmente marginados del saber oficial.

Mi argumentación se concentra, entonces, en la constitución de un sujeto epistemológico femenino, dejando de lado reflexiones sicoanalíticas y testimoniales que no superan una discusión temática del poema y que, como señala Ricard, han generado numerosos análisis autobiográficos superficiales ("Reflexiones sobre" 29-30). Me interesa más bien detenerme en el texto para releer algunas de las estrategias en el contexto de la construcción cultural de un sujeto cognoscitivo en un momento coyuntural del campo intelectual novohispano. Me detengo en tres estrategias ampliamente estudiadas por la crítica: (1) la elisión del sexo del hablante, que evita los adjetivos que revelarían su género y los tiempos verbales que identificarían claramente una primera persona como hablante; (2) el desdoblamiento o sustitución del "yo" que realiza el viaje por toda una serie de sujetos alternos que carecen de sexualidad, como el Alma, el entendimiento, el pensamiento, la Imaginativa (o mirada intelectual), y el cuerpo a nivel fisiológico general; y (3) la revelación del género del hablante

---

como modos constitutivos de la poesía racionalista de Sor Juana, que explora la contradicción entre la razón y la experiencia humana en el proceso cognoscitivo (158). También Morhardt define el racionalismo a partir de las concepciones aristotélicas de la época, de modo que se entendía por racionalismo aquel método que discutía las opiniones previas sobre un tópico, refutaba esas ideas por medio de teoría y observación y formulaba ideas propias a partir de la evidencia y las pruebas teóricas (127). Resulta evidente que el racionalismo de la modernidad ya se refiere a otro tipo de capacidad cognoscitiva individual.

sólo después que se ha completado la experiencia intelectual.³² Lo que mi estudio le añade a la identificación de estas estrategias textuales es que esta elisión del yo —que se convierte alternativamente en cuerpo y Alma— es vista como el eje a partir del cual se intenta postular la entrada de una subjetividad femenina a la epistemología oficial, que al mismo tiempo vulnera algunas de las fronteras de ese saber hegemónico. Como parte de ese proceso de incorporación del sujeto femenino que el poema postula ocurre también una reconfiguración de parámetros y fronteras que transforma significativamente el campo intelectual novohispano de fines del siglo XVII. Asimismo, el poema trabaja con una concepción del cuerpo como superficie que genera una serie de construcciones culturales que trasciende la noción corporal como instancia cognoscitiva *per se*, para convertirla en el espacio mismo del debate entre un paradigma epistemológico en crisis y otro emergente. Cuerpo y saber se entrelazan en la escritura de Sor Juana como punto de confluencia de varios debates, entre los que se deben destacar: (1) el cuestionamiento del género sexual como categoría discriminatoria para el acceso al saber oficial, (2) la utilización del cuerpo para acceder a un saber empírico que cuestiona las autoridades tradicionales y (3) la identificación del cuerpo como frontera en que se debaten las nociones culturales de la identidad social y epistemológica. Comentaré ejemplos de estas estrategias en el texto del "Primero sueño".

El poema describe inicialmente la llegada de la noche, y con ella, cómo todos los animales se retiran a dormir. Luego de que "[e]l sueño todo, en fin, lo poseía" (OC, I, 268), se describe el proceso mediante el cual el cuerpo se duerme. La descripción detallada de los procesos fisiológicos e inconscientes del cuerpo (Bergmann, "Sor Juana Inés" 159), lo hace una

---

³² Georgina Sabat Rivers hace una relectura feminista del "Primero Sueño" y señala que la elisión del género del hablante es compensada por alusiones mitológicas femeninas, y por la profusión de adjetivaciones femeninas para calificar los objetos descritos en el poema. Ver Sabat Rivers, "A Feminist Rereading of Sor Juana's *Dream*", en Stephanie Merrim, 142-161. Sin embargo, tanto ella como Jean Franco en ocasiones han visto en este poema una constitución de un sujeto neutro o masculino que no corresponde adecuadamente con la experiencia del cuerpo y la sexualidad que apuntan en el texto hacia una entrada femenina a la epistemología. Sor Juana no busca parecer un hombre cuando elide la sexualidad, sino ocultar su femineidad para acceder a un conocimiento que le es negado por ser mujer, pero que quiere adquirir siendo mujer. No hay en Sor Juana un abandono de su sexualidad, sino más bien una defensa del derecho femenino al conocimiento que discutiré en más detalle en relación con la *Respuesta*. Este mismo tema lo considera Sabat Rivers en artículos como "Mujer, ilegítima y criolla: en busca de Sor Juana", "Sor Juana Inés de la Cruz y Gertrudis Gómez de Avellaneda: dos voces americanas en defensa de la mujer", y "Sor Juana: feminismo y americanismo en su romance a la duquesa de Aveiro".

presencia material constante en el poema, aunque diferida a un segundo nivel, puesto que al ser de noche no se puede "ver" la superficie —y por lo tanto la sexualidad— de este cuerpo. Se trata de una presencia evasiva, que no se revelará hasta que regrese el día. La construcción del cuerpo como superficie en la cual se lee un género sexual, y una sexualidad específica, identifica la categoría fisiológica en el poema como constructo cultural y no como categoría biológica, en un gesto muy similar a lo que Paul Julian Smith define como la categoría cultural del cuerpo femenino en *The Body Hispanic*:

> One much debated question is whether the characteristics of women writing (if, indeed, such a writing exists) are determined by biology, history, or a combination of the two. Those who stress the former may be called 'essentialists' in that they take women's qualities to be inevitable and unchanging. Those who stress the latter may be called 'relativist' in that they see no innate connection between women's experiences and their expression at different moments of history. These are extreme views, caricatures of actual positions. But one way of keeping both nature and nurture in play at the same time is through a conception of the woman's body as historical construct, not biological essence (16).

El poema trabaja el cuerpo como constructo histórico, cultural y epistemológico desde su descripción inicial del proceso de dormirse, que parte de la noción del cuerpo como máquina:

> El alma, pues, suspensa
> del exterior gobierno —en que ocupada
> en *material empleo*,
> o bien o mal da el día por gastado—,
> solamente dispensa
> remota, si del todo separada
> no, a los de muerte temporal opresos
> lánguidos miembros, sosegados huesos,
> los gajes del calor vegetativo,
> el cuerpo siendo, en sosegada calma,
> un cadáver con alma,
> muerto a la vida y a la muerte vivo,
> de lo segundo dando tardas señas
> el del *reloj humano*
> *vital volante* que, si no con mano,
> con *artificial concierto*, unas pequeñas
> muestras, *pulsando*, manifiesta lento
> de su bien *regulado movimiento* (OC, I, 340).

En este pasaje Sor Juana integra el cuerpo a lo que Bordo define como una red de inteligibilidad que se urde a partir de los entrecruces entre las representaciones científicas, filosóficas y estéticas del cuerpo de un determinado momento —*i. e.* las concepciones culturales— y que convierten lo fisiológico en una instancia más que se construye y transforma histórica y socialmente (26). Al mismo tiempo, el poema destaca el proceso de separación de lo fisiológico y lo intelectual como proceso incompleto — pues el alma está "remota", mas "[no] del todo separada" — que marca la narrativa epistemológica con una serie de "rastros" corporales: "El alma se separa del cuerpo, pero [...] sigue teniendo [...] la misma forma humana de la que no puede separarse: el antropomorfismo todavía domina a esta mente insigne..." (Gómez Alonzo 70-1). Es así como lo corpóreo se constituye en el poema como una materialidad impostergable, como un límite siempre sujeto a la normatividad social (Butler, *Bodies That Matter* 49) aún cuando escape temporeramente del poder regulador de la mirada cultural durante la oscuridad de la noche o en el abandono del sueño.

Sin embargo, el texto insiste en esta separación —aunque incompleta, y problemática— del cuerpo como categoría cultural y el Alma como doble categoría religiosa y epistemológica.[33] El sujeto entonces se desdobla en dos dimensiones, el cuerpo dormido que no participa del viaje cognoscitivo aunque sí limita la experiencia epistemológica narrada en el texto, y el Alma abstracta, que contiene todas las capacidades racionales del sujeto. Es entonces que se elabora la metáfora central del poema: la doble visión del sujeto escindido.[34] El cuerpo sólo puede ver a través de los ojos físicos, que pueden detectar cualidades exteriores, pero no esenciales de los objetos. El Alma posee la visión intelectual de la imaginativa, que no requiere de la luz para ver las esencias cognoscibles.[35] Esta visión intelectual tiene una capacidad totalizadora de la cual carecen los ojos físicos:

---

[33] Sor Juana no define el Alma únicamente como la dimensión divina del ser humano, sino que la hace coincidir con la capacidad racional humana.

[34] Como apunta Bergmann en su ensayo "Sor Juana Inés de la Cruz: Dreaming in a Double Voice", en el poema también se elabora una doble voz: la poética y la filosófica, y a partir de estas dos voces se constituye el sujeto femenino, que es a la vez el "objeto" del sueño. De esta manera, Sor Juana logra desafiar la objetificación de la mujer en el discurso poético tradicional, pues en su texto lo femenino es el "sujeto"/"objeto" que lleva a cabo este proceso cognoscitivo. (Bergmann, 159-173; 170).

[35] Esta oposición entre visión física y visión intelectual en el poema también ha sido estudiada por Régulo Cerezo Graterol, quien la denomina como una lucha entre la "experiencia" y la "comprensión". Jorge Checa en su ensayo "Sor Juana Inés de la Cruz: la mirada y el discurso", analiza esta lucha entre "ver" (mirada física) y "mirar" (mirada intelectual que abstrae) y la vincula con la escritura como mediación adicional que no logra fijar un saber determinado. Andrés Sánchez Robayna analiza el poema como una lucha entre la "visión", como ilimitada y absoluta, y el "conocimiento" como contextual, limitado y parcial. Para más información sobre este tipo de lecturas ver *El Primero sueño de Sor Juana: una lectura posible* (tesis de

> así *ella*, sosegada, iba copiando
> las imágenes todas de las cosas,
> y el pincel invisible iba formando
> de mentales, *sin luz*, siempre vistosas,
> colores, las figuras
> [...]
> y al *alma* las mostraba.
> *La cual*, en tanto, toda convertida
> a su inmaterial sér y esencia bella,
> aquella contemplaba,
> participada de alto ser, centella
> que con similitud en sí gozaba;
> y juzgándose *casi dividida*
> de aquella que impedida
> siempre la tiene, *corporal cadena*
> que grosera embaraza y torpe impide
> el vuelo intelectual con que ya mide
> la cantidad inmensa de la Esfera, ... (OC, I, 342, énfasis mío).

Es notable que el sujeto gramatical de este fragmento es la fantasía, que retrata las figuras que la Imaginativa "ve" cuando el Alma apenas logra liberarse de su materialidad. Nuevamente en este fragmento el Alma se juzga como "casi dividida" de la cadena corporal, por lo cual el poema sigue insistiendo en los rastros de un cuerpo que se relega al trasfondo de la narrativa, pero que no se puede abandonar nunca del todo. El sujeto se convierte, entonces, en receptor pasivo de estas imágenes que la "mirada intelectual" le comunica, mientras el cuerpo, aunque está dormido, se evoca como una presencia constante por medio de la metáfora visual con la que se construye el intelecto.

El viaje del Alma, en su ascenso hacia el espacio, marca esta distancia imaginaria entre el cuerpo-máquina que duerme, y la capacidad racional, que carece de fisiología, y por lo tanto carece de sexualidad. Es entonces que el Alma intenta comunicar a la "comprensión" —a través de su "mirada intelectual"— el conocimiento del universo:

> la vista perspicaz, libre de anteojos,
> de sus intelectuales bellos ojos,
> (sin que distancia tema,

Maestría de la Universidad Autónoma de México) de Cerezo Graterol y "Visión, conocimiento, símbolo", incluido por Sánchez Robayna en su libro *Para leer "Primero sueño" de Sor Juana Inés de la Cruz*. En estas lecturas se opone la visión física limitada a una visión intelectual absoluta, en una lucha donde la visión corporal y localizada parece triunfar por sobre otras nociones más abstractas del proceso de adquisición del conocimiento, produciendo así un saber que ya no se concibe como transparente ni absoluto.

> ni de obstáculo opaco se recele,
> de que interpuesto algún objeto cele),
> libre tendió por todo lo criado;
> *cuyo inmenso agregado,*
> *cúmulo incomprensible,*
> aunque a la vista quiso manifiesto
> dar señas de posible,
> a la *comprensión* no, que —entorpecida
> con la sobra de objetos, y excedida
> de la grandeza de ellos su potencia—
> retrocedió cobarde (OC, I, 346, énfasis mío).

El retroceso del Alma al enfrentarse a la inmensidad múltiple y confusa del universo constituye un sujeto abstracto y contemplativo, que intenta dominar una perspectiva absoluta. Pero este sujeto intelectual que desea trascender el mundo material para obtener un conocimiento desde una perspectiva superior no tiene éxito en este viaje, porque el mundo entonces se le presenta como un agregado caótico, como un espacio de lo "otro" incomunicado con este sujeto que está inscrito en ese espacio material. La alteridad del mundo es producto de la constitución de este sujeto racional que trata de negar su cuerpo para acceder a un conocimiento trascendente sobre el entorno material.[36] De un modo similar a lo que apunta Cascardi en su lectura de *Don Quijote*, parecería que en el texto de Sor Juana la lucha del sujeto no es la de una interioridad que ha logrado separarse efectivamente del mundo exterior, puesto que su propio proceso de conocimiento demuestra la inseparabilidad del cuerpo que vive en el mundo de la experiencia cognoscitiva (Cascardi, *The Bounds* 37).

El descubrimiento de que esta perspectiva es imposible, porque implica una negación de la definición teológica y filosófica del Alma —que al ser humana no puede asumir la perspectiva divina— constituye un primer nivel del retroceso que se emprenderá al final del poema, cuando el regreso de la luz solar revelará el cuerpo que duerme, y con él, su género femenino.

---

[36] Cascardi, en su libro *The Subject of Modernity*, presenta esta contradicción como constitutiva del sujeto racional moderno, puesto que el "deseo" quedaría excluido del espacio racional donde se postulan las verdades irrefutables y objetivas que se pueden aprehender por medio de la razón (11). De acuerdo a Cascardi la razón no contiene la "voluntad" del individuo moderno, por lo que esta contradicción imposibilita la postulación de una subjetividad cognoscitiva completamente trascendente y ahistórica (37-39). Este mismo tema lo exploran otros críticos a partir de la oposición tradicional entre escritura imaginativa y lógica racional. Para más información acerca de este debate sobre racionalidad y deseo en la obra de Sor Juana ver los trabajos de María Rosa Fort, "Juego de voces: los sonetos de amor y discreción de Sor Juana Inés de la Cruz", Marco Antonio Loera de la Llave, "'Sirtes tocando/ de imposibles' en Sor Juana Inés de la Cruz" y Marcela Castro, "Una transgresión insostenible".

Con el fracaso de la "mirada intelectual" se comienza a trazar una narrativa que retrocede a la mirada física —limitada, localizada— produciendo un saber muy similar en sus gestos a lo que Donna Haraway describe como un "saber situado," que se produce a partir de una mirada ubicada en un cuerpo, que es a su vez un ente epistemológico dinámico:

> The "eyes" made available in modern technological sciences shatter any idea of passive vision; these prosthetic devices show us that all eyes, including our own organic ones, are active perceptual systems, building in translations and specific *ways* of seeing, that is, ways of life (190).

Si algo se narra en el "Primero sueño" es la imposibilidad de ocupar un lugar desde el cual se produzca un saber sin mediaciones, puesto que ni la escritura, ni la mirada del Alma, pueden contener ni transmitir todo el saber que existe (Checa "Sor Juana Inés de la Cruz" 133-6). Lo que el poema narra, entonces, es el proceso mismo de su localidad, la particularización de la instancia del saber, que se cifra finalmente en la materialidad del sujeto y su sexualidad una vez que el día hace "legible" al cuerpo que duerme durante el poema. De ahí que el posible fracaso cognoscitivo del final del poema sea más bien un fracaso histórico-cultural y no intrínseco al sujeto mismo que aspira a conocer (Feder 496).[37]

Esta metáfora de la "mirada intelectual" —postulada inicialmente como instancia sin localidad ni límite— domina una sección importante del poema, que describe el paso del método intuitivo al método discursivo, sin que ninguno de los dos pueda presentar a ese mundo como un cúmulo organizado y articulado:

> y por mirarlo todo nada vía,
> ni discernir podía,
> (bota la facultad intelectiva,
> en tanta, tan difusa,
> incomprensible especie que miraba ...)
> [...]
> Mas como al que ha usurpado
> diuturna obscuridad, de los objetos

---

[37] Elena Feder, en su artículo titulado "Sor Juana Inés de la Cruz; or, The Snares of (Con)(tra)di(c)tion", ha leído la *Respuesta* y el *Primero sueño* como textos que crean una tradición intelectual femenina y que despliegan toda una serie de estrategias de resistencia al orden patriarcal. Aunque su estudio insiste a veces en una teorización feminista un tanto esquemática, su ensayo resulta sumamente interesante, porque ubica el debate epistemológico de estos textos entre un polo subjetivo e individual y otro histórico-cultural en medio de los cuales se forja una nueva concepción de la categoría del género sexual frente al problema del conocimiento.

> visibles los colores,
> si súbitos le asaltan resplandores,
> con la sobra de luz queda más ciego
> [...]
> y a la tiniebla misma, que antes era
> tenebroso a la vista impedimento,
> de los agravios de la luz apela,
> y una vez y otra con la mano cela
> de los débiles ojos deslumbrados
> los rayos vacilantes,
> sirviendo ya —piadosa medianera—
> la sombra de instrumento
> para que recobrados,
> por grados se habiliten,
> porque después constantes
> su operación más firmes ejerciten... (OC, I, 347-8).

En este viaje los ojos intelectuales resultan cegados por la luz del conocimiento. Esta es la segunda ocasión en que el sujeto pierde su capacidad visual: la primera vez con la ausencia de la luz solar, y en esta ocasión por el exceso de luz que produce un saber que se quiere adquirir desde la perspectiva completamente abstracta del Alma. Es entonces que el Alma reconoce un límite al conocimiento racional, y debe retroceder hacia el cuerpo para recuperar su naturaleza dual.[38]

El reconocimiento de la incapacidad para completar intuitivamente el ascenso al conocimiento se enuncia desde un "yo" que narra usando el tiempo imperfecto, donde el "yo" coincide con la tercera persona (yo/ él quería), por lo que la posición del "hablante" resulta también ambigua. Se trata de un "yo" que se enuncia gramaticalmente desde una distancia, desde una perspectiva exterior en la cual el cuerpo es objeto de la mirada intelectual y sensorial. Esta misma exterioridad se nota nuevamente en los últimos versos del poema, en donde el cuerpo es visto "desde afuera" por el hablante que habita ese cuerpo. Esta estrategia es lo que Pellarolo denomina como el sujeto descentrado (12):

> Estos, pues, grados discurrir *quería*
> unas veces. Pero otras, *disentía*,
> excesivo juzgando atrevimiento
> el discurrirlo todo,

---

[38] Esta ceguera y retroceso final del Alma contrasta con el final del viaje en *La divina comedia* de Dante, texto en el cual el sujeto avanza hacia la ley y saber divino que se caracteriza como una luz muy intensa. En el caso del *Primero sueño*, el Alma retrocede hacia la luz diurna del mundo terrenal y reconoce un límite a su viaje cognoscitivo. Esto marca una diferencia fundamental entre la noción de saber que elaboran Dante y Sor Juana en sus escritos.

> quien aun la más pequeña,
> aun la más fácil parte no *entendía*
> de los más manuales
> efectos naturales;
> quien de la fuente no alcanzó risueña
> el ignorado modo
> con que el curso dirige cristalino
> deteniendo en ambages su camino ... (OC, I, 353, énfasis mío).

Sin embargo, difiero de la interpretación que Pellarolo hace del sujeto que se constituye en el poema como uno pasivo, pues la misma niega la capacidad alterna de las otras subjetividades que se definen en el texto, al sólo reconocer como sujeto de la enunciación al "yo" que "despierta" y que se reafirma a través del "digo" (Pellarolo 11). Este tipo de lectura deja de lado la multiplicidad de sujetos que el texto constituye en un proceso continuo de movilización y desplazamiento, al mismo tiempo que elimina otra dimensión importante: la del sujeto-agente. Este agente coincide principalmente con la capacidad racional, que se desdobla en una serie de sujetos gramaticales en el poema — tales como el entendimiento, el discurso, el pensamiento y el Alma— que son los que realizan el viaje, visualizan el caos del mundo exterior que han intentado trascender al abandonar el cuerpo, y retroceden en el momento en que reconocen el límite de la razón. Este desdoblamiento es precisamente la estrategia que permite postular en este texto un saber parcializado que cuestiona los paradigmas epistemológicos vigentes. En el fragmento que sigue, he subrayado estos elementos que sustituyen al "yo" femenino y corporal, y que llevan a cabo las acciones que los verbos señalan:

> Pues si aun objeto solo —repetía
> tímido *el pensamiento*—
> huye *el conocimiento*
> y cobarde *el discurso* se desvía;
> si a especie segregada,
> —como de las demás independiente,
> como sin relación considerada—
> da las espaldas *el entendimiento*,
> y asombrado *el discurso* se espeluza
> del difícil certamen que rehúsa
> acometer valiente,
> porque teme —cobarde—
> comprenderlo o mal, o nunca, o tarde
> ¿cómo en tan espantosa
> máquina inmensa discurrir pudiera...? (OC, I, 354, énfasis mío).

Es precisamente en el momento en que se reconoce la inutilidad de la perspectiva racional exclusiva, que se inicia el proceso fisiológico de despertar, y el Alma regresa apresuradamente a su cuerpo —constituyéndolo en su localización natural— para volver a funcionar en el mundo:

> Consiguió, al fin, la vista del Ocaso
> el fugitivo paso,
> y —en su mismo despeño recobrada
> esforzando el aliento en la ruina—
> en la mitad del globo que ha dejado
> el Sol desamparada,
> segunda vez rebelde determina
> mirarse coronada,
> mientras nuestro Hemisferio la dorada
> ilustraba del Sol madeja hermosa,
> que con luz judiciosa
> de orden distributivo, repartiendo
> *a las cosas visibles sus colores*
> iba, y restituyendo
> entera a los *sentidos exteriores*
> su operación, *quedando a la luz más cierta*
> *el Mundo iluminado, y yo despierta* (OC, I, 359, énfasis mío).

El regreso al cuerpo no debe leerse negativamente, ya que el poema señala desde un poco antes la falta de éxito de la empresa intelectual racionalista. En primer lugar, el Alma es incapaz de desentrañar el agregado caótico del universo, y por ello resulta cegada por el exceso de información que recibe. En segundo lugar, el Alma se define en el texto a partir de su convivencia con un cuerpo, que forma parte de los fenómenos físicos del mundo que se intenta conocer. En tercer lugar, la mirada desdoblada apunta hacia una metáfora corporal y sensorial que acompaña necesariamente la descripción del viaje intelectual. De esta manera, el discurso apunta hacia la presencia de los sentidos (aunque sea a nivel metafórico) en el proceso cognoscitivo. Por otro lado, ya he señalado cómo en mi análisis de este texto, el cuerpo funciona como categoría cultural y epistémica y no como instancia biológica ni ontológica. Negar por completo al cuerpo y sus sentidos equivale a negar los medios prácticos del conocimiento, y sin ellos el sujeto intelectual (el Alma) se ve incapacitado para recorrer con éxito los pasos de los diversos métodos del saber. Por último, la negación del cuerpo en el poema coincide con la elisión del "yo" femenino, lo que permite nuestra interpretación cultural e ideológica de ese cuerpo femenino que intenta acceder a un discurso epistemológico masculino. El sujeto femenino se ve obligado a abandonar su cuerpo para acceder a un conocimiento, pero a la vez se ve imposibilitado para obtener este conocimiento si no puede regresar a la instancia corporal. Este regreso al cuerpo no está exento de algún aprendizaje que redunda en una nueva concepción del sujeto cognoscitivo:

"es un viaje en el cual el individuo regresa al cuerpo siendo otro, rescatando cierta identidad o saber antes ausente" (Cerezo Graterol 128).[39] Una de las lecciones del viaje es, precisamente, la imposibilidad de abandonar la materialidad del sujeto, de removerse completamente de la normatividad social en cuanto "*Dasein*" que posibilita el acceso a un saber eficente (ver nota 11).

No deja de llamar la atención, por otro lado, que el texto finaliza con un par de versos en los que desaparece la dificultad gramatical que caracteriza al resto del poema: "... quedando a la luz más cierta/el Mundo iluminado, y yo despierta" (OC, I, 359). Se puede pensar que la dificultad sintáctica del poema sirve para ocultar la identidad sexual del sujeto cognoscitivo, así como la crítica a los sistemas de conocimiento vigentes en la época. Los hipérbatos dificultan el viaje del lector por esta experiencia transgresora del saber que culmina con la incorporación de un sujeto femenino a los debates epistemológicos oficiales. Pero al mismo tiempo, Jorge Checa ha sugerido que el poema puede leerse como la representación de una crisis de la mediación lingüística en la producción y transmisión de saberes, porque las palabras no logran significar con precisión a causa de la polisemia que las contamina y dispersa babélicamente ("Los caracteres del Estrago" 268). En este sentido el poema postula un cuestionamiento fundamental al sistema de conocimientos de la época, porque tanto el sujeto, como su capacidad racional, su cuerpo, y el lenguaje que utiliza para manifestarse resultan ineficientes en la producción de un saber estable, coherente y universal. Tal vez sea éste el modo en el que Sor Juana inscribió la crisis del paradigma escolástico en la narrativa de este "primer" atisbo barroco al problema del saber. Lo cierto es que el texto deja al lector con una noción del saber muy contextual, que ya no se puede postular como autónomo de su entorno histórico y cultural.

Por su parte, la sexualidad está vista en el poema como una característica del cuerpo análoga a la forma y al color en los otros objetos materiales que el sol descubre, "repartiendo/ a las cosas visibles sus colores". En este sentido es que en el cuerpo también se puede "leer" la sexualidad como constructo cultural y epistemológico y no como esencia o reducto

---

[39] Tonia León también lee el final del poema como un proceso de aprendizaje que no equivale a un fracaso o una postura escéptica (296). Según León esta lectura es más afín a la concepción del conocimiento en el siglo XVII, que no se mide a partir del fracaso o el éxito en la consecusión de un saber absoluto, sino a partir de la adquisición de un conocimiento nuevo. En este sentido el *Primero sueño* narra un aprendizaje sobre los límites de ciertos métodos e instancias cognoscitivas, lo que redunda en un aprendizaje eficiente por parte del sujeto que emprende el viaje en el poema. Para más información sobre este tipo de lectura, ver su tesis doctoral titulada *Sor Juana Inés de la Cruz's 'Primero sueño': A Lyric Expression of Seventeenth Century Scientific Thought*.

biológico a partir del cual se propone un saber más auténtico o más orgánico. De ahí que lo corporal sea, simultáneamente, lugar de negociación y umbral para la constitución de una capacidad cognoscitiva. El texto parece equiparar humanidad con intelecto, partiendo de la idea aristotélica de que lo que define al ser humano es su tendencia hacia el saber. Pero no se puede proponer una lectura feminista tradicional de la categoría del cuerpo, por cuanto el género sexual se ve aquí como accesorio y no fundamental en la producción de un saber racional. El texto parece sugerir que la sexualidad es una característica exterior más, que no niega la esencia racional humana en lo femenino. Del mismo modo lo femenino no se asume en el poema como espacio privilegiado del aprendizaje, ni como posición particular que produce un saber más completo.[40] Por lo tanto, el sujeto en el poema, que se había constituido originalmente como un cuerpo dormido en la oscuridad, se propone al final del texto como una mujer despierta a la luz del día, inscrita en el resto del mundo concreto que la luz solar revela y localiza. Así se concilia la multiplicidad de instancias del "yo" con las múltiples otredades del cuerpo y el mundo material, y se afirma positivamente la igualdad de los seres humanos en cuanto a su capacidad cognoscitiva.

Sin embargo, el espacio del conocimiento mismo se plantea como una zona inestable y conflictiva. Al rechazar los dos métodos vigentes del conocimiento, el poema deja de ser un texto didáctico tradicional para pasar a ser lo que Octavio Castro López denomina una "historia de una tensión intelectual" (10). Cuerpo y saber se equiparan textualmente como categorías maleables que no se pueden concebir como esenciales ni absolutas, y que se tienen que inscribir en el entramado histórico, social y cultural que los posibilita, regula y transforma. El saber que se propone en el texto es un saber sobre lo contingente, sobre la parcialidad y el límite del conocimiento

---

[40] De ahí que no parezca muy productiva una lectura del texto a partir de la noción hegeliana de la relación del amo y el esclavo. Hegel —en su libro *The Phenomenology of Mind*— describe esta relación como sigue: "But for recognition proper there is needed the moment that what the master does to the other he should also do to himself, and what the bondsman does to himself, he should do to the other also. On that account a form of recognition has arisen that is one-sided and unequal" (236). El cuerpo del subalterno no se asume aquí como lugar privilegiado del conocimiento, sino que se propone aquí como construcción social y cultural que no incide sobre la humanidad del sujeto entendida a partir de la noción aristotélica. Una buena crítica sobre la idealización del saber subalterno que implica un esencialismo reduccionista se encuentra en el artículo "The Project of Feminist Epistemology: Perspectives from a Nonwestern Feminist" de Uma Narayan que se incluye en la antología titulada *Gender/Body/Knowledge. Feminist Reconstructions of Being and Knowing*. También resulta útil la reflexión que hace sobre este particular José Rabasa (204-6) y de quien tomo originalmente la referencia a Hegel.

que se genera en una pugna constante del sujeto en una coyuntura social e institucional muy específica.[41]

La "Carta de Monterrey" también trabaja con la relación entre un sujeto intelectual femenino y el contexto religioso y secular en el que se encuentra.[42] Esta carta se escribe en 1682 y en la misma Sor Juana le pide al Padre Antonio Núñez que deje de desacreditarla públicamente por su obra literaria, al mismo tiempo que defiende su derecho a la escritura y estudio privados. Moraña ha estudiado el texto como una dramatización de la pugna entre marginalidad y poder, en la cual la hablante construye a su destinatario como sujeto institucional y personal para relativizar su hegemonía (Moraña, "Orden dogmático y marginalidad" 67-70; "Sor Juana y sus otros" 145). También Moraña ha leído la carta como subversión del ritual de la confesión en la que el silencio se convierte en un modo racional para resistir el control institucional de la expresión femenina ("Orden dogmático" 73; "La retórica del silencio" 175-6). Antonio Alatorre, por otro lado, ha reconstruido el contexto en el que se produce la carta, para señalar que Núñez reprochaba a Sor Juana por su fama pública y por su dedicación a actividades seculares y no religiosas (652). Ambos críticos señalan la pugna entre la esfera pública

---

[41] Otras lecturas afines sobre el final del *Primero sueño* apuntan hacia la modernidad de un sujeto cognoscitivo que puede plantearse la "duda" y el "límite" como constitutivos de un nuevo campo de saber. Para más información ver "Sor Juana Inés de la Cruz y la filosofía moderna" de Laura Benítez, "El triunfo del poder femenino desde el margen de un poema: Otra lectura del *Primero Sueño* de Sor Juana Inés de la Cruz" de Verónica Grossi, "La poesía de Sor Juana Inés de la Cruz en sus vértices imaginativos" de Darío Puccini, "Sor Juana Inés de la Cruz; or, The Snares of (Con)(tra)di(c)tion" de Elena Feder, "El divino Narciso y la redención del lenguaje" de Jorge Checa, "Juana de Asbaje, poetisa barroca americana" de María Bermúdez y "Algunas reflexiones acerca de la vocación científica frustrada de sor Juana Inés de la Cruz" de Marie Bénassy Berling.

[42] Esta carta fue encontrada por Aureliano Tapia Méndez en 1980 en la Biblioteca del Seminario Arquidiocesano de Monterrey. Su título completo es "Carta de la Madre Juana Inés de la Cruz escripta a el R. P. M. Antonio Núñez, de la Compañía de Jesús" (también conocida como "Carta de Monterrey") y utilizo la edición que publicó Antonio Alatorre en la *Nueva Revista de Filología Hispánica*. Aunque Antonio Alatorre y Octavio Paz han reconocido el texto como auténtico, Georgina Sabat-Rivers y Marie C. Benassy-Berling han notado algunas incongruencias entre el estilo y la ortografía de la carta en comparación con la obra de Sor Juana ya reconocida como suya. Ver sus artículos "Biografías: Sor Juana vista por Dorothy Schons y Octavio Paz" y "Sor Juana Inés de la Cruz aujourd'hui", respectivamente. Incluyo la carta aquí y comento las estrategias utilizadas para constituir un sujeto intelectual femenino, destacando aquéllos puntos que se asemejan al resto de los textos que estoy manejando, como la alusión al tema del silencio, la defensa de los estudios privados, el tema de la persecución, y la oposición de fuerza y razón en la representación de una subjetividad epistemológica subalterna.

y la privada, entre la autoridad del confesor y la actividad escrituraria de la monja como los ejes temáticos a partir de los cuales se elabora el texto. Me interesa, por lo tanto, proponer una interpretación complementaria que se detenga en las estrategias utilizadas por Sor Juana para legitimar su actividad intelectual. En este contexto la carta plantea una "batalla discursiva" (Moraña, "Orden dogmático" 84) que se libra precisamente en el espacio de la palabra y sus múltiples significaciones en la coyuntura de la formación, regulación y resistencia de una subjetividad intelectual femenina. Dado que esta carta se produce entre una monja y su confesor, quienes se encuentran unidos a partir de una relación que se pensaba como completamente transparente entre el subalterno y su palabra, la reflexión que se propone aquí sobre el lenguaje, el poder y la regulación comunitaria es crucial en la constitución de Sor Juana en cuanto sujeto de la escritura. Al igual que en el *Primero sueño*, el texto plantea una serie de oposiciones y entrecruces a partir de los cuales se legitima la voz que enuncia, y entre los que destacaré los siguientes: (1) la contraposición del escándalo público y el silencio como metáfora de esa relación problemática del sujeto con la palabra —en tanto lenguaje regulador y espacio de la reinvindicación personal— en el momento en que se constituye como sujeto escriturario; (2) la interacción del sujeto con una comunidad — secular y religiosa— que regula, define, o dictamina las manifestaciones inteligibles de lo femenino, y (3) la oposición de la fuerza vs. la razón en la regulación de las prácticas de la mujer como artista y como sujeto religioso. Comentaré cada una de estas estrategias para resconstruir desde ahí el modo en que el yo que enuncia se postula como sujeto intelectual y artístico sin romper completamente con su dimensión religiosa.

La carta comienza, pues, con un reconocimiento explícito de ciertos rumores difundidos por el Padre Núñez contra Sor Juana por su afición a la escritura secular:

> Aunque ha muchos tiempos que varias personas me han informado que soi la única represible en las conversaciones de V. R., fiscalizando mis acciones con tan agria ponderación como llegarlas a *escándalo público* y otros epítetos no menos horrorosos, y aunque pudiera la propia conciencia moverme a la defensa, pues no soi tan absoluto dueño de mi crédito que no esté coligado con el de un linaje que tengo y una communidad en que vivo, —con todo esto, he querido sacrificar el sufrimiento a la summa veneración y filial cariño con que siempre he respectado a V.R... (Alatorre 618).

No nos sorprende que la carta explore una temática de gran importancia en la obra de Sor Juana, y que servirá precisamente de tema central en la *Respuesta s Sor Filotea*: la explicitación de un silencio. La entrada al diálogo después de dos años de "vituperios" por medio de la referencia al chisme es significativa, porque el texto se concentra, precisamente, en el impacto represivo de la palabra, por medio de la alusión a un "escándalo público" y a una comunidad a la que la monja también responde con sus "obras", en su doble acepción de acto y texto literario. En este sentido, el sujeto que habla en la carta se reconoce como público, en la medida que los comentarios de otros sobre ella, y las expectativas de su comunidad le sirven de matriz reguladora en la que se negocia un proyecto intelectual. Los rumores difundidos por Núñez se convierten en discurso público que se multiplica a través de los diversos informantes que le transmiten a Sor Juana los reproches que éste dirige contra ella en conversaciones con otras personas. Sor Juana reconoce, por otro lado, el poder de las palabras proferidas por su confesor, dada su autoridad y fama pública: "no ignorando yo la veneración y crédito grande que V.R., con mucha razón, tiene con todos, y que le oyen como a un oráculo divino, y aprecian sus palabras como dictadas del Espíritu Santo, y quanto mayor es su autoridad tanto más queda perjudicado mi crédito" (618). La palabra se equipara, de este modo, a un discurso normativo que regula el campo de acción aceptable del sujeto, a un código de interpretación mediante el cual se definen las zonas inteligibles de la identidad para esa comunidad que escucha, repite y difunde las afirmaciones del confesor.

A esas palabras cargadas de autoridad y legitimidad le opone Sor Juana sus "negros versos" (618) y sus "obras públicas ... y ... no públicas" (620) como contratexto que reinvindica al sujeto que los produce: "Pues aora, padre mío y mi señor, le suplico a V.R. deponga por un rato el cariño de el propio dictamen (que aun a los mui santos arrastra) y dígame V. R.: ya que en su opinión es pecado hacer versos, ¿en cuál de estas ocasiones ha sido tan grave el delito de hacerlos?" (620). Enumera Sor Juana dos de sus villancicos, el *Neptuno alegórico* y sus poemas de ocasión como ejemplo de sus palabras públicas tan condenadas por el confesor. La respuesta ante el escarnio público es la escritura literaria, como inserción de Sor Juana en esa batalla discursiva en la que el confesor interviene por medio de "vituperios", amenazas y escándalos. Como ha señalado Alatorre, Sor Juana invierte la acusación de Núñez por su dedicación a la actividad secular destacando la gestiones de su confesor dentro de la actividad mundana del chisme (634).

La publicidad de las "obras" de la monja implica, por otra parte, la interacción con esa comunidad que regula la ejecución escrituraria de Sor Juana por medio de otro juicio, quizá igual de severo que la fiscalización del confesor:

> Pues en la facilidad que todos saven que tengo, si a essa se juntara motivo de vanidad (quizá lo es de mortifización) ¿qué mas castigo me quiere V. R. que el que entre los mismos aplausos, que tanto [l]e duelen, tengo? ¿De qué embidia no soi blanco? ¿De qué mala intención no soi objeto? ¿Qué acción hago sin temor? ¿Qué palabra digo sin recelo? Las mujeres

sienten que las exceda. Los hombres, que paresca que los igualo. Unos quisieran que no supiera tanto. Otros dicen que avía de saber más, para tanto aplauso .... Y de todo junto resulta tan estraño género de martirio qual no sé yo otra persona aya experimentado. ¿Qué más podré decir ni ponderar? Que hasta el hacer esta forma de letra algo razonable me costó una prolija y pesada persecuzión, no más de porque dicen que parecía letra de hombre y que no era decente, conque me obligaron a malearla adrede, y de esto toda esta communidad es testigo (620-621).

Este pasaje representa en detalle al sujeto intelectual femenino en abierto proceso de negociación con la comunidad en la que está inserta. La difusión de la escritura acarrea el juicio público, de modo que la constitución como artista o como estudiosa implica una problemática interacción tanto con mujeres como con hombres, que culmina en la regulación de "la letra como unidad mínima del texto, la grafía como la forma de expresión individual más directa e inalienable" (Moraña, "Orden dogmático" 83), como un control de lo ínfimo que normativiza lo femenino y lo postula como intelegible a partir de ciertas matrices reguladoras de toda una gama de ejecuciones individuales. El intelecto femenino y la capacidad creativa se controlan desde su acceso al debate público hasta la forma de los rasgos en el papel, de modo que la "visibilidad" viene a ser el eje desde el cual se legitiman y definen las condiciones de posibilidad de cada subjetividad. El texto destaca, sin embargo, que se trata de una visibilidad que se juzga por medio de la palabra en tanto medio de expresión pública y como manifestación corporal de esa capacidad de expresión. La comunidad fiscaliza lo visible, y lo define y "malea" para que se conforme a los moldes establecidos, mientras que el sujeto negocia individualmente su inserción particular en cada uno de esos espacios.

A esa publicidad escandalosa de la palabra se le opone el silencio, en dos vertientes: (1) como la condición necesaria para el estudio privado y (2) como el modo de librarse de ese lenguaje que regula al sujeto mediante su incorporación a las construcciones culturales hegemónicas sobre la relación entre epistemología y género sexual. En la primera vertiente Sor Juana incluye una defensa de sus estudios privados, como actividad inocua que no interviene con su posibilidad de salvación: "Mis estudios no han sido en daño ni perjuicio de nadie, mayormente aviendo sido tan summamente privados que no me he valido ni aun de la dirección de un maestro, sino que a secas me lo he avido conmigo y mi trabajo, —que no ignoro que el cursar públicamente las escuelas no fuera decente a la honestidad de una muger,..." (622). Esta es una de las secciones más beligerantes de la carta, pues Sor Juana guía su argumentación a partir de una serie de preguntas retóricas mediante la cual sustenta su argumento de que el estudio privado no perjudica la salvación espiritual ni de las mujeres ni de los hombres (622-23). La palabra pública cotidiana —tan cercana al chisme al que se ha dedicado el Padre Núñez— se opone al estudio privado y silencioso, como una actividad que la acerca más a esa misma divinidad que la inclinó naturalmente al saber:

> ¿Por qué ha de ser malo que el rato que yo avía de estar en una reja *hablando disparates*, o en una celda *murmurando quanto passa fuera y dentro de cassa*, o *pelea[ndo]* con otra, o *riñendo* a la triste sirviente, o bagando por todo el mundo con el pensamiento, lo gastara en estudiar, y más quando Dios me inclinó a esso, y no me pareció que era contra su ley santíssima ni contra la obligación de mi estado? (623, énfasis mío).

Aquí Sor Juana vuelve a invertir el argumento de su confesor, y propone el estudio como actividad divinamente infusa que la separa del diálogo mundano en el que vaga y se disipa el pensamiento. Estudiar es un modo de excluirse de la palabra pública, un modo de retraerse del poder regulador de esas enunciaciones que la juzgan, fiscalizan y vituperan.

El otro modo de removerse del "escándalo" verbal producido por su confesor es salir del campo de acción de sus palabras públicas: "Y assi le suplico a V.R. que si no gusta ni es ya servido a favorecerme (que esso es voluntario) no se acuerde de mí..." (625). Y esta petición se reitera al cierre de la carta: "si no gusta de favorecerme, no se acuerde de mí si no fuere para encomendarme al Señor" (626). Esta segunda vertiente del silencio implica la exclusión de Sor Juana de las enunciaciones públicas de su confesor, así como del campo de acción inmediato de su protección espiritual. Con la ruptura del vínculo entre el confesor y la monja, con la interrupción del contrato de poder que ubica a Sor Juana entre las fieles seguidoras de tal guía espiritual, se propone la cancelación del diálogo confesional que suponía la regulación verbal y pública de la monja por parte del Padre Núñez. Removerse de las conversaciones de Núñez por medio de la no mención de su nombre por parte del confesor implica también el cese de comunicaciones, de modo que lo que la carta propone, a fin de cuentas, es la interrupción del habla para liberarse del discurso público escandaloso, y para incorporarse al silencioso estudio y a la escritura artística que no busca señalar su nombre. Por medio de la carta, género de por sí íntimo y silencioso, Sor Juana reprocha la conducta opresiva y excesiva del confesor, y propone la entrada a otro tipo de palabra privada y silente, aludida en la encomendación, como medio para replantear su relación institucional. El silencio implica, no obstante, una clausura de la relación individual con el confesor, puesto que el diálogo implicaría un regreso a ese debate discursivo y público en el que se ha señalado negativamente a la monja por su actividad artística e intelectual.

El último de los aspectos que me interesa comentar brevemente, es la oposición temática de la fuerza vs. la razón como medio utilizado por el confesor para controlar la conducta de la monja. Este tema reaparece en textos como el *Neptuno alegórico* y las loas al *Divino Narciso* y a *El cetro de José* como parte de una discusión sobre la condición de la subjetividad colonial a la que aludiré más adelante. En el caso de la "Carta de Monterrey", esta oposición es parte de un argumento fundamental, porque el yo que enuncia constituye a su destinatario como un sujeto opresor que trata de imponerle un dictamen personal a la fuerza, violentando su carácter natural. Este tema se menciona varias veces en la segunda mitad de la carta:

> Yo tengo este genio. Si es malo, yo me hize. Nací con el y con él he de morir, V. R. quiere que por fuerza me salve ignorando. (623)
> ¿Soi por ventura herege? Y si lo fuera, ¿avía de ser santa a pura fuerza? Ojalá y la santidad fuera cosa que se pudiera mandar, que con esso la tuviera yo segura. Pero yo juzgo que se persuade, no se manda; y si se manda, prelados he tenido que lo hicieran, —p[ues] los preceptos y fuerzas exteriores, si son moderados y prudentes, hacen recatados y modestos; si son demaciados, hacen desesperados; pero santos, sólo la gracia y auxilios de Dios saven hacerlos. (624)
> Si es mera caridad, paresca mera caridad y proceda como tal, suavemente, que el exasperarme no es buen modo de reducirme, ni yo tengo tan servil natural que haga por amenazas los que no me persuade la razón, ni por respetos humanos lo que no hago por Dios... (624)

En la oposición de fuerza y razón moviliza Sor Juana toda una serie de motivos. Por un lado, el yo que enuncia dice sentirse más interpelado por la argumentación racional que por el precepto impuesto a la fuerza. De esta forma la monja exige que su confesor la trate como sujeto intelectual, y que formule sus argumentos desde un punto de vista estrictamente intelectual, de modo que la obediencia vaya acompañada de la persuasión lógica y racional, y no de un amor que obedece "a ciegas" (619). Por otro lado, se alude aquí a la relación de autoridad que media entre el confesor y su hija espiritual, y se redefine esta relación como un intercambio racional que inspira la obediencia a partir de la moderación y la prudencia, y que no pide alianzas ni lealtades absolutas. Es así como Sor Juana propone una relación de guía y aprendizaje espiritual que no anula la individualidad de la subalterna, principio con el que Núñez estaba en completo desacuerdo (Alatorre 612-13). Por último, se incorpora esta pugna de fuerza vs. razón en el marco de la relación humana y divina, para destacar que el confesor no puede ocupar el lugar de Dios, infundiéndole a la monja deseos de salvación o santidad por medio de la fuerza. De ahí que el confesor no pueda provocar en Sor Juana un deseo de salvación que contradiga su deseo infuso de saber, porque Núñez, como intermediario humano, no puede equiparar su dictamen al impulso de la autoridad divina sobre la monja, quien se define a sí misma como un sujeto que participa de lo racional como resultado de su humanidad (622-23). Con este argumento, Sor Juana reinscribe a su confesor en el mismo contexto social e institucional que la reprime y castiga, y se pregunta por los límites de su poder. La carta acaba por igualar al confesor con la monja, como sujeto que también responde e interacciona con un entorno eclesiástico y secular.

Esta misma pugna entre sujeto y contexto social se narra con mayor detalle en el último texto que me ocupa, la *Respuesta a Sor Filotea*. En esta carta se utilizan otras estrategias para constituir el sujeto que nuevamente inciden sobre la posicionalidad del saber femenino dentro de una red institucional y social. En primer lugar, existe el reconocimiento de una posición subalterna en relación con las autoridades eclesiásticas masculinas —representadas por el Obispo de Puebla y su seudónimo sor Filotea de la Cruz— a la vez que se elabora una posición de resistencia contra las amonestaciones que provienen de este sector.[43] Hay además una conciencia de subalternidad o marginalidad femenina, que se articula mediante la presentación de la autobiografía intelectual de Sor Juana, narrada a partir del enfrentamiento a la autoridad materna (en su dimensión social) y a la autoridad eclesiástica (como la dimensión religiosa). Al mismo tiempo, ocurre un nuevo desdoblamiento del "yo", que se articula a partir de la definición del sujeto religioso o femenino en una lucha contra el ansia de saber como una "negra inclinación" o un "enemigo" que no le permite al sujeto dedicarse a las otras labores comunales en el convento. Negar este "enemigo" equivale a negar el "yo", y de esta manera el sujeto femenino se desdobla en un rol pasivo que confronta al mismo tiempo la agencialidad excesiva de esta "negra inclinación", que es, obviamente, parte del mismo "yo". Finalmente, el sujeto se autoriza a partir de su dominio de los textos bíblicos para defender un espacio femenino dentro del campo del saber, y para justificar su estudio de las ciencias humanas en vez de la teología. Es a partir del análisis de estas estrategias que llevo a cabo mi comentario sobre la *Respuesta*, texto en el cual se asume abiertamente la femineidad, entre toda una serie de elementos de subalternidad, para definir un espacio propio.

La naturaleza evidentemente autobiográfica y epistolar de la *Respuesta* resulta importante al tomar en cuenta que aquí el sujeto se postula como objeto de la auto-reflexión en un texto que a la vez será leído por otros.[44]

---

[43] Este tema ha sido ampliamente debatido por la crítica. María Dolores Bravo Arriaga ha estudiado la posibilidad de una alianza entre el Obispo de Puebla y el confesor Antonio Núñez para controlar y silenciar a Sor Juana en su artículo "Dos dedicatorias de Núñez de Miranda a Sor Filotea de la Cruz, indicios inéditos de una relación peligrosa" que se incluye en *La literatura novohispana. Revisión crítica y propuestas metodológicas*. Un buen resumen sobre el contexto particular en que se produce la redacción de la *Respuesta* se incluye en el libro de Octavio Paz, *Sor Juana Inés de la Cruz o las trampas de la fe*.

[44] La hibridez genérica del texto ha hecho muy difícil su clasificación. Sylvia Molloy se distancia de la idea de que la *Respuesta a Sor Filotea* se pueda leer como una

Entonces, esta auto-reflexión del sujeto queda enmarcada por la necesidad de transmitir cierta imagen a otro que ejerce un control sobre el emisor del texto. No se trata, pues, de un retrato espontáneo, sino muy interesado, de ese yo que escribe y que conforma el discurso. Según Mitchell, la autobiografía femenina fue el origen de la novela en la Europa del siglo XVII. Este tipo de escritura fue fundamental en la constitución de un sujeto femenino que se encontraba en proceso de inscribirse dentro de un nuevo espacio social:

> I think the novel arose as the form in which women had to construct themselves as women within new social structures; the woman novelist is necessarily the hysteric wanting to repudiate the symbolic definition of sexual difference under patriarchal law, unable to do so because without madness we are unable to do so (430).

Salvando, obviamente, las distancias entre el mundo colonial como espacio político, económico y social al margen de una España en crisis y la Europa del siglo XVII en vías de modernización, resulta interesante leer la *Respuesta* como ese texto donde se articula autobiográficamente el "proceso" de constitución de un sujeto intelectual femenino que intenta definir su espacio para funcionar dentro del orden social y religioso.

Por otro lado, también es importante tener en cuenta la estrecha relación que existe entre el género autobiográfico y la enunciación de un saber:

> The "tactical reasons" for wanting to break open "the enunciatory abyss," and for underscoring the mediating gap between the "knowledgeable

---

autobiografía porque este texto se dirige a un destinatario poderoso, que controla el texto que se escribe y al sujeto que lo produce, y porque no se puede identificar un sujeto en crisis en el proceso de la escritura (3). Por otro lado, Rosa Perelmúter ve en este texto una mezcla de la autobiografía, la carta familiar y la defensa personal y jurídica en su artículo "La estructura retórica de la *Respuesta a Sor Filotea*". Dada la importancia de la "narración" en la defensa que se articula en la carta es que Perelmúter traza la relación textual con la autobiografía. Finalmente, Gerard Cox Flynn en su ensayo "A Naive Reading of *La Respuesta*" ve este texto como una autobiografía que traza una defensa científica de la posición de la mujer (39). Un buen resumen de este tema se encuentra también en la introducción a *Sor Juana Inés de la Cruz. The Answer/La Respuesta*, editada y traducida por Electa Arenal y Amanda Powell y es el centro de la reflexión de un par de ensayos de Margo Glantz incluidos en su libro *Sor Juana Inés de la Cruz: ¿Hagiografía o autobiografía?*. En mi lectura ubico este texto en el cruce de varios géneros. Destaco del género autobiográfico el gesto de la auto-representación, el recuento de una vida a partir de una serie de motivos centrales como el deseo de saber y la lucha contra la regulación institucional de la escritura, así como la narración de la crisis de un sujeto que trata de negociar un espacio propio en la coyuntura de varias redes de control institucional.

subject" and the "I" that speaks, seem to me to have never quite fully enough engaged in the discourses of the human sciences. [...] The question of the "subject" in this conjuncture is crucial since what is taken to be the "subject," the "I" that speaks a given discourse, reflects, as it has always been taken to reflect, specific epistemologies. Wherever the "I" speaks, a knowledge is spoken; wherever a knowledge speaks, an "I" is spoken (Smith, *Discerning the Subject* 100).

Luego Smith destaca que las lecturas que asumen un vínculo absoluto entre un "yo" y un "saber" anulan la posibilidad de que el sujeto sea un agente en la construcción de su campo cognoscitivo. Por otro lado, al convertir saber y sujeto en categorías inseparables, se postula toda epistemología como una forma particular de identidad (Haraway 193). La autobiografía se puede leer, entonces, como ese tipo de texto en el que se constituye un sujeto en el proceso de construir un saber, de modo que se trazan los puntos de contacto e interdependencia de ambos campos sin eliminar del todo las distancias que posibilitan la articulación de una resistencia a las epistemologías existentes.

Por lo tanto, mi acercamiento a la *Respuesta* parte de este doble enfoque de la constitución de un sujeto femenino en un nuevo orden social, y de la distancia entre el yo que conoce y el que enuncia, para intentar leer en este texto un proceso de auto-reflexión del sujeto que no resulte ahistórico. En este sentido aquí se trabajaría la doble dimensión del yo individual que se articula en la escritura y el yo histórico-social que se construye en un contexto más amplio (Carullo 94), de modo que en la *Respuesta* se negociarían los desencuentros entre estas dos construcciones del "yo".

Lo primero que marca el texto de la carta es el señalamiento de la distancia existente entre el "yo" que escribe y el "vos" a quién se le escribe, pues sor Filotea es el Obispo de Puebla, quien había amonestado a Sor Juana por su dedicación al estudio y escritura de los asuntos mundanos. Es por ello que se elabora en el texto una "retórica del silencio", donde se exploran los límites entre lo que se puede y lo que no se debe decir para articular un espacio particular en el que se "separa el campo del decir (la ley del otro) del campo del saber (mi ley)" (Ludmer 51).[45] En la inscripción

---

[45] Aída Beaupied, en su artículo "Revelación velada pero rebelde en la *Respuesta* de Sor Juana Inés de la Cruz", ha estudiado esta misma "retórica del silencio" como señal de la imposibilidad de definir un lugar femenino en el campo intelectual de la época. De ahí que Sor Juana "silencie" su carta pero señale al mismo tiempo que este "silencio" es "exceso" y no carencia de sentidos que el discurso oficial no puede contener ni representar. Otros estudios sobre este tema del silencio son los de Margo Glantz, "La narración de (su) mi inclinación: Sor Juana por sí misma", *Sor Juana Inés de la Cruz: entre el soñar y el callar*, de Jesús Sabourin Fornaris y el ensayo "La retórica del silencio en Sor Juana Inés de la Cruz", incluído en el libro *Viaje al silencio: exploraciones del discurso barroco*, de Mabel Moraña.

del destinatario que se hace en el texto, Sor Juana desplaza atributos personales del Obispo a la carta que éste le ha dirigido, diciendo que se trata de "vuestra doctísima, discretísima, santísima y amorosísima carta" (OC, IV, 440). Por un lado, todo este respeto a la figura autoritaria se resume en una promesa de obediencia a la sugerencia de dedicarse a los estudios teológicos, para luego articular la resistencia a lo que ya ha afirmado que recibirá como un precepto:

> ... digo que recibo en mi alma vuestra santísima amonestación de aplicar el estudio a Libros Sagrados, que aunque viene en traje de consejo tendrá para mí sustancia de precepto, con no pequeño consuelo de que aun antes parece que prevenía mi obediencia vuestra pastoral insinuación, como a vuestra dirección, inferido del asunto y pruebas de la misma carta (OC, IV, 443).

La resistencia se articula a partir de una enumeración de "explicaciones" de su renuncia a estudiar y escribir sobre los temas sagrados, entre las que destaca que: (1) no se trata de falta de aplicación, sino de que se considera "indigna" e "incapaz" para el manejo de las Sagradas Letras (443); (2) un error en el juicio sobre las Sagradas escrituras se considera herejía, y por ello es mejor dedicarse al Arte, donde el error sólo acarrea risas y censura (444); (3) no escribe sobre tema alguno por gusto propio sino por peticiones de otras personas, a quienes debe complacer u obedecer (444); y (4) antes de dedicarse al estudio de la teología, "Reina de las Ciencias", es necesario conocer sobre las demás ciencias humanas (447-9). Por lo tanto, lejos de someterse sin cuestionamiento alguno a los preceptos del Obispo, el texto justifica otra manera de proceder, legitimando así el que la mujer estudie dentro del contexto religioso.

El vaivén argumentativo de esta carta hace evidente la necesidad de una negociación con las autoridades existentes para lograr su cometido original al entrar al convento: "que no otro motivo me entró en la Religión, no obstante que al desembarazo y quietud que pedía mi estudiosa intención eran repugnantes los ejercicios y compañía de una comunidad" (445). Y para facilitar esta negociación, el vaivén en la constitución de un destinatario permite la utilización de un estilo ambiguo, que a veces se dirige a sor Filotea como "señora", o como igual, y que otras veces destaca la distancia al llamar a su destinatario "vuestra grandeza" (442), "vuestra venerable presencia" (442), entre otros. A esta vacilación hace referencia directamente Sor Juana al final de la carta, cuando pide disculpas por la desigualdad en el estilo: "y si os pareciere incongruo el *vos*, de que yo he usado, por parecerme que para la reverencia que os debo es muy poca reverencia la Reverencia, mudadlo en el que os pareciere decente a lo que os merecéis, que yo no me he atrevido a exceder de los límites de vuestro estilo, ni a romper el margen de vuestra modestia" (OC, IV, 474-5). Asimismo, el uso de la frase "venerable señora mía" (474) para aludir al respeto que se le tiene al Obispo, aunque conservando el seudónimo de sor Filotea, sirve a Sor Juana para contestar "espontáneamente" la amonestación de su igual/desigual. Sor Juana asume, entonces, una subalternidad subversiva, en la medida en que su contestación construye un destinatario que tendrá que aceptar los argumentos de su defensa si se quiere seguir calificando como razonable, sensato y condescendiente. Es así como el texto replica las estrategias que señala Moraña en la *Carta de Monterrey*, ya que "relativiza" la hegemonía de su destinatario y legitima su posición desde su propia marginalidad (Moraña, "Orden dogmático" 68-75).

El segundo elemento que la carta elabora es la división del sujeto femenino en dos facetas que funcionan complementariamente: por un lado un "yo" obediente y por el otro, un "yo" dominado por la "negra inclinación" de su ansia de saber. Su "autobiografía" intelectual se puede leer como la historia de esta "inclinación" que acosa al "yo" preocupado por la salvación del alma y la obediencia de los preceptos religiosos. Esta pugna contra sí misma comienza desde que despierta su capacidad racional:

> ... desde que rayó la primera luz de la razón, fue tan vehemente y poderosa la *inclinación* a las letras que ni ajenas reprehensiones (que he tenido muchas), ni propias reflexas (que he hecho no pocas) han bastado para que deje de seguir este *natural impulso que Dios puso en mí:* su Majestad sabe por qué y para qué: y sabe que le he pedido que apague la luz de mi entendimiento, dejando sólo lo que baste para guardar su Ley, pues lo demás sobra (según algunos) en una mujer: y aun hay quien diga que daña (OC, IV, 444, énfasis mío).

La carta elabora la narración de la "inclinación" desde el terreno híbrido de la defensa y la argumentación teológica.[46] Esta "inclinación" se equipara inicialmente a una fuerza natural de origen divino que el sujeto tiene inscrita en su capacidad racional, y contra la cual ha luchado para poder obedecer a sus contemporáneos, que ven el estudio como una actividad ajena a lo femenino. Por ello es difícil que el final de esta cita se lea como una aceptación sincera de las ideas generales en contra del estudio de las mujeres, pues se trata: (1) de una capacidad puesta por Dios en el sujeto femenino, y (2) con un propósito determinado. De manera que si Dios pone en la mujer la capacidad racional e intelectual, es imposible que tengan razón quienes afirman que la misma es dañina a las mujeres, pues de ser cierto Dios no la habría puesto en ellas. Es así como se entrecruzan la defensa del estudio personal y la argumentación teológica que legitima la presencia de una inquietud intelectual en la mujer.

---

[46] Sobre los elementos de la defensa y la oratoria forense presentes en la *Respuesta a Sor Filotea* ver el ensayo de Rosa Perelmúter, "La estructura retórica de la *Respuesta a Sor Filotea*".

Después de esta caracterización inicial, la autobiografía se convierte en "la narración de mi inclinación" (445) y cómo ésta era más fuerte que el deseo infantil de comer golosinas (445), que la vanidad del cabello femenino (446) y que su aspecto femenino, pues incluso quiso cambiar de traje para asistir a la Universidad en México (446). Como ha señalado Sotomayor, la *Respuesta* se puede leer como una narrativa de un deseo que rebasa impulsos vitales básicos (35). Sor Juana califica su deseo de saber como "las impertinencillas de mi genio" (446), "mi negra inclinación" (451) y "mi mayor enemigo" (447). Es tal la fuerza de esta inclinación, que logra vencer los obstáculos que se le presentan para estudiar, ya sea por ser mujer, por tener que participar en actividades conventuales o por prohibición de sus superiores. Por lo tanto, esta inclinación se constituye como otro sujeto que pugna contra ella misma por dominarla, mientras ella trata de huir de ésta sin éxito:

> Entréme a religiosa, porque aunque conocía que tenía el estado de cosas (de las accesorias hablo, no de las formales), muchas repugnantes a mi genio, con todo, para la total negación que tenía al matrimonio, era lo menos desproporcionado y lo más decente que podía elegir, en materia de seguridad que deseaba, de mi salvación: a cuyo primer respecto (como al fin más importante) cedieron y sujetaron la cerviz todas las *impertinencillas de mi genio*, que eran de querer vivir sola, de no querer tener ocupación obligatoria que embarazase la libertad de mi estudio, ni rumor de comunidad que impidiese el sosegado silencio de mis libros. Esto me hizo vacilar algo en la determinación, hasta que alumbrándome personas doctas de que era tentación, la vencí con el favor divino, y tomé el estado que tan indignamente tengo. Pensé yo que *huía de mí misma; pero ¡miserable de mí! trájeme a mí conmigo y traje mi mayor enemigo en esta inclinación*, que no sé determinar si por prenda o castigo me dio el Cielo, pues de apagarse o embarcarse con tanto ejercicio que la Religión tiene, reventaba, como pólvora, y se verificaba en mí el *privatio est causa appetitus* ("La privación es causa de apetito" 446-7, énfasis mío).

En esta lucha interna del yo contra sí mismo, el sujeto se escinde en dos identidades que coexisten contradictoriamente en un solo cuerpo. La *Respuesta* articula así un sujeto internamente contradictorio en su intento de negociar estas posiciones diversas: la obediencia a sus superiores (que ya resulta casi inoperante, pues su deseo de estudiar supera la necesidad de libros para lograr su objetivo) y su deseo de conocer. Como queda claro al final de la cita, con el uso de la frase en latín, Sor Juana describe su inclinación como invencible, pues es mayor mientras más resistencia se le opone.

Finalmente, en su caracterización de esta "inclinación" pone en perspectiva la supuesta gravedad de sus faltas, al afirmar que después de todo, no se trata de algo que ponga en peligro la integridad de su alma:

"Bien se deja en esto conocer cuál es la fuerza de mi *inclinación*. Bendito sea Dios, que quiso que fuese hacia las letras, y no hacia otro *vicio* que fuera en mí casi insuperable; y bien se infiere también cuán contra la corriente han navegado (o por mejor decir han naufragado), mis pobres estudios" (OC, IV, 452, énfasis mío). Sor Juana se constituye, de esta manera, como un sujeto dividido en el cual la inclinación es el agente y la monja-mujer es el sujeto pasivo dominado por esta inclinación. Lo único que supera la importancia de esta inclinación es el deseo de salvar su alma, por lo cual señala que su ansia de saber no es tan maligna como otros "vicios", que sí pondrían en peligro su salvación. Aunque afirma que no entró al convento por una vocación religiosa firme, también es cierto que equipara su deseo de saber a un camino de virtud similar al que recorrió Cristo cuando se convirtió en ser humano. De ahí que todos sus sufrimientos se asemejen textualmente a la pasión de Cristo (OC, IV, 455-6) Es así como se propone una inversión del motivo del "daño" que produce el saber en la mujer, pues la inclinación termina por aproximar el yo a la figura de Cristo, y con ello a su condición ejemplar para la salvación de la humanidad.

Por otro lado, esta narración del deseo de saber a partir de las figuras de la "inclinación"[47] y el "vicio"[48] vuelve a inscribir el cuerpo como el lugar

---

[47] La palabra inclinación se asocia etimológicamente con ser "propenso" a una cosa (Santamaría, *Diccionario de mejicanismos* 614), y con el desplazamiento que "aparta el cuerpo de la posición vertical" (Corominas, II, 993). El *Diccionario de Autoridades de la Real Academia Española* (1737) menciona varias acepciones del término "inclinar" que se relacionan con el afecto hacia una persona, el respeto que se le presenta a la divinidad, y dos acepciones que se relacionan muy de cerca con el texto que me ocupa. Por un lado "[e]n el sentido moral vale aplicar mal ó bien los afectos, en orden á sus operaciones" (241), y "Se toma algunas veces por influir, moviendo algunos afectos, como amor, ira, etc, Dícese freqüentemenete de los Astros" (241). La escritura de Sor Juana parece mezclar la acepción moral con la astrológica al trabajar la inclinación como fuerza superior al sujeto que lo dirige hacia una actividad no dañina para la salvación del alma. Agradezco a Julio Ramos la sugerencia de explorar las nociones existentes en la época sobre este término, que he extendido también a la noción de "vicio" en el texto.

[48] Por otro lado, la palabra "vicio" tiene varias acepciones que son relevantes a nuestra lectura: (1) "Significa también la falta de rectitud ú defecto moral en las acciones"; (2) "Se toma también por el hábito malo, como opuesto á la virtud"; (3) "Significa también el gusto especial, ú demasiado apetito á alguna cosa, que incita á usar de ella freqüentemente y con excesso"; (4) "Se llama también la declinación de la línea recta en las cosas, que deben observar"; (5) "Se toma asímismo por vigor y fortaleza" (*Diccionario de autoridades*, III, 477). En el *Diccionario general de americanismos* se presentan las acepciones de "cosa apetitosa" y "en abundancia, de más" (Santamaría 260). La *Respuesta* parece trabajar las acepciones morales, corporales y de fuerza para presentar el saber como un deseo corporal incontrolable, que no es dañino porque no se dirige a otras actividades abiertamente pecaminosas.

donde se articulan, negocian y movilizan los impulsos intelectuales. Ambos términos se relacionan semánticamente con el "instinto" corporal, con un deseo irreprimible que lleva —ya sea por el influjo de los astros sobre el temperamento del sujeto, por el impulso del placer fisiológico que se patologiza en la construcción del ansia de saber como vicio, o por la conflictividad moral entre sujeto y virtud que sirve de eje en la utilización de ambos términos— a una pugna interna del sujeto femenino representado como obediente y las urgencias de un cuerpo que se representa como impostergable. La *Respuesta a Sor Filotea* operaría, entonces, con una inversión del gesto que he comentado en el *Primero sueño*, ya que si en el poema el cuerpo se pospone para posibilitar un saber —posposición que obedece a la particular legibilidad de lo corporal en el entramado sociocultural— en la *Respuesta* es precisamente el cuerpo como materialidad expresiva el que arrastra al sujeto a una actividad intelectual que se asocia con un deseo y un placer incontenibles. Por lo tanto, el yo no puede escapar de sus reclamos corporales, que funcionan como umbral que lo inserta, simultáneamente, en el campo regulador de la cultura y en el espacio legitimador de una agencia cognoscitiva que se manifiesta con la naturalidad de la urgencia física. Este cuerpo se re-inscribe más tarde en un contexto teológico de modo que el vicio —inicialmente asociado a la enfermedad— se transpone luego al espacio de lo divinamente infuso. Asimismo este vicio de saber se inscribe en la conceptualización filosófica de lo humano, pues recordemos que según Aristóteles lo que define la condición humana es su tendencia natural al saber (Gaos, "El sueño de un sueño" 67). De ahí que el "vicio" pase a ser un elemento puesto por Dios en la mujer, que es definidor de su humanidad. De este modo el deseo de saber en la mujer se legitima por medio del mismo discurso teológico y filosófico que originalmente la excluía.

Por último, en la *Respuesta* se recurre a la autoridad de los textos bíblicos para proponer una interpretación alterna a las palabras "Mulieres in Ecclesiis taceant, non enim permittiur eis loqui,..." (" Las mujeres callen en las iglesias, porque no les es dado hablar"). En esta parte final de la carta, Sor Juana cita a San Pablo contra sí mismo, para autorizar una reinterpretación de sus palabras que no le quite a las mujeres el derecho de estudiar en privado: "Esto debían considerar los que atados al *Mulieres in Ecclesia taceant*, blasfeman de que las mujeres sepan y enseñen; como que no fue el mismo Apóstol el que dijo: *bene docentes*" (OC, IV, 465). Esta estrategia argumentativa sigue un gesto paralelo al modo en que se ha constituído el "yo" que lucha contra la "negra inclinación" en la narración de la *Respuesta*.

Es interesante, sin embargo, que en el vicio reaparece la noción de la "declinación" que aparta al individuo de la "línea recta". En este sentido, inclinación y vicio parecen estar semánticamente relacionadas.

Tanto Sor Juana como San Pablo se representan como sujetos escindidos por pugnas internas que posibilitan la legitimación de una subjetividad femenina que se dedica al estudio privado:

> Y al fin resuelve con su prudencia que leer públicamente en las cátedras, y predicar en los púlpitos, no es lícito a las mujeres; pero que el estudiar, escribir y enseñar privadamente, no sólo les es lícito, pero muy provechoso y útil: claro está que esto no se debe entender con todas, sino con aquellas a quienes hubiere Dios dotado de especial virtud y prudencia, y que fueren muy provectas y eruditas y tuvieren el talento y requisitos necesarios para tan alto empleo (462).

A partir de este punto de autorización, Sor Juana elabora su lectura de este texto, y amplía el significado del mismo para: (1) incluir a los hombres entre los que deben callar y abstenerse de interpretar las Sagradas Letras, ya que la masculinidad no es sinónimo de sabiduría: "y esto es tan justo que no sólo a las mujeres (que por tan ineptas están tenidas), sino a los hombres, que con sólo serlo, piensan que son sabios, se había de prohibir la interpretación de las Sagradas Letras" (462); (2) defender la necesidad de ancianas doctas que asegurarían una honesta educación para las jóvenes (464-5); y (3) defender el estudio privado que ella misma practica: "(... pues vemos que, con efecto, no se permite en la Iglesia que las mujeres lean públicamente ni prediquen), ¿por qué reprenden a las que privadamente estudian?" (467). Y para fortalecer ese punto enumera a una serie de mujeres a quienes la Iglesia les permitió que estudiasen y escribiesen, circulando sus escritos incluso antes de ser canonizadas, por lo que se deduce que el estudio privado de las mujeres en nada daña a la Iglesia, sino que la enriquece.[49] Al mismo tiempo, esta "gran turba de las que merecieron nombres" (OC, IV, 461) se constituye en el texto como un linaje o tradición de mujeres doctas al que se incorpora el sujeto femenino dominado por la "fuerza de mi inclinación" que ya se ha propuesto como eje central de la narrativa.

Por lo tanto, en el texto se reconoce el control institucional que la Iglesia ejerce sobre la participación de las mujeres en la esfera pública. En su defensa no se propone la apertura del espacio público de los sermones, los debates, o las publicaciones ni a las mujeres ni a los hombres, sino sólo a aquellos "muy doctos y virtuosos y de ingenios dóciles y bien inclinados" (462). Su defensa se limita más bien a su derecho al estudio privado, pues

---

[49] Nina Scott ha trabajado esta misma parte de la *Respuesta* en su ensayo "Sor Juana Inés de la Cruz: 'Let you Women Keep Silence in the Churches'" y ha observado cómo Sor Juana manipula los mensajes contradictorios sobre el lugar que debe ocupar la mujer en el saber y en la Iglesia para inventar una tradición que le permita construir su defensa de la educación femenina (516-8).

el mismo no contraviene el control institucional y jerárquico al que la mujer religiosa se encuentra sometida. Por ello es que Sor Juana recalca tanto que nunca ha escrito nada por su gusto, y por ello es que tanto la *Carta Atenagórica* como la *Respuesta* y la "Carta de Monterrey" conservan la estructura de una carta personal e íntima, que no se dirige a un público amplio, aunque eventualmente estos textos lleguen a ser publicados. En la carta se define el sujeto como doblemente controlado: por su "negra inclinación" (que después de todo no llega a poner en peligro su salvación) y por la regulación que ejerce la Iglesia sobre el acceso de las monjas al espacio público. Además se señala el peligro de permitir la libre entrada de todos los hombres al espacio público, pues los que no son humildes representan un peligro para la Iglesia, y utiliza a Lutero, Pelagio, Arrio y el Doctor Cazalla (OC, IV, 463) como contra-linaje de hombres eruditos que amenazaron a la Iglesia como orden institucional (463). El peligro, por lo tanto, no son las mujeres estudiosas, sino los entendimientos arrogantes que acceden a un saber que no pueden manejar con prudencia.

Tanto en la *Respuesta* como en el *Primero sueño*, Sor Juana recurre a una serie de estrategias similares. En primer lugar, el elemento autobiográfico está presente en ambos textos, aunque el sujeto se desdobla en el Alma, el discurso, el pensamiento y el entendimiento en el *Primero sueño*, y en la negra inclinación divina y natural (contradictoria combinación que domina en todo el texto) que se narrativiza en la *Respuesta*. Lo más importante es que el sujeto que se constituye en ambos casos no es ni uno solo, ni un espacio estable, por lo cual la multiplicidad de sujetos se puede leer como la ambigüedad contradictoria de posiciones escindidas que el sujeto-agente asume en su negociación con la realidad, y con las interpelaciones de los múltiples "otros" (Smith, xxxv).

Por otro lado, el cuerpo, lo femenino, lo subalterno y lo marginal comparten el espacio con lo racional, lo masculino, las jerarquías dominantes y la autoridad. En esta escritura desaparecen las oposiciones binarias excluyentes, y los términos opuestos empiezan a coexistir en un espacio de múltiples concesiones, donde se recoge un "proceso" de construcción de una subjetividad que no parece encontrar un lugar adecuado en el orden social existente. Esta falta de espacio obliga al sujeto a hacer ciertas negociaciones que le permitan sobrevivir logrando parte de sus objetivos, tales como que: (1) el sujeto femenino asuma el lugar lateral que se le asigna en el campo epistemológico, pero defienda su derecho a estudiar privadamente; (2) el Alma abandone parcialmente al cuerpo —cuya presencia pospuesta es central en todo el poema— pero deba volver a él con el regreso del día; y (3) el hablante elusivo del texto logre acceder a un saber, pero al final siempre tenga que enfrentar problemáticamente su sexualidad. El resultado de estas múltiples pugnas es la defensa que hace el sujeto de su capacidad racional e intelectual, intentando comprobar que el entendimiento no depende del sexo.

A nivel discursivo, esta multiplicidad de sujetos en negociaciones parciales con la realidad genera un discurso ambigüo, denso, sinuoso, que se resiste a la recepción pasiva, y que obliga a una lectura detenida para desentrañar algunas de sus complejidades. Como ya he señalado, en el *Primero sueño*, el estilo gongorino sirve como un obstáculo a la lectura fácil, y el significado pospuesto es el viaje intelectual de una mujer.[50] Al final, la sintaxis pierde su dificultad para revelar la presencia y visibilidad de la hablante. Parecería que no es, por lo tanto, la sexualidad del sujeto lo que se oculta detrás de la dificultad de la escritura. La sexualidad sólo se pospone. Lo que se dificulta en el discurso es el proceso de acceder al saber, de manera que el entendimiento se presenta como un agente eficiente y competente de este proceso cognoscitivo que no resulta, sin embargo, totalmente exitoso. Incluso el proceso del conocimiento resulta pospuesto, ya que lo más importante no es obtener un saber específico y cierto, sino atreverse a emprender el viaje con el regreso de cada noche (Sabat -Rivers, "A Feminist Re-reading" 156-7). Es entonces significativo que el "tratado" epistemológico de Sor Juana esté escrito en versos gongorinos, pues Sor Juana enuncia aquí desde la literatura, y no desde la narración autobiográfica, el proceso de adquisición del conocimiento.

En la *Respuesta*, sin embargo, la autobiografía está mediada por la condición epistolar e íntima del texto que traza un gesto inverso a la narrativa del método cartesiano. Sor Juana no escribe su *Respuesta* para un público amplio, como lo hace Descartes en su *Discurso del método*. Para Descartes la publicidad era un elemento positivo en la constitución de un método secular del saber humano e incluso para mantener una buena fama—"para no perder ocasión ninguna de servir al público, si de ello soy capaz, y para que si mis escritos valen algo, puedan usarlos como crean

---

[50] La influencia de Góngora en la obra de Sor Juana ha sido objeto de un gran debate en los últimos años. Hay quienes identifican una profunda influencia de Góngora en la escritura de Sor Juana, mientras que otros tratan de probar su originalidad absoluta frente a Góngora. Un buen resumen de este debate se encuentra en *Noche intelectual: la oscuridad idiomática en el Primero sueño*, de Rosa Perelmúter Pérez, quien se inclina por una imitación de Góngora que no niega una originalidad lingüística y formal en la obra de Sor Juana. Este tema también lo han trabajado Dorothy Schons en su ensayo "The Influence of Góngora on Mexican Literature on the Seventeenth Century", y que ve una imitación superficial de Góngora en la literatura mexicana colonial, y Andrés Sánchez Robayna en su ensayo "Algo más sobre Góngora y Sor Juana" (incluido en su libro *Para leer "Primero sueño" de Sor Juana Inés de la Cruz*), que documenta una influencia formal y temática de Góngora en Sor Juana por medio de la transformación de la silva en una estrofa que diversifica la poesía lírica y que posibilita el subgénero de la poesía filosófica narrativa, que es la que desarrolla Sor Juana en el *Primero sueño*.

más conveniente los que los posean después de mi muerte" (*Discurso* 66).[51] En el caso de Sor Juana la publicidad implicaba una mayor represión de su interés cognoscitivo. Es por eso que ésta afirmó constantemente que no escribió la *Carta Atenagórica* pensando que iba a ser publicada, y que nunca había escrito por su propia voluntad (OC, IV, 470-1). Por otro lado, Descartes y Sor Juana trabajan el elemento autobiográfico con fines distintos: en Descartes la narrativa del yo se dirige a la publicación y difusión de un nuevo método de conocimiento que tendrá alcances amplios al servir de modelo, mientras que en Sor Juana la autobiografía-carta es casi una confesión que intenta negar este deseo de llegar a un espacio público, pues ello implicaría una mayor persecución.[52] De ahí que en la "Carta de Monterrey" lo que se pide al destinatario del texto es que la excluya de sus enunciaciones para acabar con el escándalo público que atrae más represiones. Asimismo, en la *Respuesta* se urde una escritura sinuosa, compleja y paradójica, que avanza y borra sus tramas, y que termina por ocupar un lugar intersticial entre dos polos opuestos que posibilitan la constitución de una subjetividad femenina escindida entre saber/no saber (OC, IV, 440), responder/callar (OC, IV, 472), agradecer/no agradecer:

> Así, yo, Señora mía, solo responderé que no sé que responder; solo agradeceré diciendo que no soy capaz de agradeceros; y diré, por breve rótulo de lo que dejo al silencio, que sólo con la confianza de favorecida y con los valimientos de honrada, me puedo atrever a hablar con vuestra grandeza (OC, IV, 442).

---

[51] Al final de su obra Descartes explica sus razones para publicar sus tratados epistemológicos, y entre las razones menciona que el resistirse a publicar le puede acarrear mala fama entre el público. Su segunda razón es que quiere difundir sus ideas para recibir las objeciones de otros estudiosos, de manera que las mismas le ayuden a avanzar en su proceso cognoscitivo (*Discurso del método* 74-75). Obviamente, para Sor Juana publicar se constituye en un motivo de mala fama, pues no es lícito a las mujeres entrar al espacio público, y la publicación de sus escritos lejos de ayudarla implicó estorbos más severos a su deseo de saber.

[52] No quiero decir que Descartes no estuviese a su vez negociando un espacio alterno al saber controlado por la Iglesia, ya que en su *Discurso del método* menciona la condena de Galileo como un freno a su deseo de publicar su método. Pero en el caso de Sor Juana se trata de un temor a la censura de la Iglesia no sólo por aspirar a un saber heterodoxo, sino por ser una mujer quien intenta acceder a este conocimiento, y además por ser una monja que ha invadido el espacio público al difundirse su "Carta Atenagórica". Por lo tanto, Sor Juana tiene que negociar elementos más elementales, tales como su sexualidad, y su acceso privado al estudio, algo que para Descartes no era objeto de debate. Por ello es que en el método cartesiano el "yo" es un espacio estable que se convierte en el centro del sistema, mientras que en Sor Juana se pospone este "yo" en una multiplicidad de posiciones, y demostrar la competencia para hablar sobre estos temas se convierte en el objetivo principal de sus textos.

Desde la literatura y la carta íntima es que se traza, entonces, una nueva articulación del sujeto intelectual femenino, de modo que se negocia desde discursos muy laterales una transformación de la práctica teológica y epistemológica. La negociación que se propone en estos textos opera sobre lo que se considera "culturalmente inteligible", y es precisamente con esta idea con la que me gustaría cerrar mi reflexión.

4. Conclusión: articulando un sujeto femenino culturalmente inteligible

En su libro *Gender Trouble*, Judith Butler trabaja las categorías de identidad y género sexual como instancias que pueden ser o no culturalmente inteligibles (16). En su revisión de este tema, Butler regresa a la categoría del cuerpo, y lo utiliza como metáfora de esa "materialización" mediante la cual las normas regulatorias de un entramado social ejercen sus efectos localizadores sobre el sujeto, produciendo una condición que se asocia simultáneamente al límite y a lo relevante (*Bodies that Matter* 9-10). Es en el proceso mismo de articulación y negociación práctica y discursiva que se posibilita la transformación de estas matrices normativas para producir cambios en los modos en que un determinado grupo concibe al sujeto —epistemológico, sexual, social, cultural, histórico, etc.— en una época en particular. De este modo subjetividad, identidad y deseo se integran a la historia como construcciones permeables que pueden experimentar sus resistencias y sus evoluciones (Butler, *Gender Trouble* 29). Mi comentario de los textos de Sor Juana se ha detenido precisamente en la reconfiguración de una subjetividad intelectual femenina que intenta re-articularse como culturalmente inteligible a partir de los gestos semánticos y sintácticos de la escritura poética, autobiográfica y epistolar. En los poemas he observado cómo se traza otro ideal de belleza femenina, que comienza con la constitución de una dama entre cuyos atributos se encuentra la capacidad intelectual y culmina con una condensación semántica que construye el cuerpo femenino a partir de un lenguaje pedagógico y educativo. Por otro lado, en el *Primero sueño* y la *Respuesta a Sor Filotea* se construye un sujeto desdoblado que articula su dimensión intelectual como actividad íntimamente vinculada al cuerpo, en la medida en que se propone una transformación de la manera en que social y culturalmente se ha leído lo femenino como contradictorio con la actividad epistemológica. Ambos textos construyen un nuevo tipo de subjetividad femenina que aspira a ser culturalmente inteligible una vez que se demuestra cómo el género sexual es accesorio, y no esencial, en la capacidad para adquirir y producir un conocimiento. En la "Carta de Monterrey", por otra parte, Sor Juana reflexiona sobre el poder regulador de una comunidad religiosa y secular, interpretando el chisme o el escándalo como modos de reprimir la existencia pública de la mujer artista e intelectual. El poder de esa comunidad va desde el control del acceso al estudio o a la fama pública hasta la regulación de un detalle tan mínimo como la letra, pues se supone que el sujeto responda a las expectativas de lo que se entiende culturalmente como femenino.

En ninguno de los casos que examino parece sugerirse que el sujeto femenino ocupe un lugar privilegiado en el campo del saber. En este sentido Sor Juana no se ubica en una articulación específicamente feminista, por cuanto no contempla la posibilidad de un saber femenino superior, o más orgánico, que el saber teológico-epistemológico hegemónico al que se busca acceder. Lo que sus textos trabajan es una reconfiguración de la concepción del sujeto epistemológico, aduciendo que la posición sexual es significativa en la posibilidad de adquisición de un conocimiento, pero no es por ello constitutiva de un campo de saber independiente. Del mismo modo, el cuerpo se incluye como otra instancia crucial en el proceso cognoscitivo y no como reducto más legítimo de un saber alternativo, ya sea femenino o subalterno.

Esta reconfiguración del sujeto cognoscitivo ocurre en un momento coyuntural, puesto que con la emergencia de un nuevo paradigma epistemológico parece surgir un espacio desde el cual se hace posible repensar las categorías de subjetivación a partir de las cuales se delimita la práctica institucional del saber. No se trata de que Sor Juana cuestione el sujeto cartesiano justo en la coyuntura de su emergencia —cuestionamiento que por otro lado es un tanto difícil, dada la difusión desigual y asimétrica del nuevo paradigma científico en la Nueva España— sino que parecería que en la coyuntura de la crisis de un paradigma y la emergencia de otro se posibilitan unas interrogantes que exploran modos alternos de concebir el saber y el sujeto que lo articula. Sin embargo, también es importante observar los vínculos que este sistema representativo mantiene con otras prácticas de identificación sexual que inciden específicamente en la constitución de la mujer intelectual en cuanto sujeto social. Esto es precisamente lo que guía mi trabajo con el teatro secular de Sor Juana, y es el tema que me ocupa en el siguiente capítulo.

Capítulo III

Sociedad colonial y *performance* femenino: representaciones de la subjetividad intelectual femenina en el teatro secular de Sor Juana

> It is in the circumstances of cultural speech that our particular formation, inheritance, memory and language are re-membered, temporarily rendered whole and authorised. It is in that time that our identities are performed, and that the only authenticity available to us is realised (118).
> —Iain Chambers, *Migrancy, Culture, Identity*.

1. El teatro y la constitución de un agente femenino

Al leer el teatro de Sor Juana llaman la atención dos aspectos: (1) la inversión en el rol que las mujeres desempeñan en el enredo de la trama (Merrim 99); (2) y la construcción que se hace en algunas de sus obras de un sujeto femenino intelectual. Las obras dramáticas de Sor Juana presentan una elaboración peculiar que se aparta de los modelos tradicionales del Siglo de Oro español en cuanto a la representación de la mujer "docta".[1] Por otro lado, el teatro como género permite la articulación de un nuevo modelo de sujeto femenino, que no sólo es agente en el proceso de satisfacer su deseo sexual e intelectual, sino que a su vez establece un vínculo con un nuevo tipo de sujeto masculino que opera a partir del respeto. Es así como Sor Juana propone desde el teatro una transformación gradual del espacio que le corresponde a la mujer en el entramado social y cultural.

La lectura del teatro también nos mueve a otra preocupación muy particular: aquélla que vincula las representaciones dramáticas con el contexto social en que estas producciones se generan. Dada su específica función representativa en un circuito masivo a nivel social, se podría proponer el teatro secular como una de las "tecnologías" definitorias de identidades sexuales, raciales y públicas de la sociedad colonial:

---

[1] Para contextualizar la obra de Sor Juana en el campo teatral colonial, ver Suárez Radillo, "Visión panorámica del teatro barroco virreinal como expresión del mestizaje hispano-americano", Hugo Gutiérrez Vega, "Sor Juana y el barroco mexicano", Julie Greer Johnson, "The feminine perspective", Giuseppe Bellini, "El teatro criollo: Fernán González de Eslava. Juan Ruiz de Alarcón. Sor Juana Inés de la Cruz" y el libro de Marina Gálvez Acero, *El teatro hispanoamericano*. Por su parte, Hilburg Schilling, en su artículo "El programa completo de un festejo barroco a cargo de Sor Juana Inés de la Cruz" afirma que no ve en el teatro de Sor Juana ningún rasgo que no le parezca derivado del teatro peninsular. Estos textos resultan interesantes porque Sor Juana alude al carácter secundario de su teatro frente al modelo dramático peninsular en algunos de sus sainetes y en la loa al *Divino Narciso*, dando a entender que estaba consciente de la necesidad de incorporar sus obras dramáticas a una tradición metropolitana.

The construction of gender goes on today through the various technologies of gender (e.g. cinema) and institutional theories (e. g. theory) with power to control the field of social meaning and thus produce, promote, and 'implant' representations of gender. But the terms of a different construction of gender also exist, in the margins of hegemonic discourses. Posed from outside the heterosexual social contract, and inscribed in micropolitical practices, these terms can also have a part in the construction of gender, and their effects are rather at the 'local' level of resistances, in subjectivity and self-representation (de Lauretis, *Technologies of gender* 18).[2]

En el siglo XVII el teatro viene a ser el equivalente al cine, y allí la epistemología y la religión funcionaban como dos de los campos institucionales y teóricos donde se conformaba una determinada noción de género e identidad sexual. Lo interesante, sin embargo, es que Sor Juana se vale de un medio de representación capaz de apelar a un público masivo —aunque dirigido especialmente a la corte y a las élites metropolitanas y virreinales— para proponer inflexiones particulares de los discursos hegemónicos que maneja.

Sin embargo, para poder analizar cómo se transforma esta identidad social de la mujer en la época colonial es necesario tomar en cuenta los estudios de Josefina Muriel, Asunción Lavrin y Elizabeth Anne Kuznesof, para ubicar el género sexual como condición específica en el contexto colonial novohispano. Del mismo modo que sujeto y saber se conciben como construcciones espacio-temporales, hay que manejar el género sexual como una categoría histórica que interactúa con un entramado social particular. En este proceso contextualizador del género sexual resultará crucial la lectura de las obras teatrales de Sor Juana, como dramatizaciones de una redefinición particular de la subjetividad femenina en el periódo colonial.

Propongo, entonces, una lectura de *Los empeños de una casa* como espacio en el que se postula un agente epistemológico femenino, y en donde se trabaja el problema de la representación como instancia mediadora en la articulación y difusión de estos saberes parciales. A lo largo de mi lectura integraré comentarios breves sobre paralelismos con otras dos obras de teatro atribuidas a Sor Juana, y que tratan este tema de un modo más lateral: *Amor es más laberinto* y *La segunda Celestina*.[3]

---

[2] Lauretis limita su análisis de la constitución de la subjetividad al concepto de *"gender"*. Amplío su propuesta para incluir otras dimensiones de la identidad como la raza y la posición social, porque son elementos que aparecen vinculados a los personajes femeninos de Sor Juana que estudio aquí.

[3] Mi comentario deja un tanto de lado estas otras dos obras teatrales por razones muy específicas. En el caso de *Amor es más laberinto* se sabe que se trata de una obra

Mi lectura también restablece un diálogo muy específico entre la escritura de Sor Juana y los modelos teatrales del Siglo de Oro metropolitano. Aunque no es mi interés trazar un circuito de influencias entre el teatro español del Siglo de Oro y la producción de Sor Juana, sí me parece importante señalar cómo Sor Juana se apropia de una serie de temas y estrategias teatrales para constituir su particular versión de la subjetividad intelectual femenina en su obra. Es por ello que en algunos casos apuntaré brevemente la relación que guarda la representación de la subjetividad femenina con el teatro de Lope de Vega, señalando su relación con tres obras: *La dama boba, El perro del hortelano* y *La vengadora de las mujeres*. La selección de estas tres obras se debe a que en las mismas se trabaja la dimensión del sujeto-agente femenino junto con el sujeto intelectual femenino, que son los dos aspectos que guían mi lectura de *Los empeños de una casa*.

Por otro lado, y regresando a la escritura de Sor Juana, Flynn ha señalado que su obra dramática se caracteriza por una insistencia significativa en el problema de la constitución del sujeto, conflicto que se elabora por medio de una estrategia muy utilizada por el teatro del Siglo de Oro: la "confusión de identidades" (*Sor Juana Inés de la Cruz* 51). Es desde este contexto particular del teatro que se propone un nuevo modelo de subjetividad femenina que, como veremos más adelante, redunda también en un nuevo modelo de subjetividad masculina en el discurso del amor cortés.[4] Lo que llama la atención es, entonces, que Sor Juana recurre

---

escrita a dos manos con el Licenciado Don Juan de Guevara. Sor Juana escribió el primer y tercer acto de la obra y en la misma se repiten algunos de los temas y oposiciones a partir de los cuales se constituye el sujeto femenino en *Los empeños de una casa*. Se cree que *La segunda Celestina* fue comenzada por Agustín de Salazar y Torres y concluida por Sor Juana. Se supone que Sor Juana escribió todo el tercer acto de esta obra. Otros estudiosos ponen en duda la autoría de Sor Juana en esta segunda obra. Para más información sobre este debate se puede consultar a Sabat-Rivers, "Los problemas de *La segunda Celestina*", y la introducción a la obra editada por Guillermo Schmidhuber de la Mora, titulada "*La Segunda Celestina*, búsqueda y hallazgo de una comedia perdida". Sin embargo, no es precisamente el problema de la doble autoría lo que limita mi comentario sino la temática misma de las obras, que no se centra en el tipo de sujeto femenino intelectual que estoy estudiando.

[4] Utilizo la noción de "amor cortés" como una tradición literaria que representa el amor heterosexual a partir de una serie de convenciones cortesanas. De acuerdo a este tipo de discurso, la mujer es el bien supremo, y su belleza ennoblece al amante que la desea. La amada es una figura representada como objeto del deseo masculino que trasciende los vínculos matrimoniales y que mantiene el decoro social a partir de la observación de ciertas medidas de discreción y respeto. Se han señalado tres elementos básicos que unifican una poética tan heterogénea como la de Petrarca, Bernart de Ventadorn, Chrétien de Troyes, Chaucer, Cavalcanti, Dante y Ronsard, por mencionar algunos de los escritores más conocidos de este género. Estos tres

a una estrategia de uso generalizado para reflexionar sobre el lugar social y performativo que ocupa la mujer dentro de las prácticas amorosas, pero también intelectuales, de la colonia. De este modo estrategias que casi parecen definir un género más amplio como el teatro del Siglo de Oro metropolitano, se refuncionalizan en el trabajo escriturario de Sor Juana para deternerse en otro tema fundamental de la época que ha sido estudiado por Melveena McKendrick en el caso de España: el de la mujer docta y su capacidad agencial.[5]

En el teatro de Sor Juana las identidades se multiplican, se desdoblan y desestabilizan para jugar con los roles socialmente asignados a estos sujetos especialmente por su género sexual. De este modo se constituye en el texto la entrada de la mujer en el discurso, para postular una noción de sujeto femenino contestataria, que resiste al orden patriarcal precisamente al postular esta subjetividad múltiple, plural, fragmentaria, que no se puede contener fácilmente en las redes de control institucional como lo son la Iglesia, la educación moral y las leyes del matrimonio. El género sexual se revela en las obras teatrales no como una categoría esencial del sujeto, sino como lo que Sally Robinson denomina como parte de la constitución social y cultural de la subjetividad femenina: "The mechanisms of that marking [—gender—] are the means by which one becomes a woman: bodies sexed female are produced as 'women' by their placement in systems of signification and social practice" (1). El género sexual se convierte entonces, en un sistema de significados que supera la mera condición natural de diferenciación fisiológica, y que en las obras teatrales se articula como un elemento performativo. De este modo identidad sexual, lenguaje y acción se entrelazan en el texto teatral para incorporar el saber femenino a la esfera social que lo rodea.

2. La mujer en la sociedad colonial novohispana

Comencemos, pues, considerando los modos en que se valorizaba esta categoría del género sexual en el contexto colonial novohispano. La mujer jugaba un rol muy importante en procesos de movilización social y mestizaje

---

elementos son: "the conception of love as desire, the ennobling force of love, and the cult of the beloved" (Preminger et. al. 157). Lo interesante de las obras de Sor Juana es que se refuncionaliza este discurso a partir de un deseo femenino que no excluye una inquietud intelectual por parte de la mujer, quien ahora también se comporta como amante que lucha por conseguir la unión con el amado deseado. Esta inversión del deseo opera, por lo tanto, una transformación en el ideal del hombre amado que se representa en sus obras teatrales.

[5] Me refiero a su libro *Woman and Society in the Spanish Drama of the Golden Age. A Study of the mujer varonil*. Más adelante regreso a este tema y resumo los hallazgos de su investigación sobre el teatro de Lope, Quevedo y Tirso, principalmente.

en la sociedad colonial (Kuznesof 263). Sin embrago, las mujeres tendían a identificarse más por su procedencia de casta, raza, profesión o estamento que por su condición de género sexual *per se* (Socolow 17). En este sentido la articulación de un sujeto-agente femenino en las obras de Sor Juana se limita en ocasiones a un cierto sector hegemónico en la sociedad colonial, donde la mujer desempeña un rol significativo en procesos de consolidación social:

> Here it is seen that whether speaking of the roles of hacendados, merchants, or bureaucrats, women were crucial to consolidating and transmitting economic enterprises and maintaining social networks. As marital partners, in-laws, and godmothers, women possesed property and contacts which made association with them a source of well-being and mobility (Hoberman 319).

Es por ello que algunos colonialistas se han resistido a estudiar el género sexual como categoría que funcionaba aisladamente dentro del contexto de la sociedad novohispana del siglo XVII. Sin embargo, otros estudios demuestran que el género sexual operó como una categoría a partir de la cual se oprimió a diversos grupos sociales:

> The gender ideology operative in Latin America at this time effectively marginalized large proportions of the population — including for the most part ex-slaves, racially-mixed populations, poor and non-virtuous women, and the "illegitimate" — in terms of legal rights to protection and property, and often even the right to their own children (Kuznesof 269).

En el caso particular de la sociedad colonial novohispana, la mujer tenía una vida muy regulada por leyes sociales que, sin embargo, se observaban de una manera muy desigual. Josefina Muriel ha estudiado detalladamente las diversas opciones educativas y profesionales de las mujeres en la Nueva España y ha concluido que el espacio agencial y social de la mujer no era tan limitado como originalmente se pensaba (*Las mujeres en Hispanoamérica* 120-29).[6] Las mujeres trabajaban en el campo y en la casa —haciendo labores agrícolas y textiles— y a veces hasta continuaban los

---

[6] Josefina Muriel ha llevado a cabo numerosos estudios sobre la vida de la mujer en la Colonia y en especial sobre la educación y la vida en los conventos. Para más información sobre este tema se pueden consultar sus libros *Las mujeres de hispanoamérica: época colonial*, *Conventos de monjas en la Nueva España*, *Cultura femenina novohispana* y *Los recogimientos de mujeres: respuesta a una problemática social novohispana*. También han estudiado este tema de la educación femenina Guillermo Furlong en su libro *La cultura femenina de la época colonial* y Noemí Quezada en *Sexualidad, amor y erotismo: México prehispánico y México colonial*.

negocios establecidos por sus maridos una vez enviudaban (*Las mujeres en Hispanoamérica* 126). Si bien es cierto que la educación de la mujer era más limitada que la del hombre, también es cierto que algunas mujeres acompañaron a sus maridos en la fundación de imprentas y luego continuaron en el negocio de producción y difusión de libros una vez sus maridos habían muerto. En ese sentido se puede decir que algunas mujeres tuvieron acceso a los textos que circulaban en la Nueva España por concepto de su trabajo, aunque no necesariamente por su acceso a un amplio acervo educativo.

Por otro lado, Asunción Lavrin y Ann Twinam han estudiado cómo se distanciaba el comportamiento individual femenino de las leyes y normas sociales que prescribían un cierto ideal:

> The honor code emphasized control of female sexuality through virginity and marital faithfulness. However, Spanish American elite women could be not only "in control" and "out of control," but also somewhere "in between." [...] Two distinct and, at times, complementary tactics permitted such flexibility. One was the socially recognized dichotomy between private reality and public reputation. [...] A second, and not mutually exclusive, option for some women was eventual marriage to their lovers. [...] As in the case of race, where Latin society consciously distinguished a complex range of colors, so too in sexual relationships society recognized varying degrees of illicit activity (Twinam 148-9).

Lavrin y Muriel también han estudiado la vida en los conventos de monjas y han señalado cómo estas instituciones eran generalmente "un pequeño pueblo con [...] monjas, criadas, esclavas y niñas educandas" (Muriel, *Las mujeres en Hispanoamérica* 134). Lavrin ha destacado cómo estas instituciones gozaban de un marcado poder financiero, derivado de las rentas que devengaban por ciertas propiedades que poseían y por medio de los préstamos que tramitaban entre sectores hegemónicos de la sociedad colonial ("Female religious" 165). Por lo tanto las mujeres tenían, a través de la vida conventual, la posibilidad de establecer una vida bastante independiente a nivel económico y educativo, aunque ello implicase una mayor regulación de su movilidad física y su libertad sexual. Esta independencia era, por lo tanto relativa, pues es importante recordar que los monasterios y conventos estaban sometidos a la autoridad de una jerarquía religiosa masculina que controlaba específicamente el acceso de las religiosas a los espacios educativos y sociales públicos (Lavrin, "Female religious" 191).[7]

---

[7] Ya me he referido a este asunto en el Capítulo I. Resumo allí la bibliografía pertinente para los estudios sobre este tema.

Dada la posición intersticial que ocupaba la mujer en el espacio público, se puede leer el teatro secular de Sor Juana como una propuesta de modelos alternativos de conducta para una subjetividad intelectual femenina que convive en una sociedad colonial. Pasaré, pues, al comentario del teatro de Sor Juana, con énfasis especial en *Los empeños de una casa*, para ver cómo se rearticula la identidad intelectual femenina a partir de uno de los valores sociales fundamentales de la época: el honor.

3. Teatro secular y *performance* de una subjetividad femenina intelectual

Es precisamente en este contexto colonial novohispano que se puede inscribir la lectura que propongo del teatro de Sor Juana, como trabajo textual que articula nuevos modos de comprender socialmente lo femenino en ciertos sectores hegemónicos. Merrim, en su ensayo "*Mores Geometricae*: The 'Womanscript' in the Theater of Sor Juana Inés de la Cruz", ha realizado una lectura del teatro de Sor Juana a partir del rol de agente de la mujer en la trama, y de su desdoblamiento en las categorías de ángel y monstruo que resulta muy iluminadora. En este estudio propone que sólo la mujer transgresora que reconoce su error y se arrepiente puede obtener el objeto deseado como premio a su re-inscripción en el orden social patriarcal (106). La mujer-monstruo, que se presenta como un agente creativo y atrevido, es castigada al final de la obra precisamente porque no se arrepiente de su transgresión. Esta lectura parece contradecir uno de los temas fundamentales en la obra de Sor Juana: el atrevimiento y la transgresión presentados en el *Primero sueño* como formas efectivas de obtener un saber femenino dentro del sistema patriarcal. Es por ello que propongo una lectura complementaria, en donde es precisamente el ejercicio de una interpretación diferenciada de los códigos patriarcales del amor cortés, lo que explicaría la oposición entre personajes como doña Ana y doña Leonor. Lo que distinguiría a esta pareja de mujeres sería, no su arrepentimiento o aceptación de los códigos del honor y del amor cortés, sino precisamente, su lectura a contrapelo de este discurso que produce un nuevo espacio para las relaciones entre el hombre y la mujer en la sociedad estamental y patriarcal de la época. Mi apreciación de la transformación en los valores de la relación inter-subjetiva en la obra es afín a la propuesta por Jean Franco en su ensayo "Las finezas de Sor Juana":

> Sor Juana equipara el código de honra con el interés paterno y opone al contrato patriarcal los valores del amor y del respeto mutuo. Su tema no es la protección de la honra sino la conducta meritoria de los dos amantes en contraste con las manipulaciones de la celosa Ana, del violento don Juan y del hombre rico, don Pedro. El tema tiene por motivo el conflicto

entre el interés y el libre arbitrio, entre el desorden causado por los celos y el verdadero respeto al otro (251).[8]

Sin embargo, parecería que además de ser una postulación de un modelo diferente de subjetividad, en la obra predomina el ejercicio activo y performativo de la re-interpretación de una serie de códigos sociales, que es lo que opera más tarde la transformación de los personajes en escena. El público asiste en la obra al proceso de constitución de estas nuevas subjetividades modélicas, que como bien apunta Franco, interactúan a partir del mutuo respeto y no del deseo que niega al otro para afirmarse ("Las finezas de Sor Juana" 250).

Veamos ahora cómo se construye este sujeto-agente femenino e intelectual en la obra. En *Los empeños de una casa* se representan tres instancias de subjetividad femenina que me interesa comentar: (1) Leonor, (2) doña Ana y (3) Castaño cuando se disfraza de mujer. Cada uno de estos personajes elabora diversos aspectos de la subjetividad femenina que se complementan. El primer caso, de doña Leonor, representa a la mujer hermosa y docta, que aunque proviene de familia noble, carece de riquezas:

> Yo nací noble; éste fue
> de mi mal el primer paso,
> que no es pequeña desdicha
> nacer un noble desdichado:
> [...]
> Inclinéme a los estudios
> desde mis primeros años
> con tan ardientes desvelos,
> con tan ansiosos cuidados,
> que reduje a tiempo breve
> fatigas de mucho espacio.
> Conmuté el tiempo, industriosa,
> a lo intenso del trabajo,
> de modo que en breve tiempo
> era admirable blanco
> de todas las atenciones,

---

[8] Esta tesis de Jean Franco ha sido estudiada y aceptada por la crítica más reciente de la obra de Sor Juana. De ahí que existan actualmente una serie de estudios afines que exploran las consecuencias de este nuevo modelo social femenino, como por ejemplo el libro *Borrones y borradores. Reflexiones sobre el ejercicio de la escritura (ensayos de literatura colonial, de Bernal Díaz del Castillo a Sor Juana)* de Margo Glantz y el artículo de Viviana Díaz Balsera, "*Los empeños de una casa*: el sujeto colonial y las burlas al honor". Mi estudio parte de la propuesta de Franco y explora las consecuencias de ese nuevo modelo femenino en la postulación de un sujeto-agente femenino intelectual.

> de tal modo que llegaron
> *a venerar como infuso*
> *lo que fue adquirido lauro* (OC, IV, 36-37, énfasis mío).

En este fragmento es que Leonor se describe como mujer "docta" que ha encontrado en los estudios el espacio que no tiene en la sociedad debido a su falta de riquezas. También es interesante notar cómo esta parte de la obra juega con elementos de la autobiografía y la autorrepresentación, pues la alusión a elementos conocidos de la vida de Sor Juana crean una suerte de relación especular entre el personaje de Leonor y el sujeto que construye el texto teatral.[9] Lo distintivo de este contacto especular es más bien su relación con el proceso de la auto-representación, según lo ha estudiado Sylvia Carullo en su ensayo "El autorretrato en Sor Juana".[10] Según Carullo "en sus autorrepresentaciones, la intención de la escritora es defender su libertad contra los moldes que impone la sociedad novohispánica y rebelarse contra ellos" (91). La auto-representación implica una reflexión sobre la subjetividad —que no escapa, por otro lado, a la mediación de la representación misma— pero en la que se seleccionan una serie de elementos significativos que se construyen discursivamente para un público. De ahí que en la auto-representación hay una articulación simultánea de un sujeto individual y un sujeto histórico-social en un mismo personaje. Lo que llamaría la atención de este auto-retrato de Sor Juana es que en *Los empeños* se construye una imagen del sujeto en un contexto performativo, o desde una narrativa que moviliza los elementos con los que se articula la identidad. De ahí que Carullo defina esta parte de la obra en que Leonor habla de sí misma como una suerte de autobiografía ficcional —puesto que se articulan unas acciones y rasgos en el tiempo— y lo distinga del auto-retrato que describe "rasgos, sentimientos, virtudes, estados de ánimo o actividades en un momento fijo" (94).

Sin embargo, no me interesa trazar esta relación especular entre Leonor y la posición autorial sino más bien observar cómo a través de Leonor se constituye lo que Margo Glantz denomina como un nuevo ideal de belleza en la mujer, que integra lo intelectual como atributo femenino y desplaza lo físico como parte de lo que tradicionalmente predomina en la articulación literaria y cultural del deseo por la mujer:

---

[9] Margo Glantz desarrolla una interesante reflexión sobre la relación entre autobiografía, subjetividad nueva y escritura en su libro *Sor Juana Inés de la Cruz: ¿hagiografía o autobiografía?* Según Glantz la escritura de Sor Juana trabaja con esa tensión entre individualidad y escritura en textos como *Los empeños de una casa* y su *Respuesta a Sor Filotea*.
[10] Sigo muy de cerca el argumento de Sylvia Carullo en lo que resta de este párrafo.

Aceptar de entrada que es bella, sin verbalizar la descripción de su belleza, es reiterar que lo que a ella le interesa es el conocimiento y ensalzar el tipo de mujer que representa Leonor, de la cual sólo puede enamorarse Carlos. [...] Amar a una mujer depende sobre todo de su inserción en el ideal de belleza física propuesta por el arquetipo. Que sea inteligente, además de bella, causa el colmo del asombro [...] (*Borrones* 167).

Esta mujer intelectual no es exclusiva de la obra teatral de Sor Juana. Melveena McKendrick ha estudiado el desarrollo de este tema en el teatro de Siglo de Oro español y ha concluido que tanto Lope de Vega como Tirso representan a la mujer docta en sus obras, aunque con propósitos muy diferentes. Tirso representa a mujeres doctas que entran en la práctica intelectual por una ambición individual de obtener un saber, y no como estrategia para lograr un matrimonio en particular, como ocurre en las obras de Lope (Mckendrick 237). En este sentido, para Tirso la carrera intelectual, y el desarrollo de las capacidades racionales femeninas obedecen a una agenda individual que no se subordina al rol sexual y matrimonial que define tradicionalmente el lugar de la mujer en la sociedad de la época.

Por otro lado, Lope de Vega trabaja con este tema de la mujer intelectual en *La dama boba* y en *La vengadora de las mujeres*. En estas dos obras Nise, Finea y Laura son mujeres que han tenido acceso a los estudios, y por ello se presentan como peligrosas, pues la mujer docta no quiere someterse a la autoridad de un marido: "No son gracias de marido/ sonetos: Nise es tentada/ de académica endiosada,/ y a casa los ha traído. / ¿Quien la mete a una mujer/ con Petrarca y Garcilaso,/ siendo su Virgilio y Taso,/ hilar, labrar y coser?" (*La dama boba* 77). Aunque el acceso de Finea a los estudios es bastante limitado —en la obra sólo se dice que aprende a leer— lo importante es que la obra equipara cualquier tipo de saber femenino con una astucia que deconstruye las prácticas del poder patriarcal. El mero acceso a la lectura le permite a Finea convertirse en la figura que manipula al padre y a sus pretendientes para lograr una unión matrimonial con el hombre que ella desea. En esta obra también se mantiene el vínculo que ha señalado McKendrick entre saber femenino y aspiración amorosa matrimonial (237), pues el conocimiento de Finea no le sirve para un desarrollo individual, sino que aparece en función de su rol de casamentera en la obra. Una vez Finea logra el matrimonio deseado, pasa a ocupar un lugar tradicional en el orden paternal y patriarcal. Igual es el caso en *La vengadora de las mujeres*, pues Laura se resiste a casarse después de haber leído los libros que escriben los hombres sobre las mujeres: "De ser dueños de la pluma/ De cualquiera acción que hacen./ Por ellas no hay Roma ó Grecia/ Ni Troya que no se abrase:/ [...] De todo tienen la culpa;/ y los hombres, inculpables,/ son los santos, son los buenos/ y los que todo lo saben./ Concebí tal ánsia en mí/ Que propuse, por vengarme,/ De no querer bien á alguno/ ni permitir que me hablen;/ y dándome a los estudios,/ quedar suficiente y hábil/ para escribir faltas suyas;/ que algunas en ellos caben;/ que ni ellos son todos buenos/ ni ellas todas malas salen" (923). En esta segunda obra Lisardo propone el "disfraz" y la "industria" (926) como el único modo de vencer a la mujer docta, que una vez se enamora deja de resistir a los hombres y se integra a la red social por la vía del matrimonio. Por lo tanto, Lope previene en sus obras contra la mujer docta como figura que debe ser dominada por el orden social patriarcal de la época: "Intelligence is aceptable, perhaps even desirable, as long as it is not assertive and as long as it does not give a woman wrong ideas about her role in life [...] The potential danger she and her kind represent for the married state, however, is clearly in Lope's mind" (McKendrick 224).

Por su parte, Sor Juana también trabaja el vínculo específico entre el sujeto intelectual femenino y su entrada al circuito matrimonial, pero desde una perspectiva diferente. Esta oposición que elabora Lope entre esposa y mujer docta no está presente en *Los empeños de una casa*, pues es precisamente este saber lo que hace a Leonor "interpretar" de un modo diferente el orden patriarcal y el código del amor cortés para resistir las trampas de doña Ana y don Pedro y lograr un matrimonio donde se asignan roles sexuales un tanto diferentes. En *Los empeños* la mujer docta es capaz de resistir las convenciones sociales e incluso la voluntad del padre en asuntos de matrimonio. En este sentido se puede decir que esta obra teatral de Sor Juana trabaja una variación del tema lopesco, pues nunca se llega a proponer una figura femenina que se distancie del matrimonio y la vida doméstica para obtener una carrera intelectual, como lo propone Tirso en *El amor médico*.[11] Sin embargo, los personajes casamenteros de Sor Juana siguen proponiendo unas ciertas rupturas con el orden patriarcal aunque se hayan integrado al circuito matrimonial.

Como apunta Merrim, tanto doña Leonor como doña Ana transgreden el orden social: una accediendo al conocimiento —el "adquirido lauro"— y escapando con don Carlos de la casa de su padre, y la otra tramando la intriga en el interior de la casa de su hermano don Pedro para lograr el amor de don Carlos (106).[12] Lo importante en ambas figuras femeninas es

---

[11] Y que sin embargo es un tema central en su narración autobiográfica en la *Respuesta a sor Filotea*. Parecería que sor Juana separa la escritura privada —más transgresora de un orden patriarcal— y las representaciones dedicadas a un público masivo, donde el sujeto femenino negocia una nueva identidad intelectual frente a otras construcciones culturales patriarcales fundamentadas en el control de la sexualidad femenina, de su acceso a las prácticas y espacios públicos, y del desarrollo de una capacidad intelectual independiente.
[12] En este sentido Ana y Leonor forman parte de las estructuras paralelas a partir de las cuales se monta la obra de Sor Juana. Vern Williamsen ha estudiado las comedias de Sor Juana para señalar un patrón simétrico que organiza la trama de estas obras. Esta simetría se articula a partir de una serie de oposiciones binarias entre confusión/

su rol de agentes en la trama: tanto doña Leonor como doña Ana han transgredido el orden patriarcal para alcanzar el amor de don Carlos.[13] Aunque es cierto que doña Ana aparece como la que controla una parte importante de la trama, también es cierto que doña Leonor ha planificado su huida con don Carlos, que es lo que provoca la intervención de Pedro y Ana. Ambas mujeres tienen un plan que fracasa, y que las convierte en sujetos relativamente pasivos una vez intervienen los hombres al final de la obra para arreglar definitivamente sus matrimonios. No hay, pues, en estas protagonistas un control absoluto de la trama, que en ocasiones las sobrepasa, las desplaza, o las ubica en un espacio parcial y vulnerable. En la escena final son don Rodrigo y don Pedro quienes arreglan los matrimonios sin que doña Ana pueda intervenir para favorecer su plan. En ese mismo momento es que doña Leonor —tapada por un manto y confundida con doña Ana— toma la decisión definitiva de revelar su identidad para lograr casarse con don Carlos: "(Descúbrese doña Leonor)/ Tente, Carlos, que yo quedo/de más, y seré tu esposa: /que aunque me hiciste desprecios,/soy yo de tal condición/que más te estimo por ellos" (OC, IV, 171).

Por lo tanto, parecería que no es el arrepentimiento de doña Leonor el elemento clave para el logro de su casamiento con don Carlos. Aunque es evidente que doña Leonor está más dispuesta a aceptar su responsabilidad en la pérdida de su honor, también es cierto que ésta nunca abandona su empeño de casarse con don Carlos y evitar el matrimonio arreglado con don Pedro. Por lo tanto, Leonor no se deja vencer por las fuerzas que resisten sus planes originales, y al final de la obra se enfrenta a don Pedro, doña Ana, su padre y hasta don Carlos para lograr el deseado casamiento con su amante.

Una articulación similar del sujeto-agente femenino se puede encontrar en *Amor es más laberinto* y *La segunda Celestina*. En *Amor es más laberinto* son precisamente Fedra y Ariadna quienes urden una trama detrás de la autoridad del rey, su padre, para salvar la vida a Teseo (Ariadna) y lograr casarse con él (Fedra). La obra vuelve, sin embargo, a oponer a una pareja de mujeres que desean al mismo hombre. Ariadna, que es la que desde el principio lleva su deseo a la acción al inventar el modo de que Teseo salga con vida del laberinto del Minotauro, se opone a Fedra, quien desea a Teseo

---

orden y oscuridad/luz, donde el regreso al orden ocurre cuando Carlos lleva a Leonor con su padre. Para más información sobre los paralelismos y simetrías en esta obra ver "La simetría bilateral de las comedias de Sor Juana Inés".

[13] George Lemus ha comparado *Los empeños de un acaso* de Calderón con *Los empeños de una casa* de Sor Juana y ha encontrado que una de las diferencias más significativas entre ambas obras es la presencia de los personajes femeninos que "sostienen la acción y son mujeres fuertes que determinan el movimiento de los personajes masculinos" (22).

pero no se atreve a romper el código de conducta femenino hasta el final de la obra:

> Digo, Teseo,
> que mi vergüenza deudora
> te queda de la atención;
> pues cuando son tan notorias
> las razones que me obligan
> a que la fuga disponga,
> y casi me forzaran
> a decírtelo animosa,
> con decirlo tú me excusas
> el que yo te lo proponga;
> [...] pues para ostentar heroica
> de amante, conceder basta,
> porque proponer es cosa
> en que se aja la hermosura
> o el respeto se abandona.
> [...]que el decoro de las damas
> tiene tantas ceremonias,
> que para cumplir con ellas
> sin agraviarse a sí propia,
> ha menester una dama,
> aun cuando amante se nombra,
> dar a entender que se vence
> mas no mostrar que se postra (OC, IV, 325).

Es precisamente el deseo de las dos hermanas el que rige la acción de la obra, que culmina con el casamiento de Fedra y Teseo. Ariadna parece fracasar en su intento porque no manipula adecuadamente el código de conducta sexual y social, ya que rompe abiertamente con las convenciones de la época. Fedra por su parte mantiene las apariencias, aunque en el fondo también manipula y transgrede las "ceremonias" contradictorias y estrictas que rigen la conducta de la dama. Al mismo tiempo, Fedra logra expresar una crítica a la definición de géneros sexuales en la sociedad de la época, pues en este pasaje que acabo de citar ella manifiesta lo que quiere, aunque dice que no puede enunciarlo decorosamente. Releyendo *Los empeños* en conjunto con *Amor es más laberinto* parecería que en ambas obras se propone un sujeto-agente femenino que negocia un nuevo espacio sin violentar tajantemente las apariencias sociales.[14] En más de un sentido,

---

[14] Otro gesto de negociación paralelo en la obra se tematiza espacialmente. Como ha señalado Aurelio González esta obra ocurre en el recinto cerrado (privado) de la casa de Don Pedro, que sin embargo se convierte en un espacio de desorden y transgresión asociado tradicionalmente con el espacio público de la calle. En este sentido la casa pasa a ser el escenario "laberíntico" donde se confunden y renegocian

estas mujeres se valen de la retórica del silencio tan importante en la *Respuesta a Sor Filotea*, porque son elocuentes en sus críticas, aunque las articulan muchas veces fuera del lenguaje explícito. En este contexto el uso del teatro como género es crucial, pues permite otros modos de manifestación no verbales, que se constituyen en una práctica femenina que subvierte la acción y el orden social vigente representado en la pieza.

En *La segunda Celestina* la acción es dominada por doña Ana, doña Beatriz y la Celestina, personajes que recurren al artificio y al engaño para manipular los códigos sociales que las reprimen.[15] El personaje central es la Celestina, quien utiliza las trampas, las mentiras y la apariencia de que es hechicera para controlar los deseos y obtener las riquezas de los miembros de la clase noble: "Mas yo inventé una quimera,/ que es la que más me ha valido; / y es, que yo misma he fingido,/ que soy tan grande hechicera,/ que sé el punto donde estriba/ la fortuna y que comprendo/ la astrología, mintiendo/ aun de las tejas arriba" (OC, 64). La Celestina de la obra logra construirse una identidad social basada en un saber alternativo y sobrenatural —la hechicería— que le da cierto control sobre discursos oficiales y hegemónicos que regulan la sexualidad y el deseo femeninos. De este modo la obra construye un sujeto femenino que parte de un saber supuestamente marginal como estrategia que le permite acceder y manipular el control paternal y patriarcal del deseo femenino que incide sobre las decisiones y prácticas sociales del matrimonio entre los sectores nobles de la sociedad. A partir de sus invenciones es que se va enredando y desenredando la trama de amores en la obra, pues los galanes y el padre de doña Ana terminan siendo meras marionetas de las mentiras que inventa la Celestina. Aunque ninguna de las mujeres se presenta como intelectual o docta, sí es notable que en un breve momento ocurre la condensación

---

lugares sociales e identidades en un grupo de personas que se encuentran casi todas "fuera de su lugar" (272-3). Para un análisis más detallado del espacio de la casa en la obra ver el ensayo de González titulado "El espacio teatral en *Los empeños de una casa*" que se incluye en la antología editada por Sara Poot Herrera, *"Y diversa de mí misma entre vuestras plumas ando:" Homenaje internacional a Sor Juana Inés de la Cruz*.

[15] Mi lectura de *La segunda Celestina* trabaja más con la constitución de la subjetividad femenina en la obra que con la idea de que esta tesis fuera exclusiva de los textos escritos por Sor Juana. He decidido incluir la obra entera en mi comentario, pues hay una serie de estrategias que son similares a la escritura de Sor Juana que he comentado hasta aquí. La selección particular del tema de la Celestina, y sus redes de resistencia y solidaridad entre una comunidad casamentera femenina, son rasgos de por sí muy llamativos que funcionan muy bien dentro del tipo de lectura que estoy proponiendo del teatro como espacio en que se constituye un sujeto agente femenino y colonial. Trazo, por lo tanto, paralelismos entre *Los empeños de una casa* y *La segunda Celestina* en cuanto a la constitución de una subjetividad femenina y dejo de lado los problemas de autoría que hasta el momento no se han podido resolver.

semántica que he señalado antes en la poesía amorosa y religiosa de Sor Juana, como el modo de describir un saber femenino que permite la manipulación de los códigos sociales:

> CELESTINA:
> Bendiga Dios tanto bueno;
> puede ese par de bellezas
> poner Cátedra de damas.
> DOÑA ANA:
> ¿Pues el ser damas es ciencia?
> CELESTINA:
> Y tan grande que sí, como
> aprendieron en Atenas
> el saber filosofía:
> el ser damas aprendieran,
> no habían de conseguirlo
> los siete Sabios de Grecia (*La segunda Celestina* 112).

La obra sugiere que el sujeto femenino accede a un saber tan legítimo y aún más complejo que las ciencias cuando aprende a manejar los diversos códigos sociales que regulan su conducta para lograr satisfacer sus deseos.[16] Por su parte, Guillermo Schmidhuber argumenta que esta obra privilegia el "ingenio femenino" en acción por sobre la hechicería —en tanto lugar tradicional y marginador de la acción social femenina— como modo de postular un saber y actividad femeninos que efectivamente subvierten el orden patriarcal (318-9). En esta obra la pareja de damas nobles no se opone una a la otra, como ocurre en *Los empeños de una casa* y en *Amor es más laberinto*, pues las dos desean a hombres distintos. Por el contrario, tanto doña Ana como doña Beatriz se alían para, por medio de los inventos de la Celestina, lograr el amor de sus inconstantes pretendientes. La obra vuelve a trabajar el tema de la negociación y manipulación de códigos sociales más que la ruptura directa, de modo que al final el padre no tiene otra salida que complacer los deseos de sus hijas casándolas con sus enamorados.

Esta constitución de la dama como agente tampoco es exclusiva de la obra de Sor Juana, pues en *La dama boba* de Lope de Vega es Finea —la mujer inicialmente ignorante que accede a la lectura y al saber simbólico en el transcurso de la acción— quien baraja todos los elementos y prescripciones sociales para lograr que su padre la case con el hombre al que ama. Sin

---

[16] Electa Arenal y Amanda Powell han elaborado un argumento similar en la *Respuesta*: "Amazingly, her text raises women's 'ways of knowing' to the same level as the noble ancient science of philosophy and the emergent fields that were establishing new scientific principles" (Introduction 22). De este modo se equipara el saber de la mujer con los discursos epistemológicos y las prácticas agenciales a las que quiere acceder.

embargo, en Lope de Vega parecería sugerirse que la dama que tiene acceso a cualquier modo de estudios es un peligro pues su saber la lleva a "manipular" la autoridad social para burlar el control paterno, mientras que en Sor Juana se destaca este saber femenino como un conocimiento que se quiere legitimar y equiparar con las dificultades de la ciencia en el campo epistemológico. Como ha señalado McKendrick, en Lope la sabiduría femenina siempre aparece en función de su rol como casamentera, y la mujer abandona su deseo de estudiar una vez consigue a su pareja ideal (235). De ahí que tanto Nise como Finea estén dominadas al final de la obra por un interés primordialmente matrimonial, donde la astucia de Finea, y no la inteligencia extraordinaria de Nise, es la que lleva al matrimonio de Finea con Laurencio. Las obras de Sor Juana, sin embargo, tratan de integrar este nuevo tipo de mujer estudiosa a un circuito matrimonial que no anule su interés por los estudios, produciendo así un nuevo modelo de pareja amorosa.

Regresando a la lectura de *Los empeños de una casa*, lo que parece ser fundamental en el éxito de doña Leonor es su nueva visión de la relación amorosa. A diferencia de doña Ana, Leonor goza de un amor correspondido por don Carlos, y por ello decide arriesgar su honor. Además, doña Leonor se presenta como una subjetividad femenina que enuncia claramente su deseo por el amado, y por ello incluso se siente en libertad de describir abiertamente a doña Ana los detalles físicos de don Carlos (OC, IV, 39-40).

El deseo femenino —enmarcado por la compenetración espiritual y el respeto entre los amantes— se legitima en la obra en el momento en que doña Leonor escapa de la casa paterna para casarse con Carlos y logra su objetivo a pesar de todas las artimañas de don Pedro, doña Ana y don Rodrigo. Por lo tanto, Leonor ilustra un nuevo modelo de la subjetividad femenina pues: (1) es agente en la consecución de su propia felicidad marital; (2) ha logrado insertar su deseo de saber en la economía social de la época, encontrando un pretendiente que la ama tal cual es; (3) decide su destino amoroso sin que la ausencia de riquezas que garanticen una dote adecuada sea un obstáculo infranqueable; (4) establece una relación amorosa basada en el deseo y respeto correspondido y (5) nunca se deja convencer por los requiebros amorosos de don Pedro, ni la autoridad de su padre don Rodrigo.

Por otro lado, doña Ana representa el anti-modelo de la subjetividad femenina, pues vive inmersa en los valores de la sociedad patriarcal de la época y trata solamente de acomodar la situación para su beneficio. Viviana Díaz Balseira ve a doña Ana como personaje paralelo a su hermano don Pedro, pues ambos personajes asumen el honor como estratagema para dominar a sus seres amados mientras que Carlos y Leonor se resisten al mismo (68). Asímismo, ambos personajes articulan su deseo a partir de una lectura tradicional de los códigos vigentes del amor cortés. En el caso de Doña Ana, su deseo por don Carlos es producto de la vista: se enamora de don Carlos por su belleza física y decide poseerlo sin respetar su voluntad.

Al mismo tiempo, doña Ana se enamora más de don Carlos al saber que éste ama a otra — "tiene de más galán el ser ajeno" (OC, IV, 44) — de modo que su deseo se fundamenta en los celos. Este era ya un tema tradicional de la época, como lo elabora Lope de Vega en *El perro del hortelano*, obra que se centra en el amor de Diana hacia Teodoro, sentimiento que se intensifica cuando Diana sabe que Teodoro ama a Matilde.[17] Por lo tanto, la transgresión de doña Ana en la obra es que asume el rol masculino tradicional en el teatro del Siglo de Oro, pues igual que el galán intenta ganar el favor del amado sin respetar su voluntad. Ese sujeto masculino tradicional también aparece en esta obra, pues tanto don Pedro como don Juan no dudan en forzar y encerrar a la dama que aman con tal de imponer su voluntad amorosa sobre ellas, de modo que al respeto se opone la violencia como anti-modelo de la interacción inter-subjetiva ("Las finezas de Sor Juana" 252). Esta inversión de roles sexuales, mediante el cual doña Ana llega a ocupar el lugar tradicionalmente desempeñado por el hombre, no logra cuestionar los valores sociales vigentes, sino sólo invertir ciertas jerarquías (Smith, *The Body Hispanic* 33).[18] De ahí que su fracaso al final de la obra sea crucial para articular un cuestionamiento del orden patriarcal, pues su modo de actuar no vulnera los medios de dominación que caracterizan las convenciones sociales hegemónicas.

Un buen ejemplo de esto es que doña Ana y don Pedro urden sus planes a partir de una serie de suposiciones convencionales que no funcionan en el caso de doña Leonor y don Carlos: (1) suponen que don Carlos huirá dejando sola a Leonor cuando piense que la justicia lo persigue, y esto no sucede; (2) doña Ana piensa que favorecer a don Carlos en un momento de necesidad lo obligará a enamorase de ella: "¿qué voluntad hay tan fina/ en los hombres que si ven/ que otra ocasión los convida/ la dejen por la que quieren?" (OC, IV, 45), mientras que don Carlos se resiste en todo momento a dejarse atrapar por estas artimañas:

> Muy mal, Señora doña Ana,
> habéis hecho en exponeros
> a tan público desaire

---

[17] Este tema se resume en la obra con el soneto "Querer por ver querer" que Teodoro le escribe a Diana (107).
[18] Paul Julian Smith está comentando en su estudio la obra de María de Zayas y su trabajo con el honor, pero esta idea se puede también aplicar al caso de *Los empeños de una casa*, y en particular, a la forma en que se articula el personaje de doña Ana en la obra. Mi lectura recalca cómo la obra desarrolla dos modelos de sujeto-agente femenino para privilegiar aquél que no invierte simplemente los roles sexuales manteniendo intacto el valor del honor, sino el tipo de sujeto que transforma los roles sexuales en general y propone el valor del respeto por encima del honor como nueva ley de articulación social.

> como por fuerza he de haceros;
> pero, pues vos me obligáis
> a que os hable poco atento,
> quien me busca exasperado
> me quiere sufrir grosero;
> si mejor a vos que a alguno
> os consta que yo no puedo
> dejar de ser de Leonor (OC, IV, 167-168).

Por último (3) doña Ana supone que puede provocar los celos y la desconfianza entre doña Leonor y don Carlos con sus fingimientos mientras que los dos amantes se resisten a dejarse llevar por las apariencias puesto "que es muy bajo quien sin causa,/ de la dama a quien adora,/ se da a entender que le ofende,/ pues en su aprensión celosa/ ¿qué mucho que ella le agravie/ cuando él a sí se deshonra?" (OC, IV, 91). El mismo don Carlos en varias ocasiones se resiste a dudar de la fidelidad de doña Leonor hasta no conocer la causa que la ha llevado a la casa de don Pedro (OC, IV, 79, 90-1; 95, 99-100) y en el caso de ser agraviado por doña Leonor se resiste a casarse con doña Ana como venganza (OC, IV, 115).[19] Hasta la misma Leonor demuestra tener una fortaleza interior que le permite seguir siendo fiel a don Carlos aunque sospecha que éste la ha abandonado por casarse con doña Ana:

> [...] primero que yo de Carlos,
> aunque ingrato me desprecia,
> deje de ser, de mi vida
> seré verdugo yo mesma;
> primero que yo de amarle
> deje... (OC, IV, 127-128).

Como bien apunta Merrim, es la comunión de sentimientos de don Carlos y doña Leonor lo que salva su relación amorosa a pesar de los enredos

---

[19] Raquel Chang-Rodríguez ha leído estas escenas de Don Carlos como propuesta de un nuevo modelo de subjetividad que se fundamenta en la racionalidad y la lógica en vez de la pasión ("Relectura de los *Empeños de una casa*" 412). Lo que sugiero aquí, sin embargo, es que Carlos ve a Leonor desde una perspectiva menos oposicional, o lo que Franco ha denominado como una interacción inter-subjetiva que no se basa en la negación del otro: "Y al modificar los galanteos de palacio demuestra que no es necesario negar al otro para afirmarse, que se puede tratar al otro (hombre o mujer) con respeto, reconociendo al mismo tiempo su diferencia" ("Las finezas de Sor Juana" 250). Franco vincula esta modificación de conducta que se propone en la obra al paso de la sociedad tributaria a la sociedad mercantil, donde predominan otros modelos de autoridad.

urdidos por doña Ana y don Pedro ("*Mores Geometricae*" 103).[20] Pero es importante añadir que es también su "interpretación" diferente de los códigos a partir de los cuales se constituye la relación amorosa lo que les permite salvarse de las intrigas armadas a partir del discurso patriarcal y el código tradicional del amor cortés. Se trata de un ejercicio de "interpretación" que "lee" de modos diferentes los engaños y mentiras que doña Ana le transmite a los amantes por medio de su criada Celia o a través de las escenas fingidas que construye y que parecen encuentros románticos entre doña Leonor y don Pedro. Doña Ana pone indicios en el laberinto de su casa que los protagonistas amantes juzgan con cautela, y en ocasiones a contrapelo de lo que dictarían las inflexiones tradicionales de los celos y el honor. Tanto don Carlos como doña Leonor interpretan estos momentos como equívocos que se podrán aclarar con el amante en un momento posterior: "No hasta saber cómo vino; / que si yo en la casa propia/ estoy, sin estar culpado./ ¿cómo quieres que suponga/ culpa en Leonor?" (OC, IV, 90). Ambos reconocen las "apariencias" dudosas como circunstancia vulnerable a varias interpretaciones, y deciden esperar hasta algún momento de diálogo antes de dejarse llevar por impresiones aisladas que contradicen el afecto y respeto que originalmente los unió.

El tercer aspecto que me interesa comentar de la obra es la escena en que Castaño, tratando de huir sin ser reconocido, se viste de dama noble y experimenta la situación de la mujer de la época. Como señala Rivers, se puede leer esta escena como "una sátira feminista contra la fantasía de los hombres, que con cualquier motivo se enamoran de sus propias imaginaciones" ("Indecencias" 636). Asímismo, Christopher Brian Weimer ha trabajado esta escena como una inflexión feminista de la sátira que utiliza el travestismo para criticar: (1) la conducta pública que se le asigna a la mujer en la sociedad patriarcal, (2) la definición de lo femenino a partir de los atributos físicos superficiales, y (3) los códigos de interacción entre los sexos de acuerdo al amor cortés (94-5). Pero al mismo tiempo, la escena se puede leer desde la perspectiva del sujeto que ocupa el lugar del otro y describe las experiencias femeninas desde una perspectiva diferenciada: la de un hombre que por primera vez es tratado como mujer. De esta forma se presenta al yo masculino aprendiendo sobre las vivencias del otro femenino, y reconociéndose en esta otredad. Asímismo, el rol del gracioso termina cuestionando las oposiciones y jerarquías que articulan las identidades sociales a nivel sexual, pues Castaño adquiere por medio del

---

[20] Margo Glantz ha llevado a cabo una interesante lectura de esta relación amorosa a partir de la teoría platónica de las correspondencias, en su ensayo "De Narciso a Narciso o de Tirso a Sor Juana: *El vergonzoso en palacio* y *Los empeños de una casa*" que se incluye en *Borrones y borradores*. Su lectura propone que sólo Carlos se puede casar con Leonor, pues es su igual en el complejo entramado de correspondencias con que se articula la interpretación platónica de la realidad.

travestismo un saber fundamental sobre la construcción cultural arbitraria que sostiene las diferencias entre hombres y mujeres. La alteridad se asume, entonces, como una posición transitoria de un yo, que se convierte en una tercera figura femenina casamentera, y en el doble de doña Ana o doña Leonor, en los diversos equívocos de la obra. Y esta experiencia se articula utilizando al gracioso de la obra teatral —Castaño— que es a la vez un moreno americano, pícaro e irreverente.[21]

Lo más importante de esta escena es que la transformación de Castaño ocurre ante los ojos del espectador, mientras es narrada por el personaje (OC, IV, 136). Tan pronto concluye la mudanza de vestidos, Castaño adopta una perspectiva crítica ante el comportamiento de los hombres por su imagen física:

> Ya estoy armado, y ¿quién duda
> que en el punto que me vean
> me sigan cuatro mil lindos
> de aquestos que galantean
> a salga lo que saliere,
> *y que a bulto se amartelan,*
> *no de la belleza que es,*
> *sino de la que ellos piensan?*
> Vaya, pues, de damería:
> menudo el paso, derecha
> la estatura airoso el brío;
> inclinada la cabeza,
> un si es no es, al un lado;
> la mano en el manto envuelta;
> con el un ojo recluso
> y con el otro de fuera;
> y vamos ya, que encerrada
> se malogra mi belleza.
> Temor llevo de que alguno
> me enamore (OC, IV, 138, énfasis mío).

Castaño imita a las mujeres no tan sólo en el vestido sino en el comportamiento, lo que demuestra la naturaleza visual —y superficial— de la noción social del género sexual. Se cuestionan aquí las definiciones esencialistas del género sexual, pues Castaño puede pasar por mujer con sólo imitar los rasgos que se definen culturalmente como femeninos (Cypess

---

[21] Aunque en este capítulo me limito a la constitución de una subjetividad femenina, Castaño apunta a ciertos entrecruces de diversas condiciones de subjetivación —tales como la raza, el género sexual y la condición colonial— que condicionan los modos en que se accede a un saber en los textos de Sor Juana. Retomaré este tema en los capítulos subsiguientes en que manejo las nociones de simultaneidad y mediación en la postulación de un sujeto intelectual americano.

183). Es así como el género sexual se convierte en esta obra dramática en una categoría cultural aprendible e imitable a partir del vestido, el gesto y la palabra. Y el teatro viene a ser el espacio idóneo para explorar esa performatividad del género sexual, por el paralelismo que existe con el proceso de caracterización y personificación que lleva a cabo el actor al desempeñar su papel. Castaño es simultáneamente un hombre americano que ocupa el lugar de una mujer, y un actor que ocupa el lugar de un personaje americano. Ambos procesos destacan el elemento dramático que está implícito en la constitución de identidades, tanto genéricas, como raciales, individuales como colectivas, privadas o públicas.

Tan pronto don Pedro se encuentra con Castaño, piensa que es doña Leonor y comienza a enamorarlo. Castaño asume, entonces, la voz de doña Leonor y trata de imitar el tipo de lenguaje natural para una mujer de su rango social. Esta escena es importante, pues don Pedro, desconociendo los modos vulgares de expresión que emplea Castaño, cree que doña Leonor se está fingiendo "necia" para acabar con su amor: "¡Vive Dios, que pienso que ella/ se finge necia por ver/ si con esto me despecha/ y me dejo de casar!" (OC, IV, 142). En esta escena don Pedro "lee" la conducta atípica de la fingida Leonor como estratagema para alejarlo, lo que recuerda una escena paralela en *La dama boba* de Lope de Vega. En esta obra Finea, una vez se ha transformado en inteligente, se finge nuevamente necia para acabar con el amor que por ella siente Liseo: "Si porque mi rudo ingenio/ que todos aborrecían,/ se ha transformado en discreto,/ Liseo me quiere bien,/ con volver a ser tan necio/ como primero le tuve/ me aborrecerá Liceo" (85). Lope de Vega trabaja aquí con la "peligrosidad" de la mujer que accede a la lectura y que puede, por lo tanto, engañar y manipular para lograr sus caprichos. Sor Juana, sin embargo, trabaja con las convenciones sociales que definen culturalmente lo femenino y a partir de las mismas traza una "trampa" que neutraliza el deseo de don Pedro por Leonor. Don Pedro no logra "leer" bien a la fingida Leonor y por ello resulta engañado por los valores patriarcales que él mismo adopta y representa en la obra.[22] En ese mismo momento, Castaño comenta sobre lo que siente una mujer cuando un hombre le requiere amores, criticando la forma en que se conduce el código del amor cortés:

> ¡Qué cosa es el ser rogadas!
> Ya no me admiro que sean
> tan soberbias las mujeres,
> porque no hay que ensoberbezca

---

[22] Julie Greer Johnson presenta un argumento similar en su comentario de la obra *Empeños de una casa* en su artículo "The Feminine Perspective". Según Johnson, Don Pedro resulta "atrapado" por los mismos ardides que despliega para engañar a Leonor y casarse con ella (128).

> cosa, como el ser rogadas.
> Ahora bien, de vuelta y media
> he de poner a este tonto (OC, IV, 140).[23]

Castaño da su palabra de casamiento a don Pedro usando su ingenio, para que cuando se descubra el engaño no sufra él daño alguno. Lo importante es que, vestido de mujer, Castaño es encerrado en una habitación, y nunca logra salir de la casa de don Pedro para llevar el mensaje de don Carlos al padre de Leonor. Desde ese momento en adelante, Castaño se convierte en la figura enigmática del Tapado, que es manipulado por otros personajes de un modo similar con el que han tratado a doña Leonor. Por lo tanto, en el momento en que Castaño se viste de mujer, se convierte en un ente pasivo que es recluído por don Pedro, lo que sugiere que la pasividad no es una característica esencial del género femenino, sino un rasgo socialmente impuesto por el sistema patriarcal. Esta "pasividad" esencial de la mujer es también cuestionada por la actividad incesante que en toda la obra desempeñan doña Leonor y doña Ana.

Sin embargo es precisamente en el momento en que Castaño finge ser doña Leonor, imitando imperfectamente su habla, que éste alude a sus necesidades corporales insatisfechas: "Digo que me matan de hambre;/ ¿es aquesto lengua griega?" (OC, IV, 141). Don Pedro se niega a entender lo que Castaño le dice, y de este modo la escena apunta hacia el desplazamiento del deseo corporal por el ideal de belleza femenino que asume don Pedro. Castaño apunta, en su mal lograda imitación, hacia un campo semántico y actancial constantemente diferido en el orden patriarcal y que la obra pone en evidencia cuando la trama la conducen los deseos sexuales de doña Ana y doña Leonor. Es así como ocurre una transformación más del discurso patriarcal en la obra, creando un espacio en el cual el deseo femenino puede ser expresado y satisfecho dentro de la economía del matrimonio.

Hasta aquí he comentado la constitución de dos dimensiones del personaje femenino en algunas obras dramáticas de Sor Juana: la subjetividad intelectual femenina y el agente femenino que controla la trama. También se han señalado a lo largo de la lectura unos rasgos generales a partir de los cuales se articulan estas instancias del sujeto femenino: (1) la mujer se convierte en agente de la trama, que lucha por alcanzar el objeto de su deseo; (2) se cuestiona la oposición binaria de géneros sexuales, neutralizando la relación jerárquica entre ambos en el sistema patriarcal al

---

[23] Este mismo tema del gusto de las mujeres de "ser rogadas" por muchos pretendientes se desarrolla en el soneto 169 de Sor Juana que comienza con el verso "Fabio: en el ser de todos adoradas". En el mismo se critica esta vanidad femenina y se alaban las ventajas del amor correspondido.

proponer un nuevo tipo de pareja ideal; (3) se cuestiona la noción de pasividad esencial del género femenino y se presenta esta categoría como una construcción social; (4) se legitima la transgresión y la creatividad de las mujeres que cuestionan el sistema patriarcal y recurren a nuevas alternativas para rescatar su sexualidad; (5) se autoriza un deseo femenino que lleva a un matrimonio por amor y no por mera conveniencia económica; y (6) se constituye un sujeto femenino que es vulnerable —de ahí la insistencia en estas obras en la negociación con los códigos sociales más que la transgresión tajante— pero que no carece por ello de su legitimidad como modelo.

A partir del diálogo con las obras de Lope de Vega que he mencionado, es notable que en el teatro de Sor Juana la preservación del honor ha dejado de ser una preocupación central.[24] En ocasiones parecería que la obra se burla del honor como sistema de valores que se ha convertido en mera apariencia y que ya no implica ningún respeto por la individualidad de los seres sociales (Díaz Balseira 65). En sus obras se tematiza y articula más bien la creación de un espacio agencial e intelectual femenino, donde se puedan negociar y rearticular los diversos códigos sexuales, sociales y amorosos de modo que se transforme el discurso del honor patriarcal para darle cabida a la expresión y satisfacción de los deseos —ya intelectuales, ya corporales— de la subjetividad femenina. Mientras que en Lope de Vega el honor será un tema que se menciona constantemente como valor paradigmático en la preservación de las jerarquías sociales —ya sea por medio de su reafirmación o subversión— es significativo que en la escritura teatral de Sor Juana haya algunos personajes femeninos que arriesguen su honor con tal de lograr satisfacer sus deseos sexuales (i.e. casarse con el hombre que desean). Sólo la Finea de *La dama boba* se articula a partir de estos mismos presupuestos, pues este personaje llega a arriesgar la honra de su familia y su padre con tal de casarse con Laurencio. Sin embargo, la Diana de *El perro del hortelano* y la Laura de *La vengadora de las mujeres* resisten sus deseos sexuales hasta que su unión matrimonial está de acuerdo con su posición social y con los deseos de sus familiares masculinos. En los tres

---

[24] Alix Zuckerman-Ingber ha estudiado cómo se elabora, cuestiona y transforma el tema del honor en las obras de Lope de Vega en *El bien más alto. A Reconsideration of Lope de Vega's Honor Plays*. Zuckerman lee en las obras de Lope una reformulación problemática del conflicto del honor que termina por cuestionar la centralidad de este principio en la sociedad española (3-5). Sin embargo, es evidente que el tema del honor sigue siendo un eje temático del drama lopesco, que ya empieza a ser desplazado en la obra de Sor Juana para proponer una rearticulación de roles sexuales y sociales entre los sectores hegemónicos de la sociedad española y novohispana a partir de otro sistema de valoración como el respeto mutuo, el mérito personal y la negociación como modo de agenciar un espacio individual en el entramado social de la época.

casos, sin embargo, se presenta el matrimonio como medio efectivo de anular la resistencia que inicialmente representaban cada uno de los personajes femeninos. En este sentido, es notable cómo las obras de Sor Juana constituyen un sujeto-agente intelectual femenino, que desplaza la centralidad del honor y de las jerarquías sociales, para proponer otros valores que transforman las relaciones inter-subjetivas en general.[25]

De ahí que en los *Los empeños de una casa* se proponga una pareja de subjetividades alternativas en don Carlos y doña Leonor, pues la transformación del sujeto debe incluir a ambos sexos para lograr abrirles otro espacio eficiente en el entramado social vigente. Esta interacción con el otro llega en ocasiones a convertirse en una transposición hacia el lugar del otro, cuyo mejor ejemplo es el momento en que Castaño narrativiza una experiencia alterna de la subjetividad masculina al experimentar por primera vez lo que es ser tratado como mujer en la sociedad de la época. La multiplicidad de instancias en el sujeto y la abstracción de la categoría de género sexual parecen sugerir que la marginalidad es un espacio común desde el cual el sujeto se reafirma y define sólo en una lucha constante y clandestina —metaforizada también en la noche del *Primero sueño*— contra los discursos oficiales que constituyen el orden patriarcal, donde la lucha no es destrucción totalizante, sino mimetismo, negociación y apropiación para expresar una subjetividad escurridiza e inestable.

Asimismo, es importante recordar que lo femenino es sólo una de las numerosas dimensiones de la otredad que caracterizan la representación del espacio colonial en la obra de Sor Juana. Elementos como la raza, el lugar de origen o procedencia y la relación con un determinado entramado de instituciones metropolitanas y virreinales comienzan a producir transformaciones que amplían las condiciones de alteridad del sujeto cognoscitivo americano. Incluso parecería, como argumenta Georges Baudot, que lo femenino es parte de otras instancias de marginalidad a partir de las cuales se reconstituye una nueva noción del sujeto ("El barroco mexicano" 107-9). De este modo la posicionalidad y multiplicidad de este sujeto pasa a ser un elemento crucial en la conformación de un saber que se desplaza hacia otro lugar, en relación con los centros metropolitanos e institucionales que regulan el saber colonial. Este será, precisamente, el tema que ocupará mi reflexión en el próximo capítulo, que se centrará en la

---

[25] Uno de esos valores es la entereza individual. Viviana Díaz Balseira ha llevado a cabo una lectura de los *Empeños de una casa* que se basa en la ridiculización del honor como modo de cuestionar las jerarquías sociales vigentes en la época colonial. Según Díaz Balseira el honor se constituye en la obra como equivalente de la integridad personal, de modo que se legitima a un grupo de personajes marginales que dramatiza una identidad y conducta diferenciadas frente a los valores vigentes en el orden metropolitano. Para más información, ver su artículo "*Los empeños de una casa*: el sujeto colonial y las burlas al honor"

condición colonial como dimensión diferenciadora del sujeto cognoscitivo constituido en algunos villancicos, poemas líricos y textos varios de Sor Juana.

Capítulo IV

Saberes americanos: la constitución de una subjetividad colonial en los escritos de Sor Juana

> De donde infiero, que sólo/ fue poderoso el esfuerzo/ a diferenciar los hombres,/ que tan iguales nacieron, / con tan grande distinción/ como hacer, siendo unos mesmos,/ que unos sirvan como esclavos/ y otros manden como dueños (OC, IV, 225).
> —Sor Juana Inés de la Cruz, *Amor es más laberinto.*

I. El debate colonial y postcolonial

¿Qué define la condición colonial en el México del siglo XVII? ¿Cómo se articulan las redes de poder en esta sociedad virreinal? ¿Es acaso apropiado referirse a la situación política de América durante los siglos dieciséis, diecisiete y dieciocho como un caso extensivo de colonialismo? Estas y otras preguntas similares han sido recientemente objeto de reflexión en el campo de los estudios coloniales contemporáneos. Parecería que ante la diversidad de contextos que definen la condición y teorización colonial, empieza a hacerse necesaria una distinción que matice las especificidades de la experiencia política y social que caracterizó la vivencia de una amplia gama de grupos raciales, étnicos y culturales que convivieron en el continente americano durante unos trescientos años. Robert Young y Jorge Klor de Alva han planteado un conjunto de cuestionamientos afines que intentan distanciar la experiencia de América de otras inflexiones más recientes de lo que se denomina actualmente como colonialismo:

> To what extent is 'colonial discourse' itself a legitimate general category? It is hard to avoid the accusation that there is a certain idealism involved in its use as a way of dealing with the totality of discourses of and about colonialism. [...] But does the fact that modern colonialism was effected by European or European-derived powers mean that the discourse of colonialism operated everywhere in a similar enough way for the theoretical paradigms of colonial-discourse analysis to work equally well for them all? [...] Can we assume that colonial discourse operates identically not only across all space but also throughout time? (Young 164).

Siguiendo esta misma línea de argumentación, Klor de Alva ha señalado que la experiencia colonial no es aplicable al contexto americano de los siglos dieciséis al dieciocho, por cuanto la ocupación española de los territorios americanos no fue vista como una presencia extranjera alienante dado el intenso mestizaje que vulneró el sistema de distinciones raciales y de origen territorial ("Colonialism and Postcolonialism" 4-5). De acuerdo a esta teorización, el colonialismo clásico —entendido como la presencia de sectores europeos extranjeros que dominaron económica y políticamente territorios poblados por otros sectores indígenas— no funcionaría en América porque la mezcla racial y étnica creó un tercer sector mestizo que era considerado como nativo, y que se encontraba íntimamente ligado al poder metropolitano. De este modo, no se podría hablar ni de experiencia colonial clásica, ni de la independencia de América Latina en el siglo diecinueve como un proceso de descolonización equiparable a la experiencia de India o Africa ("Colonialism and Postcolonialism" 18-9).

Si bien es cierto que es necesario matizar los modos en que la experiencia americana se aproxima y se distancia del colonialismo clásico que le da su origen y primer significado al término, también es cierto que esta experiencia colonial clásica no estuvo exenta de variadas modificaciones y cambios que permitieron concebir una evolución y transformación de lo que se denomina actualmente como la condición colonial y neocolonial. El trabajo de Robert Young sobre el sistema colonial británico muestra cómo estas categorizaciones del sistema colonial clásico no operaron de un modo estático en la misma experiencia de India y Africa que actualmente se utiliza como paradigma en la definición de este término. Su trabajo más reciente, compilado en *Colonial Desire. Hibridity in Theory, Culture and Race* demuestra cómo el mestizaje fue también una parte significativa de la experiencia colonial británica (142-58). Por tanto, parecería que no es precisamente la presencia del mestizaje, ni del proceso transculturador de imaginarios (Gruzinski 282) lo que definiría la especificidad de la experiencia colonial española o británica. Por otro lado, aunque el peninsular no era visto como un elemento absolutamente foráneo en el espacio colonial novohispano, se sabe que funcionaron ciertas categorías de extranjería que permitieron articular una serie de discursos criollos, mestizos e indígenas que aspiraban a probar el carácter orgánico de algunas identidades frente a la diferencia del poder metropolitano y peninsular. Es precisamente, en esta pugna entre las subjetividades orgánicas y foráneas por el control de unas redes de poder y un territorio locales, que se fundamenta la condición colonial que me interesa rastrear en los escritos de Sor Juana Inés de la Cruz.

El debate mismo sobre la especificidad de la experiencia colonial americana apunta a una serie de elementos significativos que necesitan mayor atención teórica. En particular, se hace necesario matizar esta condición colonial para poder dar cuenta de un proceso de ocupación imperial que duró un poco más de tres siglos, y que por lo tanto experimentó diversas transformaciones específicas que vulneraron la polaridad de ciertos discursos locales y sus contrapartes metropolitanas.[1] Ya resulta insostenible

---

[1] Un ejemplo de esto es el estudio de la evolución de la concepción de la experiencia de la "otredad" en la escritura colonial americana de los siglos XVI y XVII. José

la caracterización de la historia de tres siglos de la América colonial como un conglomerado monolítico y homogéneo de experiencias sociales, políticas y económicas. Por eso es necesario promover estudios que identifiquen las diversidades de la experiencia colonial para especificar, por ejemplo, cómo se manifestó el colonialismo en los centros virreinales en México y Perú y luego contrastarlo con experiencias más periféricas como las del Caribe.[2] Asimismo, es necesario diferenciar el modelo de colonialismo español, que implicó un proyecto de continuidad con el orden y poder metropolitano, del colonialismo británico que se constituyó de entrada como una sociedad alternativa al orden metropolitano. Si la América hispana se plantea como un conjunto de "provincias" de ultramar, la América sajona se constituye como un espacio diferenciado en el cual se acogieron modos y prácticas que no eran tolerados en la sociedad inglesa (Theodoro 24; Klor de Alva, "Colonialism" 4; Zea, "Ideología 74; Bustillo 91).[3] Así, cada contexto posibilitó formas distintas en la identificación de unas subjetividades coloniales americanas.

Rabassa, en su ensayo "Dialogue as Conquest: Mapping Spaces for Counter-Discourse", ha estudiado la representación del diálogo en las crónicas coloniales como un gesto etnográfico inicial, por cuanto dialogar en este contexto significa conquistar y dominar al otro. En este sentido la crónica es una etapa inicial en el proceso de colonización que replica el gesto etnográfico pues se fundamenta en el viaje para "capturar" el testimonio de la otredad y la barbarie (De Certeau, "Montaigne's of Cannibals; The Savage 'I'" 69-70). Sin embargo, más tarde en la colonia desaparece este motivo del viaje puesto que la otredad es constitutiva del espacio mismo que se quiere representar. Los textos de Sor Juana son un ejemplo de la inversión de este gesto, pues ya no hace falta salir a un lugar distante para "capturar" la voz del otro, pues el otro es parte del mismo entorno donde se genera y emite la escritura. Sus textos viajan, sin embargo, a España para dar a conocer allí el discurso localizado de la diferencia que se produce desde una perspectiva criolla. De ahí que la otredad se convierta nuevamente en fábula legitimadora del texto, que se genera ahora desde una posición interna a lo colonial, pero no necesariamente diferenciada del espacio metropolitano.

[2] Algunos estudiosos han comenzado también a explorar las diferencias entre el sistema colonial español y portugués. Por ejemplo, Canny y Pagden señalan que en el caso de los virreinatos de México y Perú se hizo posible la emergencia de un campo intelectual más independiente porque España permitió el establecimiento de universidades en América, algo que no ocurrió en Brasil (86-7).

[3] Este tema ya ha formado parte de la reflexión sobre una identidad colonial latinoamericana desde el siglo XIX, donde se opone la experiencia hispana a la británica. Un buen ejemplo de esto lo encontramos en los escritos de Domingo Faustino Sarmiento y Simón Bolívar —por mencionar dos casos muy conocidos— donde el proceso de independencia y el sistema de gobierno de los Estados Unidos viene a contraponerse a los estados latinoamericanos en formación a partir de las diferencias en que se gestó inicialmente la sociedad colonial.

Este es precisamente el tipo de intereses que ha promovido una serie de estudios recientes sobre la América colonial y sus producciones culturales.[4] Los estudios compilados por Canny y Pagden reconsideran la época colonial desde las categorías de la identidad y la postulación de un conocimiento americano que se distancia de los marcos de referencia europeos (64, 86-7). Asimismo, la antología de Jara y Spadaccini, *Re/Discovering Colonial Writing*, se concentra en la interacción de subjetividades coloniales y el surgimiento de una conciencia protonacional diferenciada (16). Lo que ambos proyectos comparten es un deseo de especificar cómo se manifestó la experiencia colonial en América, y en particular cómo este contexto generó una subjetividad cruzada por un ambiguo sentimiento de identificación y distanciamiento de la metrópoli:

> It is within this frame that the *Loa* and the sacramental play that it accompanies, *El Divino Narciso*, become vehicles that provide an intellectual space for America. [...] Thus, Echo and Narcissus represent two poles in the search for knowledge. Echo is America replicating Europe; it is an America that is both in love with Europe and in rebellion against it (Jara y Spadaccini, *Re/Discovering Colonial Writing* 43).

Este sinuoso proceso de identificación y distanciamiento produce un discurso que define el espacio del virreinato no como territorio ni colonia de España, sino como recinto equiparable, aunque no independiente, a la metrópoli española (Canny y Pagden 61). De acuerdo a esta caracterización del virreinato, los criollos tenían igualdad de derechos frente a los peninsulares, y con ello lograron justificar la legitimidad de sus reclamos para ocupar puestos públicos oficiales.[5] En este sentido, lo que caracterizaría

---

[4] Me refiero a las compilaciones de Nicolas Canny y Anthony Pagden, *Colonial Identity in the Atlantic World, 1500-1800*; y René Jara y Nicholas Spadaccini, *1492-1992: Re/Discovering Colonial Writing* y *Amerindian Images and the Legacy of Columbus*. Estos trabajos se han nutrido de los debates más recientes en los estudios coloniales y postcoloniales iniciados por el estudio de Edward Said —*Orientalism*— sobre los modos en que los campos de estudios occidentales están conformados por la experiencia colonial misma que aspiran a explicitar. Para un buen resumen del estado más reciente de este debate, ver el capítulo de Robert Young "Colonialism and the Desiring Machine", que se incluye en *Colonial Desire, Hibridity in Theory, Culture and Race*, y donde se resume el trabajo crítico de Said, H. Bhabha, G. Spivak y Deleuze y Guattari en el estudio de los discursos coloniales y postcoloniales.

[5] Este deseo de igualdad entre los peninsulares y los sectores criollos genera un patrón de mímesis de los modos y prácticas metropolitanos en la sociedad virreinal. Homi Bhabha ha trabajado este proceso de mímesis como medio de resistencia y sincretismo que termina denaturalizando la autoridad de la ley colonial y desarticulando las identidades duras, de forma tal que se desestabilizan los esfuerzos localizadores del sujeto colonizado en las redes de representación colonial ("Of

la formación de una identidad criolla no sería la separación tajante del poder peninsular, sino la equiparación de derechos y la consignación de ciertas prácticas culturales y sociales diferenciadas que le otorgarían al criollo una suerte de "ciudadanía" provincial a partir de la cual se postula como más armónico el entregarle a estos sectores el control de las redes de poder virreinal (Canny y Pagden 61).

Sin embargo, la mayoría de los estudios recientes siguen insistiendo en la identificación del discurso criollo más temprano —que ya se ha cristalizado a mediados del siglo diecisiete (Canny y Pagden 51)— con la formación de una conciencia protonacionalista que desembocará en las luchas de independencia del siglo diecinueve (Jara y Spadaccini, *Re/Discovering Colonial Writing* 42). Este énfasis tan significativo en la formación del discurso nacionalista y en la búsqueda del origen de una identidad latinoamericana termina imponiendo sobre la época colonial toda una serie de teleologías de lectura que desplazan conflictos más específicos de la experiencia colonial *per se*.[6] Lejos de explorar la conflictividad inherente en la formación del sujeto y la epistemología colonial, estos estudios superponen una narrativa esencialmente armónica y monológica que borra las incongruencias de una experiencia de hibridez e interacción cultural y política que no se puede reducir ni a partir del modelo nacionalista ni a partir del acercamiento marxista clásico (Spivak, *In Other Worlds* 206). Si algo resulta evidente en muchos de los estudios sobre la Nueva España, es que la experiencia colonial se caracterizó más bien por la heterogeneidad de sectores e intereses que por la existencia de un proyecto identificatorio hegemónico (Gruzinski 199).

Los recientes debates teóricos de los estudios coloniales y postcoloniales han destacado precisamente una diversidad de insuficiencias en los modos en que se ha estudiado la experiencia colonial (Spivak, *In Other Worlds* 107). Tanto los estudios coloniales, como los estudios sobre la subalternidad y la nueva historiografía han comenzado a identificar los límites del proyecto

---

Mimicry and Man: The ambivalence of colonial discourse" 86, 92). De este modo Bhabha postula la mímesis como estrategia dinámica que no necesariamente implica la asimilación monolítica del colonizado, sino que puede generar sus respuestas diferenciadas para agenciar una ley alterna.

[6] Este tipo de estudios también privilegia a un sector específico de prácticas culturales —la criolla— por sobre toda una diversidad de sectores y prácticas indoamericanas, africanas y mestizas que coexistían en el mismo espacio colonial de modo desigual y fragmentario. Por otro lado, Américo Paredes se ha centrado en el sector mestizo y sus prácticas culturales en el estudio del surgimiento de un sentimiento mexicanista en "Mexican Legendry and the Rise of the Mestizo: A Survey". Este tipo de desplazamientos en el núcleo de los estudios de los discursos de formación nacional evidencian cómo cualquier intento de homogeneización resulta en la marginación de toda una serie de otros sectores que participaron o se distanciaron del discurso nacionalista oficial en los países latinoamericanos.

intelectual que se concentra en la identificación de posiciones de marginalidad (JanMohamed y Lloyd 53).[7] Y es a partir de este debate que me interesa proponer una lectura de los textos de Sor Juana para identificar en los mismos la constitución de diversas instancias de la subjetividad colonial en la Nueva España del siglo diecisiete. El gesto que mi lectura traza, por lo tanto, parte de un doble movimiento entre la constitución de un intelectual orgánico gramsciano y las mediaciones irreductibles de todo proceso de representación (JanMohamed y Lloyd 54-5) para proponer la constitución del sujeto colonial y sus saberes como índice de la experiencia del poder en el virreinato de la Nueva España. Para ello me concentro particularmente en la noción de la raza como una suerte de eje a partir del cual los textos de Sor Juana despliegan una serie de posiciones coloniales que aspiran a acceder a un saber oficial eurocéntrico y metropolitano.[8] La raza viene a servir como una categoría inicial en el proceso mismo de la postulación de una identidad y/o alteridad entre el sujeto colonizador y el colonizado, por cuanto la misma provee una marca corporal que permite rastrear y localizar las diferencias.[9] Los textos de Sor Juana trabajan

---

[7] Esta idea la elabora R.Radhakrishnan en su ensayo "Ethnic Identity and Post-Structuralist Difference" que se incluye en la antología compilada por JanMohammed y Lloyd que estoy manejando.

[8] Utilizo la raza como punto de partida por considerarlo un eje paradigmático en la constitución del poder colonial. Para ello me baso en el trabajo de Albert Memmi en *The colonizer and the colonized*, y de Frantz Fanon, *Black Skins, White Masks*, y Aimé Cesaire en *Discourse on Colonialism*, que parten del racismo como discurso constitutivo del poder colonial, de modo que el contacto y mezcla racial viene a ser un límite que dramatiza el ejercicio del poder. Memmi señala que "Racism sums up and symbolizes the fundamental relation which unites colonialist and colonized. [...] colonial racism is so spontaneously incorporated in even the most trivial acts and words, that it seems to constitute one of the fundamental patterns of colonialist personality" (70). Robert Young ha resumido esta relación fundamental entre colonialismo y racismo como sigue: "It was through the category of race that colonialism itself was theoretically focussed, represented and justified in the nineteenth century, it was also through racial relations that much cultural interaction was practised" (180).

[9] La raza será también central en la postulación hegeliana de la dialéctica entre el amo y el esclavo, donde se propone que el sujeto se articula a partir del reconocimiento del otro (Fanon 215). Fanon elabora esta relación entre esta noción hegeliana con las concepciones de raza en el contexto colonial en su libros *Black Skins, White Masks* y *The Wretched of the Earth*. Fanon sugiere en estos trabajos que la raza pasa a ser un significante superestructural, por cuanto la raza se equipara a la clase social y económica de un individuo en el momento en que ser rico equivale a ser blanco y viceversa (*Wretched* 40). Iris Zavala, en su ensayo titulado "Representing the colonial subject" ha revisado la taxonomía racial en el caso de la Nueva España y ha señalado este mismo desplazamiento apuntado por Fanon en el significado del término "castas": "Etimologically, it referred to 'animal species,' by 1500 to

precisamente este proceso identificatorio y delimitador a partir de la representación de numerosas voces coloniales que pugnan por acceder a un espacio epistemológico oficial en la época. En este sentido mi lectura se desplaza más bien al conflicto inter-subjetivo intelectual como reflejo de las pugnas políticas y sociales más amplias que caracterizaban la condición colonial novohispana. Esta pugna intelectual se tematiza en los escritos de Sor Juana a partir de una oposición entre la "fuerza" física del poder colonial y la "razón" como contraparte abstracta, pero muy significativa, en el proceso de acceso a un saber y una legitimidad intelectual en el México colonial.

Un último elemento significativo de las obras que comento en este capítulo —en su mayoría villancicos y obras líricas y dramáticas cortas— es su carácter público, ya que la mayoría se representó en la iglesia o en la corte, o incluso frente a la comunidad en general, como fue el caso del *Neptuno alegórico*. Este despliegue público de subjetividades coloniales añade una dimensión más a nuestro análisis, puesto que la dramatización presupone un proceso de identificación e interacción colectiva que afecta el modo en que se define la subjetividad colonial en estas obras. Por ello dedicaré la sección siguiente a una breve reflexión sobre la celebración barroca pública y el poder colonial, para enmarcar esta densidad y compejidad del ejercicicio escriturario de Sor Juana que estoy analizando.

2. Fiesta barroca, arte masivo y subjetividad colonial

> Volviendo al fenómeno exclusivamente literario, es indudable que la época barroca no aparece la más adecuada, en principio, como para rastrear en ella inconfundibles o nutridas señales de americanismo. En primer lugar, por el momento, marcado por la dependencia política, por la condición social, y hasta la raza del escritor.
> —Emilio Carilla, *La literatura barroca en Hispanoamérica* 105.

En *La cultura del barroco*, Maravall ha propuesto que el barroco refleja el resquebrajamiento de un sistema de valores y prácticas sociales y culturales que generó una profunda crisis en los discursos intelectuales y

---

'race or lineage of men,' and by 1513 to 'class, type or condition'" (335). Zavala argumenta que este tipo de desplazamientos también pone en evidencia cómo la taxonomía racial de la Nueva España fue un modo de diferenciar al sujeto colonial mediante la animalización de su cuerpo y su raza. Para más información, ver este ensayo de Zavala, incluido en la antología de Jara y Spadaccini, *1492-1992:Re/Discovering Colonial Writing*.

representativos (55-63). Es precisamente en este momento de crisis que ocurre una alianza dentro del campo intelectual como sector intermediario entre el poder monárquico y la variedad de estamentos que componían la sociedad española de la época. Es así como las prácticas culturales se transforman en un discurso "dirigido" y "masivo" que teatraliza en los centros urbanos el intenso proceso de negociación y consolidación de nuevas redes de poder institucional.

Simultáneo al transplante del barroco al espacio americano ocurren unos desplazamientos significativos que vulneran la manera en que tradicionalmente se organizan las estructuras de poder en la sociedad virreinal. En este sentido se puede afirmar que el Barroco no opera en América como tecnología identificatoria transparente de los centros de poder metropolitanos y virreinales. Por ello se ha destacado precisamente cómo el contexto particular de la colonia exige un estudio más detallado de lo que la crítica contemporánea ha denominado como el "Barroco americano" o el "Barroco de Indias" (Roggiano, "Acerca de dos barrocos" 40-46). Este debate sobre el Barroco en la América colonial se ha polarizado entre los que identifican el barroco como arte que impone el poder metropolitano y los valores eurocéntricos en la heterogénea sociedad americana, y los que identifican al mismo como un discurso de subversión y resistencia que se puede leer incluso como parte de una agenda protonacionalista (ver Apéndice III).

Llama la atención, sin embargo, el estudio que se ha llevado a cabo sobre la teatralidad del poder y la vinculación del arte en la consolidación o transformación de las redes institucionales del poder colonial. En este contexto hay que estudiar cómo los espectáculos públicos y las festividades oficiales desempeñaron un rol múltiple en la articulación de un poder metropolitano, virreinal y/o local en el espacio americano:

> Las festividades constituían una liturgia política. Su función era doble: por una parte, eran una reiteración ritual de los vínculos que unían al rey con sus súbditos de Nueva España; por la otra, en esos actos las dos naciones que, según una ficción jurídica, componían el reino: la nación española y la india, se mezclaban en un todo unitario. En el rito se realizaba, simbólicamente, una doble relación: la del señor con sus vasallos y la del pueblo consigo mismo (Paz, "Ritos políticos" 5).

Bonet Correa también ha comentado cómo estas festividades públicas servían de válvula de escape que permitía mantener el orden vigente entre los diversos estratos sociales que se identificaban con estas prácticas en el espacio urbano (53-54). Por su parte Pascual Buxó ha destacado cómo estos espectáculos públicos eran un medio usado por los españoles en América para equipararse con España al mostrar la misma capacidad para desplegar la fastuosidad y el lujo que se asociaba con el poder absolutista metropolitano (*Arco y certamen* 7).[10] Sin embargo, lo más importante de este tipo de espectáculo público es que se convierte en un momento de reconocimiento múltiple entre "el pueblo que admira, la autoridad que pone en escena y el homenajeado que es el protagonista central" (Bravo Arriaga, "El arco trinfal" 88).

Los escritos de Sor Juana se pueden integrar a este corpus de textos que teatralizaban las interacciones de diversos sectores hegemónicos en la sociedad colonial, ya que la mayoría se vincula a la corte virreinal. Por eso comienzo mi lectura a partir de tres textos que me permiten articular una coyuntura específica a partir de la cual se constituyen unas subjetividades coloniales que se relacionan con el problema del conocimiento. Me refiero al *Neptuno alegórico*, el "Romance a la Duquesa de Aveyro" y el romance "A las inimitables plumas de Europa" (número 51 en las *Obras completas*), textos en los que se establece la oposición semántica entre "fuerza" y "razón" y que desencadenan la constitución de una posición colonial y americana del sujeto que enuncia y produce los textos literarios.

El *Neptuno alegórico. Océano de colores, simulacro político* fue el texto que acompañó el arco triunfal que la catedral le presentó a los Marqueses de la Laguna en su entrada a la ciudad de México en 1680.[11] Además de la

---

[10] Otros estudios que han relacionado el arte y el proceso de represión y ejercicio del poder estatal y local son el libro de Roy Strong, *Art and Power. Renaissance festivals 1450-1650*, que permite vincular las festividades coloniales a la tradición europea que le precede; los libros de Mariano Picón Salas, *De la conquista a la independencia* de Irving Leonard, *La época barroca en el México colonial*, y los ensayos de Viviana Díaz Balsera, "Los empeños de una casa: el sujeto colonial, y las burlas al honor", Susana Hernández Araico, "El código festivo renacentista barroco y las loas sacramentales" y María Dolores Bravo Arriaga, "El arco triunfal novohispano como representación". La tesis de licenciatura de Juan Mata Lozano, *Arte emblemático y simbología política: Sor Juana y Sigüenza y Góngora*, vincula la festividad pública barroca con el emblema literario que se desplaza al espacio político para obtener cierto reconocimiento por medio de la alabanza de figuras de poder (36). Esta es la misma tesis que elabora Beatriz Mariscal Hay sobre el *Neptuno alegórico* en su artículo "Una 'mujer ignorante': Sor Juana, interlocutora de virreyes".

[11] Georgina Sabat de Rivers ha llevado a cabo estudios fundamentales del *Neptuno alegórico* de Sor Juana. Destaco su artículo "El 'Neptuno' de Sor Juana: fiesta barroca y programa político" y la "Introducción biográfica y crítica" a su edición de la *Inundación castálida*. Otros estudios sobre esta obra incluyen el ensayo de Agustín Boyer, "Programa iconográfico en el *Neptuno alegórico* de Sor Juana Inés de la Cruz"; Karl Ludwig Selig, "Algunos aspectos de la tradición emblemática en la literatura colonial"; Beatriz Mariscal Hay, "Una 'mujer ignorante': Sor Juana, interlocutora de virreyes" y el comentario de Francisco de la Maza sobre "Neptuno y Sor Juana" incluido en su libro *La mitología clásica en el arte colonial de México*. Estos estudios proveen información que vincula el arco de Sor Juana con la tradición clásica y renacentista de las festividades públicas, además de que ofrecen un valioso análisis crítico que vincula las alusiones mitológicas del texto con el contexto virreinal mexicano.

importante relación entre el homenaje público y el reconocimiento del poder virreinal, el texto de Sor Juana traza un entramado de correspondencias temáticas, semánticas y morales por medio de las cuales se puede equiparar a los virreyes con las figuras mitológicas de Neptuno y Anfitrite.[12] El *Neptuno alegórico* se compone de una explicación del paralelismo establecido entre Neptuno y el Marqués de la Laguna, seguido de una detallada descripción de los ocho lienzos, las cuatros basas y los dos intercolumnios que componían el arco triunfal, y cierra con un texto poético que resume la alegoría contenida en cada uno de los ocho lienzos. Sin entrar en un resumen detallado de la alegoría, quiero destacar un momento clave de la misma en que se establece el enlace temático y semántico entre fuerza vs. razón a partir del cual trazo la lectura del resto de los textos de Sor Juana que comento en esta sección. Me refiero particularmente a la descripción de la competencia entre Minerva y Neptuno para poner un nombre a la ciudad de Atenas, que se representa en el séptimo lienzo del arco. En esta competencia se oponen dos tipos de ingenios, ejemplificados en el tipo de invención que cada uno propone para beneficio de la humanidad en general. Mientras Neptuno inventa el caballo, "anunciando guerras con sus sonorosos relinchos" (389), Minerva inventa la "oliva, dando verdes anuncios de paz" (389). En la oposición de guerra y paz opera el ejercicio del ingenio de la diosa, que descubre que la paz redunda en una mayor victoria humana que la posibilidad de vencer en una guerra en específico. Mientras Neptuno ve en la mayor "fuerza" física y en la victoria guerrera un triunfo, Minerva opone un modo más racional de beneficiar al género humano: "Es decir, la paz permite el florecimiento de las ciencias y, por tanto, vence a la guerra simbolizada por el caballo" (Sabat-Rivers, "El Neptuno de Sor Juana" 253).

Una vez se determina la victoria de la paz sobre la guerra en la competencia de ingenios, se establece una relación de parentesco que ubica a Minerva simultáneamente como la hija y la capacidad racional de Neptuno:

---

[12] Para más información sobre una comparación del *Neptuno alegórico* y el *Teatro de virtudes políticas* de Carlos de Sigüenza y Góngora ver el ensayo de José Rojas Garcidueñas "Sor Juana y don Carlos de Sigüenza y Góngora" y la tesis doctoral de Rafael Catalá, *El sincretismo criollo en el barroco americano y su expresión en la obra de Sor Juana Inés de la Cruz*. Aunque ambos arcos se erigieron para celebrar la llegada de los virreyes de México, el arco triunfal de Sigüenza y Góngora ha sido muy estudiado porque se vale de la historia y de los dirigentes indígenas para construir un retrato del gobernante virtuoso. Esta diferencia en la fuente para elaborar el mismo tema ha generado un amplio debate entre los estudiosos de la época que ven en la obra de Sigüenza y Góngora una agenda protonacionalista mucho más evidente que la de Sor Juana. Retomo este debate en el capítulo seis de este estudio.

De donde se puede inferir que decir que Neptuno engendró a Minerva fue decir que fue sabio y que como tal produjo actos de sabiduría; y decir que fue de ella vencido, no fue más que decir que se sujetaba a las reglas de la razón, que es la verdadera libertad como lo afirmó Plutarco: *Rationi servire vera libertas est* [Servir a la razón es la verdadera libertad]; y vencer, como lo hacen todos los sabios, la parte superior del hombre a la inferior, refrenando sus ímpetus desordenados (OC, IV, 390).

De donde se colige que Minerva, en este sentido, no es distinta de Neptuno, sino su propia sabiduría (OC, IV, 391).

Mientras que el caballo se asocia metonímicamente con los "ímpetus desordenados" y con "la parte animal del hombre" (391), Minerva se asocia entonces con la parte racional que debe controlar las bajas pasiones.[13] Nótese cómo de primera instancia el texto vuelve a asociar la razón y el saber con un personaje femenino, algo que ya se había desarrollado temáticamente en la descripción de Isis y su asociación con Minerva al comienzo del *Neptuno* (365-66).[14] Esta oposición de eco calderoniano entre pasión y razón concluye con la idea de que dejándose vencer por Minerva —vista como igual a su razón— Neptuno en efecto se ha vencido a sí mismo. Por otro lado, la razón se vincula con la consecución de una "verdadera libertad", de modo que la oposición entre fuerza y razón se inscribe en una lucha por conseguir la libertad, elemento que será fundamental en la constitución de las subjetividades epistemológicas coloniales que se puede trazar en los textos de Sor Juana. Es así como el *Neptuno alegórico* vincula la oposición de fuerza y razón con una pugna entre la naturaleza masculina y femenina que se negocia por medio de un saber racional asociado aristotélicamente con la consecución de una libertad verdadera.

---

[13] Melveena Mckendrick, en su estudio de las fuentes para la elaboración del personaje de la mujer docta en el teatro de Siglo de Oro español también ha señalado a Minerva como el prototipo clásico que sirve de fuente al personaje femenino intelectual en las obras de Lope de Vega y Tirso (298). Parece que en el *Neptuno alegórico* se regresa a esa fuente clásica para establecer un vínculo originario, si se quiere, en donde el discurso clásico sirve de sustrato para la reconfiguración de la imagen cultural que se propone del género sexual femenino y su relación con la epistemología y la racionalidad oficial en la época.

[14] En este texto siempre que se vincula la sabiduría con lo femenino se mantiene la presencia de lo masculino como parte constitutiva de este saber, pues Minerva es la sabiduría de Neptuno, y el significado del nombre de Isis es dos veces varón (366). Por otro lado debe destacarse también cómo el sujeto femenino se describe como más inclinado a la razón y la negociación pacífica que el sujeto masculino, claramente vinculado al ejercicio de la fuerza militar. Margo Glantz ha señalado que esta misma oposición aparece en la loa al *Divino Narciso*, donde "la fuerza está del lado de los varones, la capacidad de razonamiento del lado de las mujeres" (*Borrones...* 183). Retomo esta distinción en mi estudio de los autos sacramentales de Sor Juana en el capítulo siguiente.

Esta oposición entre "fuerza" y "razón" es un tema ampliamente elaborado en otros textos de Sor Juana. Antonio Alatorre ha estudiado el desarrollo de este mismo tema en la "Carta de Monterrey", a partir de la siguiente cita: "Ciertamente no soy hereje, pero *si lo fuera*, no sería la fuerza lo que me haría regresar al redil católico, sino 'la razón' (línea 246) ("La carta de Sor Juana" 663). Nina Scott también ha estudiado cómo esta oposición se vincula en la "Carta de Monterrey" a un proceso de salvación que es ejercicio del libre albedrío fundamentado en la razón y no en la fuerza ("If you are not pleased" 432). También he comentado en la parte final del segundo capítulo cómo se utiliza esta oposición en la "Carta de Monterrey" para constituir un sujeto intelectual femenino. Asímismo, las loas al *Divino Narciso* y *El cetro de José* vuelven a trabajar el proceso de evangelización del indoamericano como un proceso racional y no militar. Lo interesante de esta oposición, sin embargo, es la multiplicidad de niveles y campos semánticos asociados en el ejercicio escriturario de Sor Juana. Si por un lado se opone en estos textos una epistemología racional al ejercicio del poder físico ilimitado, por otro se establece un entrecruce estratégico entre fuerza vs. razón en el contexto evangelizador, religioso, colonial y de política sexual en el virreinato. Lo que el *Neptuno alegórico*, la "Carta de Monterrey" y las loas a los autos sacramentales construyen a partir de esta misma oposición temática es una pugna de poderes y saberes coloniales que incide sobre toda una gama de prácticas, discursos e identidades. De ahí que sea nuevamente esta oposición uno de los ejes temáticos a partir de los cuales trazo las diversas instancias de subjetividad colonial que se elaboran en los textos de Sor Juana.

El "Romance a la Duquesa de Aveyro" explora la otra dimensión de este entramado de lectura que consiste en la identificación de una posición alterna en el hablante que se puede identificar como colonial. Sabat-Rivers ha estudiado cómo este texto tematiza la identificación del hablante con un origen americano hasta donde España ha llevado su codicia destructora ("Sor Juana: feminismo y americanismo" 104). Lo interesante del texto es el desdoblamiento entre un "nosotros" que unifica a España y América en la convicción cristiana —"quien con celo infatigable/ solicita que los triunfos/ de nuestra Fe se dilaten" (OC, I, 104)— y un yo que se ubica específicamente en una América distante que es objeto de explotación minera por la metrópoli española:

> Desde la América enciendo
> aromas a vuestra imagen,
> y en este apartado Polo
> templo os erijo y altares. [...]
> Que yo, Señora, nací
> en la América abundante,
> compatriota del oro,
> paisana de los metales,

> adonde el común sustento
> se da casi tan de balde,
> que en ninguna parte más
> se ostenta la tierra Madre. [...]
> Europa mejor lo diga,
> pues ha tanto que insaciable,
> de sus abundantes venas
> desangra los minerales, ... (OC, I, 102-3).

El romance se abre con el deseo de alabar la belleza e inteligencia de la Duquesa de Aveyro, mujer a quien no se conoce personalmente, sino por referencias de la Condesa de Paredes. Este distanciamiento entre la mujer alabada y el sujeto que produce la escritura se desplaza en el texto a las distancias entre Europa y América, y al contexto de explotación minera y económica que media la relación colonial. Lo que llama la atención de este "desvío" temático del poema es que se plantea un segundo argumento paralelo que opone la codicia de riquezas con los principios de humildad de la fe católica que define el sistema moral de los europeos y novohispanos. Nótese nuevamente cómo el espacio de la identidad americana se ubica en el texto como una digresión de impulso similar al del "vicio" del saber que he comentado en la *Respuesta*. El sujeto que enuncia se ubica del lado de la América de "los metales", y de la fe católica que desprecia las riquezas materiales, y así se opone a la empresa colonizadora en la que predomina el interés económico y no el evangelizador:

> ¡Y a cuantos, el dulce Lotos
> de sus riquezas, les hace
> olvidar los propios nidos,
> despreciar los patrios Lares!
> Pues entre cuantos la han visto,
> se ve con claras señales
> voluntad en los que quedan
> y violencia en los que parten.
> Demás de que, en el estado
> que Dios fué servido darme,
> sus riquezas solamente
> sirven para despreciarse (OC, I, 103).

El poema opone, entonces, el carácter transitorio e interesado de los europeos que vienen a vivir a América por motivos económicos, con el nativo de América que se identifica con su "patria" o lugar de origen sin que medien intereses materiales que justifiquen tal vínculo. Esta oposición entre pertenencia interesada y presencia orgánica constituye la voz que enuncia como parte integral de ese lado americano que invade el texto laudatorio y se convierte en una digresión que acentúa las "distancias" que definen la relación metrópoli-colonia: "¿Pero a dónde de mi Patria/ la dulce afición me hace/remontarme del asunto/ y del intento alejarme?" (103-4).[15] El final del poema retoma la alabanza de la duquesa y propone vencer la distancia para poder someterse al servicio y afecto de la mujer alabada: "Yo, pues, con esto movida/ de un impulso dominante,/ de resistir imposible/ y de ejecutar no fácil,/ con pluma en tinta, no en cera, / en alas de papel frágil/ las ondas del mar no temo,/ las pompas piso del aire,/ y venciendo la distancia/ [...]a la dichosa región/ llego, donde las señales/ de vuestras plantas, me avisan/ que allí mis labios estampe" (Cruz, OC, I, 105). De este modo la escritura reposiciona esta identidad "orgánica" colonial en un circuito religioso y político en donde no se postula una diferencia absoluta y tajante entre el europeo y el americano. América sigue, entonces, presentando sus respetos a las figuras de poder metropolitanas, pero comienza a cuestionarse la entrada interesada de los europeos al entorno inmediato de la "patria". Asimismo, el sujeto colonial se integra al campo ideológico religioso mientras se distancia del proyecto económico de la colonización.

No obstante, el discurso de "amor cortés" se interrumpe para señalar la "distancia" física y la incorrespondencia orgánica entre la coexistencia del europeo en América y del americano en Europa, pues después de todo esta voz de la "América abundante" establece al mismo tiempo que es "nadie", y que sólo puede ser uno de los "criados" de la duquesa. Este desliz textual entre el "nosotros" de la fe y el "yo" americano señala los puntos de confluencia y distanciamiento entre el espacio americano y el europeo. Si bien la comunidad de creencias religiosas sirve de espacio armonizador, hay unas agendas económicas muy conflictivas que vulneran la credibilidad del europeo en el ejercicio de la fe cristiana que él mismo debe representar. Ocurre aquí una última inversión textual que ubica al sujeto americano como practicante católico más fidedigno que los codiciosos europeos. Es así cómo este poema de Sor Juana despliega una estrategia de uso común en los textos barrocos de la colonia, y que J. Theodoro ha descrito como una crítica del colonizador desde su mismo sistema de valores religiosos (111). Es entonces por medio de esta estrategia que la identidad americana y colonial se constituye en una íntima y problemática relación con el sujeto colonizador en donde el proceso de diferenciación nunca llega

---

[15] En las tesis doctorales de Anthony Pasquariello, *The Entremés, Sainete and Loa in the Colonial Theater of Spanish America*, y Tonia León, *Sor Juana Inés de la Cruz's 'Primero sueño': A Lyric Expression of Seventeenth Century Scientific Thought*, ambos estudiosos han destacado esta estrategia de la digresión o el uso de géneros literarios de menos difusión y oficialidad para elaborar temas conflictivos, tales como la crítica a los sistemas epistemológicos vigentes o la legitimación de identidades alternas excluidas del orden metropolitano oficial. De este modo el texto esconde sus propuestas más problemáticas al presentarlas en lugares donde el público espera argumentos superficiales o jocosos.

a polarizarse por completo. Parecería que el texto se detiene en esa ambigüedad que no permite postular el "patriotismo" como un gesto completamente diferenciador, sino como uno de los modos de redefinir una relación con la metrópoli que reconozca la legitimidad de ciertos sectores intermediarios americanos.

Este mismo gesto de diferenciación, a medias de una identidad americana se desarrolla en el romance "A las inimitables plumas de Europa", texto en el que la escritura americana es invadida por elementos intraducibles para el entorno metropolitano. El texto, dirigido a los escritores europeos que alaban la escritura de Sor Juana, señala constantemente la distancia y diferencia que existe entre una percepción local y una lectura metropolitana:

> No soy la que pensáis,
> sino es que allá me habéis dado
> otro ser en vuestras plumas
> y otro aliento en vuestros labios,
> y diversa de mí misma
> entre vuestras plumas ando,
> no como soy, sino como
> quisisteis imaginarlo. [...]
> ¿Qué mágicas infusiones
> de los Indios herbolarios
> de mi Patria, entre mis letras
> el hechizo derramaron? [...]
> Bien así, a la luz de vuestros
> panegíricos gallardos,
> de mis oscuros borrones
> quedan los disformes rasgos (OC, I, 159- 61).

Margarita Zamora ha comentado este gesto diferenciador de una identidad particularmente americana en estos versos de Sor Juana. En su ensayo "América y el arte de la memoria" se analiza cuidadosamente la referencia del poema a los "Indios herbolarios" como modo de enunciar una diferencia que no es procesable para un público lector europeo y como postulación de una capacidad hermenéutica americana que destaca otras dimensiones del proceso de significación discursiva (140-1). Zamora elabora esta diferenciación entre el "allá" europeo y el "acá" americano como la creación de una identidad literaria diferenciada que se ubica en el espacio de la "Patria" (141).

Sin embargo, aunque su lectura propone otra interpretación de la "falsa modestia" en el texto para proponer un "reproche" que genera una identidad americana, parecería que no considera esta estrategia inicial como constitutiva de esta identidad alterna que el texto propone. La "falsa modestia" o la subordinación voluntaria de sus escritos parece responder a una jerarquización de espacios, de modo que el "allá" metropolitano, aunque impone lecturas desfiguradoras de la escritura americana, también goza de una cierta autoridad con la cual el sujeto colonial negocia en el momento de proponer una posición diferenciadora. De ahí que los textos americanos se equiparen a "oscuros borrones" y "disformes rasgos" que necesariamente se tergiversan en el viaje discursivo entre la metrópoli y la colonia.[16] Reproche y sumisión serían gestos simultáneos y complementarios de una misma condición colonial: "¿De qué estatura me hacéis?/ ¿Qué Coloso habréis labrado,/ que desconoce la altura/ del original lo bajo?" (158). A partir de este doble movimiento se forja una identidad colonial que oscila entre el gesto abiertamente diferenciador de una identidad alterna ("los Indios herbolarios") y el deseo de equipararse con el ciudadano madrileño como posición particularizada de la red de poder metropolitana ("los disformes rasgos"). De este modo, esta identidad colonial se postula como posición diferenciada que no llega, sin embargo, a polarizarse del todo, ni a proponer una separación tajante con el espacio discursivo y político de la metrópolis.

En los tres textos se destacan unas estrategias que apuntan hacia lo que Vidal ha denominado como el surgimiento de un sector colonial intermediario:

> Una pequeña minoría pasó a formar parte de la nueva estructura de poder peninsular bien sea como administradores medios de sus propios pueblos o a través de matrimonios contraídos con españoles para negociar la propiedad conjunta de la tierra. Las generaciones posteriores de indios y mestizos pertenecientes a estos rangos adquirieron el idioma, la religión y la educación españolas, incluso recibiendo títulos nobiliarios, y se localizaron preferentemente en las zonas urbanas. En el período de la Estabilización Colonial ellos serían los productores de literatura (25).

Un sector significativo del campo intelectual novohispano del siglo XVII se dedicaría, por tanto, a proponer un modo alterno de articular el poder metropolitano-colonial de forma tal que se abriese un espacio para estos nuevos sectores locales que aspiraban a ocupar los puestos del poder virreinal. Este intenso proceso de negociación hacía necesaria la legitimación de una identidad americana diferenciada, pero sin por ello vulnerar las redes de poder colonial a las que se aspiraba entrar en un rol de mediación. Este gesto reconfigurador del poder se ve también en textos producidos desde bastante temprano en el virreinato del Perú, como la *Primer nueva*

---

[16] Este mismo gesto lo encontramos en "Sainete Segundo" a *Los empeños de una casa* (Cruz, OC, IV, 119-129) y la loa al *Divino Narciso* (Cruz, OC, III, 19-20), pues ambas obras destacan la superioridad del teatro madrileño ante la marginalidad de la literatura americana.

corónica y buen gobierno de Guamán Poma y los *Comentarios reales* del Inca Garcilaso de la Vega.

Partiendo de este marco textual que articula una identidad colonial e intelectual intermediaria, me gustaría pasar a la lectura de los villancicos de Sor Juana, textos dramáticos en que se trabaja precisamente con la polifonía epistemológica constitutiva de la experiencia colonial novohispana.

3. Los villancicos y la construcción de una "epistemología inter-cultural"

> El pueblo que llenaba las catedrales la oía, la entendía y sentía que se identificaba con esa que era su voz. No entendía el latín de los maitines, pero sí comprendía el castellano, el náhuatl, la jerigonza de las mezclas, y la sencillez de lo que se decía, aprendiendo por ello su gran lección de teología.
> —Josefina Muriel, *Cultura femenina novohispana* 159.

La mayoría de los estudios críticos sobre los villancicos de Sor Juana ha destacado su carácter popular y su capacidad representativa de las voces marginadas de la sociedad colonial (ver Apéndice IV). Alfonso Méndez-Plancarte ha llevado a cabo un minucioso estudio introductorio a las *Obras completas* de Sor Juana donde contextualiza estos villancicos con su desarrollo y cultivo en España. Su estudio destaca el origen del término "villancico" como "un diminutivo de villano, el aldeano o rústico —y su cantar, tañido, o baile característico, o bien su imitación ya más o menos artificiosa" (OC, II, XI). De ahí que resulte claro el vínculo de este género con el habla coloquial y la representación de los sectores populares de la sociedad metropolitana. Originalmente el contenido de estas composiciones podía ser sacro o profano, y su interés primordial era la representación del habla rústica, siguiendo el modelo del *sayagüés* que Encina había elaborado en sus breves obras fársicas. No será hasta más tarde que el villancico se institucionaliza como composición religiosa que se canta en la iglesia durante la Navidad y otras festividades (OC, II, XIII). Ya para los años entre 1660 y 1750 el villancico se ha especializado para convertirse en la composición poética que se intercalaba exclusivamente durante los Maitines en las fiestas litúrgicas. Más tarde estos villancicos se componían de juegos compuestos de 8 a 10 villancicos que se organizaban de la siguiente manera: "tres Nocturnos, cada uno de tres Salmos y tres lecciones con sendos Responsorios que eran sus cúspides polifónicas" (OC, II, XVII-XVIII).

La mayoría de los villancicos finalizaba con una "ensalada" donde se representaba la multiplicidad de voces de los sectores marginales de la sociedad metropolitana (OC, II, XVIII). Georgina Sabat Rivers ha señalado cómo la "ensalada" se caracteriza por una movilidad y polifonía que incorpora y localiza una gran variedad de las voces y razas típicas que componían a la sociedad novohispana ("Blanco, negro, rojo" 248). Por otro lado, José Antonio Mayoral ha estudiado la estructura de estas ensaladas en los villancicos de Sor Juana y señala que esta mezcla de voces responde a una estructura específica que permite definir un género de escritura poética cultivado ampliamente durante la misma época en la cual Sor Juana compuso sus villancicos (224-6). De acuerdo con Mayoral, la introducción de cada ensalada explica y distribuye espacialmente las diversas voces que van a intervenir en el debate o diálogo a partir del cual generalmente se plantea esta parte final del juego de villancicos (230). En este sentido, la incorporación de estas voces subalternas en el villancico implica simultáneamente una apertura del discurso religioso para incorporar las aportaciones y saberes marginados, y una localización o definición del lugar ocupado por estos sujetos en el orden de la sociedad novohispana colonial.

Es precisamente a partir de la estructura del juego de villancicos que me interesa proponer una lectura de algunos de los textos de Sor Juana. Es importante recordar aquí que el propósito principal de estos villancicos religiosos era transmitirle al pueblo que se congregaba en la iglesia alguna enseñanza sobre el dogma o la creencia católica. De ahí que la inclusión de voces "populares" apunte hacia lo que el epígrafe que incluyo de Muriel destaca como la necesidad de identificar los registros y modos de expresión del pueblo para transmitirle una enseñaza doctrinal que los unificaba:

> ... los villancicos estaban destinados a una comunidad heterogénea y no obstante, en aquel momento, sustancialmente concorde: una comunidad tan singularmente cerrada en sus límites de lejano virreinato y en sus ocios de pequeña corte, como abierta, en todos los niveles, a los ejercicios refinados y fastuosos del gusto barroco. (Puccini, "Los 'villancicos' de Sor Juana Inés de la Cruz" 231).

De acuerdo a este propósito "unificador", los villancicos comenzaban con la voz centralizadora de la fe católica metropolitana y progresaban en el juego hacia una dispersión de voces que culminaban con la "ensalada" o mezcla de diversas voces populares. El villancico ensayaba, a lo largo de sus nueve composiciones, una serie de explicaciones simultáneas, llevadas a cabo en diversos registros verbales e intelectuales, para transmitir una misma verdad doctrinal o dogmática. Este esfuerzo didáctico diversificador fue central en el cultivo del villancico en España y en las colonias americanas. De ahí que, como destaca Georges Baudot, la inclusión de voces negras o indígenas no sea exclusiva del cultivo del villancico en la América colonial:[17]

---

[17] Esta misma idea la sugieren los trabajos de Alfonso Méndez-Plancarte, "Estudio liminar" al tomo dos de las *Obras completas*, Fernando Benítez en *Los demonios en el*

Desde luego todos sabemos que el villancico era español y explotaba temas y formas harto convencionales, usando y abusando a veces de convenciones literarias como la "media lengua" de los esclavos africanos, el decir "a lo negro" o el decir lusitanizado, y que hasta se usó en España un decir "a lo azteca" como en aquel tocotín nahuatlizado que importó a Cádiz el poeta José Pérez de Montoro hacia 1680, proclamando que le llegaba "de Chapurtepeque" ("El barroco mexicano" 110).

De ahí que no sea necesariamente el uso y representación de ciertas voces "subalternas" lo que me interesa destacar de los villancicos de Sor Juana, puesto que esta estrategia ya había sido ampliamente usada por autores europeos y americanos (Jones 67, Wilson 93). Se trata de que el uso de esta estrategia verbal y literaria se integra a un contexto colonial donde la representación de estas voces y su lugar específico en la estructura de los juegos de villancicos produce una epistemología diversificadora que se escuda en el común denominador de la fe católica para proponer un nuevo modo de acercarse al problema del conocimiento. Parecería, entonces, que los juegos de villancicos trazan en su estructura misma un viaje desde el saber católico metropolitano hasta la multiplicidad de voces de la colonia que apunta hacia la articulación de una "epistemología inter-cultural" donde el villancico es el lugar de confluencias y tránsitos de varios paradigmas y sujetos cognoscitivos.

En ese sentido mi lectura coincide con lo que Puccini postula como un doble proyecto transculturador en la obra de Sor Juana, que se dirige a un público selecto en los autos sacramentales y a otro público más masivo en sus villancicos:

> Pero la loa y el auto estaban dirigidos a un público que se supone diferente, más escogido, de aquel que estaba llamado a cantar y a oír cantar los villancicos. La acción de transculturación de Sor Juana se desarrollaba pues en dos frentes distintos pero en el fondo paralelos. En los villancicos, la participación popular excluye posiciones problemáticas y mediatas: actores y espectadores al mismo tiempo, el indio y el mestizo reviven así la leyenda de la Navidad, el mito de la pureza liberadora de María, y las historias ejemplares de los santos, en una mera y directa figuración fantástica y en una simple e inmediata fabulación emblemática (Puccini, "Los 'villancicos'" 236).

---

convento, especialmente las páginas 73-82, en que cita versos de Góngora que usan el habla negra, y el estudio de Rosa Valdés Cruz, "La visión del negro en Sor Juana". Algunos de estos estudios, sin embargo, destacan cómo las voces del negro y el indígena son más subversivas en la obra de Sor Juana porque se quejan abiertamente contra el sistema de la esclavitud. En mi lectura destaco, sin embargo, la formación de una identidad colonial intermediaria, y cómo la representación de estas voces permite articular el espacio de mediación que le debe corresponder a este sector social.

Debajo de esta supuesta unificación en el conocimiento de la fe católica, el villancico opera una diversificación en el proceso de adquisición de un saber, que se desdobla en varias narraciones sucesivas y utiliza registros diferentes para comunicarse con sectores heterogéneos de la sociedad colonial. Me interesa, por lo tanto, leer partes de cuatro juegos de villancicos de Sor Juana para trazar la articulación de esta "epistemología inter-cultural" a la que apuntan estos textos desde su constitución genérica. En este sentido mi análisis no propone este gesto multiplicador de los paradigmas cognoscitivos como exclusivo de la obra de Sor Juana, sino como resultado de un contexto colonial o multiracial que por medio de los contactos interculturales promovió la postulación de un nuevo paradigma epistemológico y pedagógico.

Nuestra lectura también se detiene en la representación ambigüa y problemática de los elementos culturales novohispanos, ya como índices de diferencias, o como espacios de negociación para una inscripción en el circuito colonial. De ahí que la subjetividad epistemológica articulada en estos textos se quiebre en una multiplicidad de posiciones que en raras ocasiones llegan a postular una polarización completa de los sectores metropolitanos y americanos.

El juego de villancicos dedicados a la "Asunción" en 1676 abre con una competencia entre el cielo y la tierra por ver cuál obtuvo el mayor favor divino. El primer villancico concluye alabando el vientre de la Virgen María como superior al cielo: "pues el Vientre de María/ es mucho mejor que el Cielo;/ y así es bien que en Cielo y suelo/ por más dichosa me tengan [habla la tierra]" (OC, II, 4). De ahí el juego de villancicos se desdobla en diversas alegorías, que destacan las virtudes de la Virgen María. El segundo villancico está redactado en latín, y en el mismo se resumen algunos de los datos de la vida de la Virgen, se alaba su participación como madre de Cristo, y se describe su ascenso al cielo ante la admiración humana. El tercer, cuarto y séptimo villancico desarrollan tres alegorías relacionadas con distintos campos del saber: el saber universitario, en el cual la Virgen logra presentarse exitosamente en la oposición para la Cátedra de Prima de Teología; el saber musical, en que la Virgen se distingue como "Maestra Divina,/ de la Capilla Suprema" (OC, II, 7) y el arte de la retórica, pues "María sabe enseñar/ el *arte de bien decir*" (Cruz, OC, II, 13).[18] En estos tres villancicos se destaca la capacidad pedagógica y académica de la Virgen, que se ubica en la posición de "Maestra" que puede impartir efectivamente

---

[18] Este tipo de villancicos son los que Robert Ricard denomina como "doctos", pues la monja aprovecha su amplia erudición para elaborar juegos verbales que se derivan de su dominio cabal de ciertas disciplinas (*Une poètesse mexicaine* 33). De acuerdo a Ricard, Sor Juana elabora en su poesía religiosa dos registros, uno culto y uno popular, pero esta serie de villancicos eruditos sería un entrecruce de ambos estilos de modo que sus obras apelaban a un público más amplio.

una enseñanza al público religioso. En este sentido la alegoría teológica se transporta a un contexto pedagógico y educativo que es también central en el gesto del villancico que se representa en la Iglesia. Así se vinculan el texto y la Virgen en un mismo esfuerzo didáctico mediado por el ejercicio de la fe popular.

Dejando de lado el parecido que esta caracterización de la Virgen tiene con la defensa del estudio y enseñanza femeninos desarrollada en la *Respuesta*, cabe destacar cómo el villancico vincula saber religioso y conocimiento secular en el modo mismo en que se refiere a las virtudes de la Virgen María. Este vínculo entre saber institucional y religión se desarrolla también en el juego de villancicos por vía de los diversos registros del lenguaje que se incluyen en el texto. Además del castellano y el latín que abren el juego de villancicos, encontramos el lenguaje heterodoxo del "Cantar de los cantares" —por su entrecruce del lenguaje sexual y el amor místico— que se elabora poéticamente en el villancico cinco, así como el lenguaje popular que se incluye en los villancicos seis y ocho. En el estribillo del villancico seis se equipara el género regional del corrido con el género metropolitano de la jácara: "—¡Vaya de jacaranda, vaya, vaya,/ que si corre María con leves plantas,/ un corrido es lo mismo que una jácara!" (Cruz, OC, II, 10). Luego el villancico elabora una descripción de la Virgen María como una guerrera de la fe:

> ¡Allá va, fuera, que sale
> la Valiente de aventuras,
> Deshacedora de tuertos,
> Destrozadora de injurias!
> Lleva de rayos del Sol
> resplandeciente armadura,
> de las Estrellas el yelmo,
> los botines de la Luna;
> y en un escudo luciente
> con que al Infierno deslumbra,
> un monte con letras de oro
> en que dice: *Tota Pulchra* (OC, II, 10-11).

La Virgen se equipara en estos versos con un caballero andante que defiende la fe católica. Nótese además la cercanía entre esta caracterización de la Virgen y la conocida caracterización del Quijote en la novela de Cervantes. Las alusiones militares y de fuerza física desplazan la figura de la Virgen María a un campo semántico que nos recuerda que fue precisamente la religión el pretexto para justificar la dominación militar de la América colonial, así como la Reconquista española. De este modo se añade la lucha militar y física colonial al espacio de los diversos saberes universitarios y retóricos a partir de los cuales se desarrolla el catálogo de virtudes de la Virgen. Por otro lado, esta asociación con la empresa militar vuelve a ubicar a la Virgen en el espacio intersticial de la oposición entre fuerza y razón, regresando así a la apertura del juego de villancicos que presenta a la Virgen como figura debatida entre el cielo y la tierra. La Virgen ocupa, entonces, ese lugar intermedio que vulnera categorizaciones de género sexual, jerarquías del saber, clasificaciones teológicas y prácticas de poder.

El juego de villancicos cierra con una "Ensaladilla" que se divide en tres registros vocales: la Reina, los Negros y los Indígenas. Esta diversificación de voces apunta hacia la ampliación de registros semánticos y lingüísticos que aspira a transmitir esta alabanza de la Virgen a un público heterogéneo. La entrada de la "Plebe humana" en el villancico culmina el viaje que se traza desde el castellano y latín inicial hasta el náhuatl con que se cierra el juego de villancicos. Veamos este último villancico con más detenimiento.

La "Introducción" cumple con esta función distribuidora de las voces que pueden participar en el canto religioso: "A la aclamación festiva/ de la Jura de su Reina/ se juntó la Plebe humana/ con la Angélica Nobleza./ Y como Reina es de todos,/ su Coronación celebran,/ y con majestad de voces/ dicen en canciones Regias:" (Cruz, OC, II, 14). De ahí el villancico se divide en tres canciones. El primer hablante es una "Reina" que ofrece obediencia a la Virgen a cambio de que ésta proteja la paz humana y defienda sus vidas contra la violencia. Nótese aquí cómo es precisamente la figura de la Reina la que representa el poder secular y ofrece su obediencia a la figura divina. Parecería que la Reina es esa primera instancia de la "Plebe humana" que se congrega en la iglesia, de modo que se destaca la marginalidad del sujeto femenino en la estructura del poder secular. Después del canto de la Reina entran los negros esclavos, quienes alaban a la Virgen María, pero lamentan que ésta ascienda a los cielos dejándolos solos en la labor forzada de la esclavitud:

<table>
<tr><td>

1. Cantemo, pilico,
que se va las Reina,
y dalemu turo
una noche buena.
2. Iguale yolale,
Flacico, de pena,
que nos deja ascula
a turo las Negla.
1. Si las Cielo va
y Dioso la lleva,
¿pala qué yolá,
si Eya sa cuntenta?
2. Déjame yolá,
Flacico, pol Eya,
que se va, y nosotlo
la Oblaje nos deja. (OC, II, 15-16)

</td><td>

—Cantemos, Perico
que se va la Reina,
y démosle todos
una noche buena.
—Igual es llorar,
Blasico de pena:
nos deja a oscuras
a todos los Negros.
—Si al Cielo se va
y Dios se la lleva,
¿para qué llorar,
si Ella está contenta? [...]
—Déjame llorar,
Blasico, por ella
que se va, y a nosotros
el Obraje deja.

</td></tr>
</table>

Lo primero que es notable en el texto es la marca lingüística que separa el español accidentado de los negros esclavos del castellano que abre y predomina en la mayoría de los villancicos de este juego. Esta representación del habla particularizada del negro contrasta con otras representaciones estilizadas del habla indígena que aparecen en las loas a los autos sacramentales. Y es que en este caso el villancico se acerca al público de la Iglesia por medio de la entrada de personajes marginales que presentan sus respetos a la Virgen que asciende al cielo, a la misma vez que lamentan el distanciamiento de la religión católica de los sufrimientos de la vida esclava. La elaboración del canto esclavo en dos voces, una que parece conformarse con la partida de la Virgen, y otra que lamenta su distancia y olvido de los negros esclavos, trabaja una polifonía de opiniones que no permite homogeneizar la participación del negro esclavo en el rito religioso. El estribillo final de esta sección unifica ambas voces por medio de la identificación racial de la Virgen con los esclavos: "— ¡Uh, uh, uh, / que non blanca como tú, / nin Pañó que no sa buena, / que Eya dici: So molena / con las Sole que mirá! [¡Uh, uh, uh, / que no es blanca como tú, / ni Español, que no es bueno; / que Ella dice: Soy Morena / porque el Sol mirado me ha!]" (OC, II, 16). Parecería que la única manera en que se puede lograr una unión total es desvinculando a la Virgen de la raza blanca y española que la asocia con el poder esclavizador virreinal, y asociándola con la raza negra.

De este modo el villancico apunta muy veladamente hacia el gesto sincrético que transformaba los santos y figuras divinas católicas en equivalentes de deidades africanas. La apertura del texto a este tipo de transformación racial de la Virgen se inserta y equipara a la serie de transformaciones anteriores de la Virgen —ya en Maestra, o en caballera andante— por medio de las cuales se alegorizaba la enumeración de sus virtudes. Así el texto también ubica el sincretismo en un contexto evangelizador, de modo que la transformación de la Virgen en morena no sólo la hace comprensible para un público esclavo, sino que la convierte en un motivo de confluencia con las prácticas religiosas oficiales de la colonia. Por eso el sincretismo —aludido aquí en su dimensión racial— se convierte en una más de las estrategias evangelizadoras que unifica a las diversas voces del villancico en el espacio común de la fe. Se puede decir que en este momento el villancico se vale de la religiosidad cristiana como un discurso mediante el cual se aspira a armonizar toda esa heterogeneidad racial que caracteriza a la cultura novohispana (Meléndez 88). En este sentido, la religión continúa funcionando como una fuerza incorporadora que permite abrir el espacio escénico y verbal a una diversidad de voces, razas y saberes que componen a la sociedad colonial, sin producir con ello una dispersión total del sentido de estos textos. Evangelización, incorporación y dominación siguen siendo, por lo tanto, elementos muy fuertes en la organización de estos textos de Sor Juana.

Es necesario destacar que esta representación onomatopéyica de la voz del negro, si por un lado intenta acercarse a la individualidad del sujeto representado, por otro apunta hacia un desconocimiento y distanciamiento del sujeto negro, al asumir su modo diferente de hablar como sonido rítmico ligado a las danzas rituales africanas. De ahí que el lenguaje onomatopéyico señale precisamente el límite del conocimiento sobre el esclavo, a quien se le abre un espacio dramático muy frágil por su vinculación con el humor y la burla fársica: "Los autores del barroco ven el negro como una figura graciosa, llena de donaire; es el ignorante que pertenece a una clase inferior y que ocupa en el mundo circundante un lugar semejante al de los villanos y los pastores" (Valdés-Cruz 209). El negro esclavo no interviene en el mismo nivel racional y epistemológico que el texto latino o las alegorías pedagógicas que se presentan en castellano, sino como ritmo, oralidad y musicalidad que varían el cántico del villancico.

No obstante, la queja que asoma en los versos cantados por los negros esclavos apunta hacia una mentalidad crítica que se resiste al sistema social y político vigente y es capaz de transformar los referentes metropolitanos para un uso muy específico de su sector social. La identificación de la raza como el valor que polariza los espacios sociales es también otro índice de cómo el sujeto negro entra a participar en el catálogo de alegorías y debates a partir de los cuales se tematizan las virtudes de la Virgen María.

Por último, este juego de villancicos cierra con un tocotín en náhuatl que pide a la Virgen que no olvide a sus devotos indígenas y la ubica en el lugar de mediación entre Cristo y la humanidad de un modo muy similar al tradicional culto mariano metropolitano.[19] La Virgen ocupa, entonces, ese espacio de intercesión que permite la salvación de los fieles indígenas: "Ea, pues, por las gentes/ suplícale:/ y si no quiere,/ recuérdale/ que tu carne/ Tú le diste,/ tu leche/ bebió, si soñaba/ también pequeñito." (traducción de Angel Garibay, OC, II, 365). Lo que llama la atención de este cierre es que permite la entrada del "Mejicano lenguaje" (Cruz, OC, II, 16) que transmite, por medio de la extrañeza de la lengua para un público metropolitano y criollo, un contenido bastante típico de la poesía religiosa medieval y renacentista europea. Este gesto también parece ubicar al indio como sujeto más asimilable a la tradición religiosa europea que el africano sincretizador. De este modo el villancico también diferencia los espacios que ocupan los sujetos indígenas y africanos para destacar cuán jerárquica podía llegar a ser la experiencia novohispana. Y es precisamente este cierre

---

[19] Para un estudio del uso del náhuatl en la obra de Sor Juana ver el artículo de Georges Baudot, "La trova náhuatl de Sor Juana Inés de la Cruz", y la ponencia de Frances Karttunen, "The Nahuatl Language in the Works of Sor Juana." Ambos trabajos exponen tesis opuestas sobre el dominio y uso del náhualt en la obra de Sor Juana, y analizan los pocos textos de esta escritora que se conservan en este idioma.

en una lengua diferente lo que culmina el proceso epistemológico intercultural con el cual caractericé los juegos de villancicos al comienzo de esta lectura. El texto se mueve del marco del castellano y el latín hacia registros disciplinarios, coloquiales y populares, para luego entrar en el español accidentado de los negros esclavos y terminar cruzando de un lenguaje a otro con la entrada del náhuatl al texto. La estructura del texto se puede resumir como sigue:

Villancico I: Apuesta del Cielo y la Tierra	Castellano
Villancico II: Asunción de María	Latín
Villancico III: Alegoría Universitaria	Castellano y Latín Vocabulario Disciplinario
Villancico IV: Alegoría Musical	Castellano y Latín Vocabulario Disciplinario
Villancico V: Alusión al Cantar de los cantares	Castellano
Villancico VI: Alegoría Guerrera	Español coloquial
Villancico VII: Alegoría Retórica	Castellano Vocabulario Disciplinario
Villancico VIII: Ensaladilla	Castellano, habla negroide y náhuatl

El cierre del texto en otro lenguaje apunta hacia un viaje que comienza en la metrópolis y termina en América, erigiendo la religión como el vínculo que aúna todos los modos diversos de expresión y de articulación de saberes sobre un mismo aspecto: la Virgen María y sus virtudes. El texto recupera, de este modo, una multiplicidad de saberes disciplinarios, raciales y regionales que "convergen" en el espacio religioso.

Una estructura muy similar se observa en los villancicos dedicados a la "Concepción" (1676), "San Pedro Nolasco" (1677); "San Pedro Apóstol" (1677); "Asunción" (1679); "Asunción" (1685); y "San José" (1690). La similitud en la estructura permite sugerir que el villancico es el género por medio del cual se trazan puntos de contacto y de desencuentros entre los campos de saber religioso y secular, metropolitano y colonial. Por medio de la empresa evangelizadora el texto se desdobla en una multiplicidad de instancias lingüísticas y de saberes que cuestionan las jerarquías sociales, raciales e institucionales que consolidaban el poder colonial. Este cuestionamiento, no necesariamente subversivo, apunta hacia un deseo de ampliar los espacios de debate y de conocimiento para incluir toda una serie de variantes regionales, no sólo americanas sino europeas.

Por ejemplo, hay un par de juegos de villancicos que finalizan con las voces de un vascuence y un portugués como las voces "disonantes" de sus ensaladillas. Este es el caso del villancico #249 del juego dedicado a "San Pedro Apóstol" (1677):

> Timnoneyro, que governas
> la Nave do el Evangelio,
> e los tesouros da Igrexa
> van a tua maun sugeitos:
> mide a equinoccial os grados
> e do Sol o apartamento,
> pois en todo o mundo tein
> de servir tuo deroteiro (OC, II, 57).

La voz del portugués se introduce justo después de que ha cantado un "mestizo" elogiando a San Pedro Apóstol. Del mismo modo, en el villancico núm. 274 del juego dedicado a la "Asunción" (1685) se unen el castellano, el latín, la voz de un negro esclavo y la voz de un vascuense, todas alabando diversas virtudes de la Virgen. Esta mezcla de registros e idiomas en un mismo villancico apunta no sólo a una diversificación de las perspectivas y modos del saber religioso, sino que también intenta legitimar y localizar estas voces diferentes dentro de una creencia religiosa compartida que replica ciertas estructuras del orden político. El vascuense es quien cierra este texto, en una composición que mezcla el castellano y el vasco:

> Aquí en Vizcaya te quedas:
> no te vas, *nere Biotzá;**   *corazón mío
> y si te vas, vamos todos,
> ¡*ba goaz!* [...]*   *vámonos
> *Guatzen, Galanta**, contigo;   *¡Nosotros en pos de ti, contigo hermosa
> *guatzen, nere Lastaná:**   *¡Nosotros en pos de ti, oh Amada mía!
> que al Cielo toda Vizcaya
> has de entrar.

La inclusión de voces "regionales" de procedencia europea en el mismo lugar en que se incluyen las hablas coloniales equipara las voces indígenas y negras con otras modulaciones locales —o "provinciales" si se quiere— del circuito metrópolis-colonia.[20] Aunque la mayoría de los villancicos

---

[20] Canny y Pagden han destacado cómo existía en la Nueva España este deseo de equipararse a una provincia metropolitana para adquirir los mismos derechos que los peninsulares que vivían en América (64). La contraparte de americano es "europeo" y no necesariamente "español", quien no era visto completamente como extranjero en algunos de estos textos coloniales(79). En este sentido se puede decir que el sujeto criollo buscaba equipararse al peninsular más bien en cuanto a la

mantienen las marcas de poder y jerarquía al identificar las voces indígenas y negras, parecería que la voluntad del texto es integrar —más que diferenciar y separar completamente— los saberes americanos al contexto oficial religioso y político europeo. En este sentido, el sujeto colonial se ubica en los textos como expresión de una identidad, lengua y saber regional que se puede integrar al saber metropolitano del mismo modo que se integra ilusoriamente en el discurso religioso que los villancicos enuncian.

Es necesario destacar que en este mismo villancico número 274 se presenta la voz negra como registro más accesible al público que el latín oficial en el que se llevaban a cabo algunos ritos y oraciones oficiales de la Iglesia Católica. La "ensalada" abre con un diálogo a dos voces donde se presentan unas coplas en latín que inician los cantos. En esta coplas se alaba a la Virgen y se pide su protección. Inmediatamente finaliza esta canción, interviene una tercera voz que sugiere un cambio de registro porque no entiende el saber que se transmite por vía del latín:

> 3.— Bueno está el Latín, mas yo
> de la Ensalada os prometo
> que lo que es deste bocado,
> lo que soy yo, ayuno quedo.
> Y para darme un hartazgo,
> como un Negro camotero
> quiero cantar que al fin es
> cosa que gusto y entiendo;
> pero que han de ayudar todos.
> Tropa.— Todos os lo prometemos.
> 3.—Pues a la mano de Dios
> y transfórmome en Guineo (OC, II, 96).

De este modo se cuestiona el alcance universal del latín como lengua para transmitir un saber, y se legitima el habla negra como modo de comunicar un saber religioso a un público masivo, quien también participa activa y colectivamente en la constitución de esta voz. Por otro lado, el texto destaca la representación de la voz negra como construcción y como estrategia para alcanzar una audiencia más amplia. Al mismo tiempo, el negro que presenta sus respetos a la Virgen le trae una ofrenda de alimentos, detalle que vuelve a apuntar hacia un sincretismo de creencias católicas y africanas como parte de un proceso asimétrico de aprendizaje intercultural. El negro Antón ofrece sus respetos a la Virgen María, pero sus modos y rituales todavía muestran un entrecruce con los ritos africanos prohibidos en la colonia.[21]

---

legitimidad de su ciudadanía en América y no necesariamente por su carácter patriótico totalmente independiente o diferenciado del espacio metropolitano.
[21] Para más información sobre la situación de los negros esclavos en la sociedad novohispana ver el libro de Solange Alberró, *Inquisición y sociedad en México 1571-*

Este doble movimiento de inclusión y cuestionamiento termina por postular una noción pedagógica que se basa en la multiplicidad de registros porque reconoce la heterogeneidad cultural, racial y cognoscitiva que resulta irreductible a un solo lenguaje o un solo saber. De este modo la empresa de la evangelización y colonización masiva de América resulta vulnerada por la epistemología inter-cultural misma que traza el villancico, y que reconoce la variedad como constitutiva del nuevo saber americano y europeo. La transformación que se opera en el espacio subjetivo e intelectual no es privativo de América o España, sino que se extiende a los otros países europeos, como lo insinúa la inclusión de la voz de un portugués en la alabanza unificada de la Virgen María.

Por último, quisiera comentar el "Juguete" incluido en el villancico número 299 que forma parte del juego dedicado a "San José" (1690). En esta breve composición se presenta una adivinanza de cuál fue el oficio de San José que es interesante porque la misma termina con la participación de un indio y un negro que presentan adivinanzas que se salen del registro del resto de los enigmas presentados en el texto. Más allá de la multiplicidad de voces tan característica del género del villancico, Glantz ha destacado la importancia pedagógica de la adivinanza en este texto, como un modo de simplificar el contenido de la enseñanza impartida por la pieza ("El discurso religioso" 512). El texto presenta inicialmente cuatro voces que proponen diversos oficios para San José: pastor, labrador y carpintero. Cada participante es apoyado y negado por dos voces que se contradicen: "1 — ¡No fué tal!/ 4 — Si fué tal!" (Cruz, OC, II, 142).[22] La voz final que cierra esta primera parte del juguete lo presenta como "Patrón/ Protector y Abogado" de España y con un giro humorístico se cierra la primera parte de las adivinanzas. Es en ese momento que interviene el indio y presenta su adivinanza:

> Yo también. *quimati** Dios,   *sábelo
> *mo* adivinanza pondrá,   *mi
> que no sólo los Dotore
> habla la Oniversidá.
> Cor. — ¡Ja, ja ja!
> ¿Qué adivinanza será?
> Ind. — ¿Qué adivinanza? ¿Oye osté?
> ¿Cuál es mejor San José?

1700, especialmente la sección titulada "Negros y mulatos: La integración dolorosa", y el artículo de Rosa Valdés Cruz, "La visión del negro en Sor Juana", que menciona la conspiración de negros en México en 1537 y la fundación de palenques cimarrones en 1609 como referentes importantes para entender el modo en que Sor Juana representa la voz del negro en su poesía.

[22] Sobre la importancia del debate y del diálogo en el villancico, ver el ensayo de Martha Lilia Tenorio titulado "El villancico novohispano".

>   1.— ¡Gran disparate!
>   2.— ¡Terrible!
>   Si es uno, ¿cómo es posible.
>   que haber pueda otro mejor?
>   Ind.— Espere osté, so Doctor:
>   ¿no ha visto en la Iglesia osté
>   junto mucho San José,
>   y entre todos la labor
>   de Xoximilco es mijor?
>   1.—Es verdad.
>   Cor.— ¡Ja, ja, ja!
>   ¡Bien de su empeño salió! (OC, II, 142).

En primer lugar, hay que destacar el cambio abrupto de registro. El indio pasa del debate de los "oficios" de San José a debatir cuál es la mejor "labor" artesanal en la representación de San José. Por medio de la labor artesanal el indio se inscribe dentro del proceso representativo que el juego de villancicos despliega, pues recordemos que muchas de estas artesanías religiosas eran hechas por indígenas diestros (Sabat Rivers, "Blanco, negro, rojo" 252). De ahí que sea particularmente el espacio artesanal el punto de inserción del indio en el catálogo de adivinanzas del "juguete".

Este desfase de "registros" en la adivinanza se fundamenta en un juego semántico que aprovecha la multiplicidad de significados de "oficio" y "labor". La "confusión" del indio proviene de su asociación de ambos términos con su significado ligado al "trabajo". De ahí que el indio se inscriba en el juego de adivinanzas por medio de su participación como "obrero" al servicio del colonizador. En el desliz semántico se inscribe también una relación de poder que se localiza en el "trabajo" indígena que se ha refuncionalizado al servicio de la comunidad peninsular y no de la comunidad indígena.[23] Por medio de esta "transformación" sincrética del santo en su *performance* artesanal, el indio vuelve a reinscribir el trabajo en una economía comunitaria local y virreinal que entrelaza ambos contextos en un circuito colonial.

Este desplazamiento de "oficio" a "labor" provoca la risa de los miembros del Coro que toman la intervención del indio como una broma. Esta risa, que casi llega a la ridiculización, se contiene por medio del cierre de la adivinanza con la legitimación que el coro hace de la participación

---

[23] Serge Gruzinsky, en *The Conquest of Mexico*, ha señalado cómo cuando la mano de obra indígena se puso al servicio del conquistador ocurrió una profunda crisis pues se transformó el trabajo de una actividad regulada que producía bienestar físico y social en una explotación de la capacidad laboral indígena que desarticulaba el orden de esta comunidad (86). Con esta adivinanza el indígena redefine el trabajo para insertar su comunidad en el nuevo cuerpo de creencias cristianas por medio de ese mismo oficio artesanal que está al servicio del orden colonial.

del indio. En este sentido el texto se ve en la necesidad de justificar la entrada del registro desfasado del indio, evidenciando que su "saber" y su presencia no son bien recibidos por el resto de las voces que dialogan en el villancico. Esta representación jocosa y distanciada muestra algunos de los problemas específicos que esta integración ideal de saberes entraña, aspecto al que regresaré en el capítulo final de este estudio.

Resulta notable cómo el español accidentado del indio se diferencia del habla negra, de modo que existe un proceso particular de extrañamiento entre el habla indígena y negra que le sucede en el texto. Además de añadir palabras del náhuatl, se notan cambios vocálicos específicos que se diferencian de la confusión de otras consonantes por la "l", y del uso de lenguaje onomatopéyico y rítmico que se repite en los versos: "lele, lele, lele, lele" que definen el habla africana (OC, II, 143). Este tipo de especificidad de lenguajes muestra un deseo de mantener presentes unas diferencias lingüísticas en el texto que implican a su vez diferencias cognoscitivas y subjetivas. Asimismo, Moraña ha notado cómo estas voces marginales que se incluyen en el villancico no hablan entre sí, de modo que el texto replica en su espacio dialógico la segregación de estos grupos étnicos en el orden virreinal americano ("Poder, raza y lengua" 142, 148).

A pesar de esta problemática inserción del indio en la adivinanza, lo interesante es que el cierre del texto termina cuestionando el alcance absoluto del saber universitario, puesto que el indio, y más tarde el negro, tienen otros saberes que aportar que no están contenidos en el registro institucional ni disciplinario del villancico. La participación del negro provoca otro desplazamiento e inserción muy particular de la serie adivinatoria, pues es la raza el significante que se destaca en su intervención:

> —Pues, y yo
> también alivinalé
> lele, lele, lele, lele,
> que pulo ser Negro Señol San José!
> 1.— ¿Por dónde esa línea va?
> Neg.— Pues, ¿no pulo de Sabá
> telé algún cualteló?*   *cuarterón
> Que a su Parre Salomó
> también eya fué mujel:
> ¡lele, lele, lele, lele!
> ¡que por poca es Neglo Señol San José! (OC, II, 143).

El negro esclavo sugiere que San José puede tener sangre negra, de modo que se disminuye la distancia racial entre el santo y la población africana. La raza sirve aquí de espacio de inserción por vía del mestizaje, que era una realidad significativa de la experiencia colonial novohispana. El "Juguete" parece sugerir que por vía del mestizaje, la participación artesanal y la entrada al campo epistemológico por vía del debate se puede postular una nueva relación entre los diversos sujetos constitutivos de la realidad colonial. Si el indígena se incorpora por medio del sincretismo artístico, el negro se abre espacio por medio del mestizaje racial, produciendo ambas intervenciones una reconfiguración del saber americano en la sociedad colonial. Este proceso de transformación del marco epistemológico se logra en el villancico a partir de una estrategia fundamental: el diálogo dramático como modo que posibilita no sólo la legitimación de las voces marginales en el cuerpo del texto (Ricard, *Une poetesse* 32), sino también como espacio donde ocurren intercambios que reconfiguran el saber religioso dentro de un contexto novohispano. Sin embargo, el recorrido por los diversos juegos de villancicos pone en evidencia la multiplicidad de jerarquías y voces que coexisten en el circuito de poder virreinal y metropolitano. Me gustaría cerrar esta reflexión regresando a la oposición de la fuerza vs. la razón, para replantear el modo en que estos textos de Sor Juana, reconfiguran una serie de identidades intelectuales y coloniales que mantienen una relación muy problemática y ambigüa con el centro de poder metropolitano.

4. Subjetividades coloniales y la multiplicidad del saber

Para finalizar quiero regresar al epígrafe con que se abre el capítulo. En *Amor es más laberinto* se incluye una larga intervención de Teseo que ha llamado la atención de los estudiosos de Sor Juana, porque parece una crítica bastante abierta al poder metropolitano sobre los sujetos de la Nueva España.[24] En su disquisición Teseo se presenta ante el Rey de Creta y legitima su valor individual porque sus logros son producto de su valentía y su mérito y no de su herencia o linaje. Esta defensa de la nobleza de acción por encima de la nobleza de sangre —tema que también fue ampliamente tratado en diversas obras de Lope, Tirso y Calderón— culmina con una explicación de la esclavitud humana como producto de la mayor fuerza que unos ejercen sobre otros, de modo que se contraviene la inclinación natural humana a la libertad. Esta reflexión vuelve a vincular la capacidad racional humana con la inclinación natural a la libertad, mientras la opone a la esclavitud que se fundamenta en la fuerza física:[25]

---

[24] Gerard Cox Flynn, en su tesis titulada *A Revision of the Criticism of Sor Juana Inés de la Cruz*, destaca que esta intervención de Teseo parece contradecir las ideas imperantes en la época sobre la monarquía (382). Sin embargo, lo que Teseo cuestiona es el dominio de un país —y su monarca— sobre otro, lo que parece cuestionar más bien el orden colonial y no el orden monárquico en sí.

[25] En este texto Sor Juana se distancia de la concepción aristotélica que justificaba la esclavitud humana al postular que los esclavos eran intelectualmente inferiores a sus dueños. De acuerdo con Aristóteles, la esclavitud no era contraria a la naturaleza porque era producto de la falta de raciocinio individual del esclavo, que como tal

> Porque pensar que por sí
> los hombres se sometieron
> a llevar ajeno yugo
> y a sufrir extraño freno,
> si hay causas para pensarlo
> no hay razón para creerlo;
> porque como nació el hombre
> naturalmente propenso
> a mandar, sólo forzado
> se reduce a estar sujeto;
> y haber de vivir en un
> voluntario cautiverio
> ni el cuerdo lo necesita
> ni quiere sufrirlo el necio: ... (OC, IV, 225).

Partiendo de esta reflexión se puede ubicar la condición colonial como uno de los modos de esa subordinación humana que responde al ejercicio de la fuerza física por sobre la racionalidad humana. Los textos que he analizado destacan precisamente esa pugna entre jerarquías humanas y la legitimación de una capacidad intelectual y racional colonial que se equipara textual y epistemológicamente con el campo de saber metropolitano. Para Sor Juana uno de los modos de romper con el circuito de poder colonial que esclaviza y somete artificialmente a unos sujetos a la autoridad y control de otros es mediante la diversificación del discurso epistemológico y pedagógico que sirvió de pretexto ideológico para el proyecto de conquista y colonización. Me refiero particularmente al discurso religioso y evangelizador que se utilizó como justificación inicial para la esclavización de amplios sectores de la sociedad novohispana. Por medio del discurso religioso en su función pedagógica Sor Juana cuestionó el dominio universal del paradigma epistemológico en el que se articuló la interacción colonial desde sus inicios. Mediante el gesto multiplicador de registros y lenguas, de puntos de vista y de procesos hermenéuticos, la escritura de Sor Juana

---

pasaba a ser una propiedad viviente de su amo (27-8). Para más información sobre este tema véase *La política*, donde se incluye una disquisición sobre la esclavitud. Sor Juana no hace en sus textos esta distinción, y ve la esclavitud como un dominio por medio de la fuerza que contraviene la razón humana y los designios de la naturaleza. Sin embargo, hay que tener cuidado con este texto, pues Teseo se refiere a la esclavitud que entraña el dominio político de un país sobre otro —como es el caso del dominio de Creta sobre Atenas por medio del tributo obligatorio de ciudadanos que eran entregados al Minotauro— y no a la esclavitud fundamentada en la diferencia racial y/o social y que implicaba la desubjetivación de un grupo humano que no era considerado ciudadano de la sociedad de un determinado país. Por eso es que nuestra lectura utiliza este pasaje como una alusión comparable a la situación colonial americana, entendiendo la misma específicamente como una forma de dominio forzado de un territorio por miembros de otro país.

logra ubicarse precisamente en el intersticio de este conflicto intercultural y cognoscitivo, para proponer un nuevo proceso de intercambio de saberes que amplíe los espacios autorizados del saber y que reconozca, la necesidad de legitimar ciertas identidades locales novohispanas para transformar el espacio del poder metropolitano y virreinal. Entre la fe y la razón, el escolasticismo y el humanismo, la metrópolis y la colonia, los textos de Sor Juana destacan el proceso de ese viaje que vinculó de un modo desigual y problemático a una diversidad de subjetividades que todavía no habían logrado entablar un diálogo dirigido a la comprensión mutua de sus referentes y límites culturales.

Por medio de la articulación de las distancias, las tergiversaciones, los gestos sincréticos, la intraducibilidad de ciertas lenguas, concepciones culturales o modos de aprendizaje, sus textos se concentran en las maneras en que la interacción colonial produjo una crisis cognoscitiva que no llegó a generar una epistemología intercultural eficiente. Sus juegos de villancicos evidencian la conflictividad irreductible de este proceso, pues aunque muchas voces cantan e intentan explicitar un mismo saber doctrinal en estos textos, lo cierto es que el proceso escriturario final saca a la superficie la existencia de registros y modos muy diversos de saber que no necesariamente confluyen en un diálogo armónico y transparente.[26] Incluso cuando la aspiración es la unificación de la heterogeneidad en la comunión de creencias religiosas, lo cierto es que los villancicos también contemplan la imposibilidad de "asimilarse" sin traer consigo las marcas —ya sean raciales o lingüísticas, de subordinación física o de jerarquías intelectuales— que a su vez vuelven a diferenciar a las subjetividades que se integran en un mismo cuerpo de creencias. Incorporar es a la vez localizar en un espacio de jerarquías no necesariamente armonizables. De ahí que convicción religiosa y queja ante la injusticia social vayan a la par en muchos de estos textos doctrinarios. Saber y experiencia se vuelven a vincular para apuntar hacia la imposibilidad de postular un sólo modo de conocer que pueda contener la diversidad de subjetividades que intentan entablar un diálogo en los textos comentados. Las voces que intervienen en los villancicos estudiados coexisten sin asimilarse completamente, trazan puntos de

---

[26] Este problema de aparente incomunicación entre las voces negras e indígenas ha sido estudiado por Mabel Moraña en su ensayo titulado "Poder, raza y lengua: la construcción étnica del Otro en los villancicos de Sor Juana". Moraña ve esta incomunicación como producto de las relaciones de poder que mediaban en la constitución de un imaginario criollo en la obra de Sor Juana (145-8). Sugiero otro acercamiento posible a este proceso tan problemático de comunicación, que apunta hacia la complejidad de una identidad colonial que todavía no se plantea teleologías nacionalistas, pero que recoge en sus textos algunas de las contradicciones irreductibles de un heterogéneo entramado social que no fue necesariamente homogeneizable bajo un imaginario metropolitano ni americano.

contacto al mismo tiempo que evidencian los límites del proceso didáctico, de identificación comunitaria de una fe, y del proceso representativo mismo que se extraña y exterioriza en la construcción de ciertas voces que le resultan un tanto incomprensibles.

No obstante, los villancicos trabajan el problema de la interacción de saberes en un registro muy particular: el del heterogéneo público religioso novohispano que se reunía en la Iglesia para celebrar el dogma católico. Sor Juana también dirigió su atención a las inflexiones particulares que tuvo esta experiencia intercultural para un público metropolitano, cortesano y madrileño que apenas comenzaba a comprender la diferencia regional americana. Me refiero particularmente a los tres autos sacramentales con sus loas introductorias, textos que Sor Juana envió a la metrópolis para ser representados en la corte. Como ha señalado Puccini, se pueden leer estos autos sacramentales como ese espacio donde se procesa el mismo debate transculturador de los villancicos, pero en el registro más culto de un público europeo cortesano ("Los 'villancicos' de Sor Juana Inés de la Cruz" 231). Por otro lado, en los autos sacramentales también hay otra suerte de confluencia, pues en los mismos se entrecruzan las diversas instancias del sujeto que he estado manejando por separado en los capítulos precedentes. En estos textos se articula una subjetividad intelectual simultáneamente femenina y colonial, que entra en debates teológicos muy especializados. Por ello en el próximo capítulo analizo cómo se articulan esta serie de subjetividades intelectuales coloniales y femeninas cuando los textos se dirigen a un público que se encuentra al otro lado de ese mar que ya se ha ido anunciando en muchos de los escritos que hemos comentado hasta aquí.

Capítulo V

Articulando las múltiples subalternidades en Sor Juana: la inscripción del sujeto femenino y colonial en los autos sacramentales y el debate teológico desde una discursividad criolla

1. Introducción: el auto como espacio de difusión e imposición de un saber

El propósito de este capítulo es realizar una lectura de los autos sacramentales de Sor Juana Inés de la Cruz, para ver cómo se refuncionaliza ese género literario y se presenta la constitución de subjetividades femeninas y coloniales que entran en debates epistemológicos y teológicos del México colonial del siglo XVII. Propongo los autos sacramentales como el espacio en que se representan los entrecruces existentes entre las diversas posiciones de subalternidad a partir de las cuales se constituyó la identidad literaria y social de Sor Juana. En este sentido, el auto sacramental es el escenario en el que se conjugan lo femenino, lo colonial y lo criollo para proponer una entrada de estas subjetividades coexistentes en el espacio del debate epistemológico y en particular, el teológico. En mi comentario, considero el espacio literario como una práctica discursiva que en el contexto colonial se constituye en lo que John Beverley denomina como literatura de la "Época Imperial" ("Nuevas vacilaciones" 216), de modo que estas obras se producen en un contexto más amplio que el americano. Parecería que Sor Juana recurre a uno de los géneros más complejos de la literatura religiosa para proponer la entrada de sujetos subalternos a espacios o debates tradicionalmente reservados para un sujeto idealmente masculino y europeo.[1]

Es necesario destacar que Sor Juana lleva a cabo esta transformación del debate epistemológico, y de los sujetos que en él participan, por medio del auto sacramental, un género de un uso muy específico en el contexto colonial. El auto fue, en sus inicios, una pieza dramática cuyo fin central era la difusión —con fines didácticos y de integración— de una serie de principios religiosos y doctrinales a un público que no tenía acceso a la lectura o que no conocía cabalmente los referentes de la religión católica. Por lo tanto, el auto ha sido un medio difusor de "información," y en calidad de ello fue que se transplantó a América desde bastante temprano para asistir en el proceso de evangelización y "asimilación" de los indígenas americanos. Sin embargo, ya para el siglo XVI se comienza a cultivar un

---

[1] Ya he trabajado con la exclusión de la mujer de las prácticas epistemológicas oficiales en el segundo capítulo. Ahí comento con más detenimiento el entrecruce de instancias de subalternidad y su entrada al terreno de un saber oficial que todavía no se había separado del todo de la autoridad del debate teológico. En este sentido manejo la teología como un campo epistemológico más en el siglo XVII, y no como una disciplina específica que se dedica al estudio de Dios y sus atributos.

género más especializado, el auto sacramental, que se dirige a un público diferente:

> During the Middle Ages the word *auto* was used for any dramatic piece, religious as well as profane. Toward the beginning of the 16th c., however, the word came to be applied exclusively to religious plays that treated the miracle of transubstantiation so that around the middle of the same century the *autos* already show all the features that are part of the autos sacramentales (Preminger 61).

El tipo más generalizado de auto sacramental era el que se representaba en el Corpus Christi —el cual se lleva a cabo 60 días después del Domingo de Pascuas— para celebrar la institución de la Eucaristía (Mendez Plancarte XIII-XIV). Sin embargo, había autos sacramentales dedicados a temas marianos, vidas de santos, asuntos bíblicos o morales, o debates teológicos y doctrinales. El auto sacramental era, entonces, una pieza celebratoria en la cual la comunidad religiosa confirmaba y reafirmaba sus creencias y ritos religiosos (Zanelli 184). Por su parte Sor Juana, así como Calderón, elaboraron obras en un registro más culto al producir autos sacramentales que se detenían en debates teológicos más específicos, y cuya audiencia era decididamente más erudita que el público implícito del auto más popular.[2] Esta distinción entre auto y auto sacramental resulta crucial para la lectura que propongo, puesto que al enmarcar su constitución de sujetos coloniales y femeninos dentro de un género cuya específica función era dilucidar asuntos teológicos, Sor Juana está, de hecho, integrando a estas subjetividades subalternas en el centro de estos debates.

Por otro lado, es importante destacar la estructura misma del auto sacramental. El auto sacramental comenzaba con una loa, o una obra dramática breve que servía de introducción a la pieza que se representaba después. Calderón realizó una modificación significativa en la loa del auto sacramental al darle un "carácter alegórico al igual que al auto" (Pérez 56). Otra de las características más interesante de estas piezas introductorias es que las mismas aludían a muchos aspectos de la vida cotidiana, con el propósito de captar la atención del público:

---

[2] Sobre la influencia de Calderón en los autos sacramentales de Sor Juana, ver el artículo "El auto sacramental en Sor Juana Inés de la Cruz" de Angel Valbuena-Briones, quien propone que Sor Juana llega a crear un estilo muy personal que trasciende el modelo de Calderón. También, en su artículo "El juego de los espejos en el *Divino Narciso* de Sor Juana Inés de la Cruz", Valbuena Briones propone el uso de Calderón y otros autores peninsulares como intertextos estratégicos que captan la atención del público metropolitano al que se dirigen los autos, pero que a su vez son refuncionalizados dentro de un *performance* muy americano del auto sacramental en la obra de Sor Juana.

> Las loas, sainetes, entremeses y fin de fiesta que escribió Sor Juana Inés de la Cruz son otro buen ejemplo de cómo estas piezas intercaladas tienen un carácter popular y reflejan las costumbres y la realidad del ambiente. [...] Es aquí donde se siente latir el pulso de lo criollo, de lo americano, porque las clases sociales van a verse reflejadas, el lenguaje va a ser generalmente el coloquial de nuestro pueblo, las costumbres y el ambiente no son otros que los del continente americano (Pérez 59).

Después de la loa se presentaba el auto, generalmente como una explicación del asunto presentado en forma más breve y coloquial en la loa introductoria. De este modo, la loa y el auto interactuaban como dos registros complementarios que transmitían un mensaje afín a públicos diversos. La loa también evolucionó durante el siglo XVII de un género laudatorio muy vinculado a los centros de poder metropolitano y virreinal a ser un espacio crítico y, en ocasiones, hasta satírico del orden colonial (Maldonado 84-88). Esta evolución de la loa es significativa en la obra de Sor Juana, en la cual algunos críticos han señalado una culminación estilística de este proceso de distanciamiento del discurso oficial que alababa al poder.[3]

Es notable que este proceso de identificación entre el público y el contenido del auto se llevase a cabo a partir del género dramático. Como ya se ha señalado anteriormente, el teatro es una práctica textual que se fundamenta en el *performance* de determinados actores que encarnan identidades muy específicas del contexto colonial. Aunque parece que estos autos nunca se representaron, es significativo el modo en que el sujeto colonial se incorpora en el debate teológico como agente social que tiene una presencia no sólo verbal, sino también pragmática. Del mismo modo, el teatro desempeñó en el Siglo de Oro un rol legitimador y/o cuestionador de un orden social prevaleciente. Por tanto, esta lectura que propongo contempla la obra dramática como medio de comunicación masivo y como ejercicio escriturario que se constituye a partir de una relación dinámica con los centros y discursos de poder en el contexto colonial novohispano.

Mi lectura se concentra, entonces, en los autos sacramentales *Divino Narciso, El mártir del Sacramento, San Hermenegildo* y *El cetro de José*, con sus respectivas loas, para intentar restablecer una relación orgánica entre el auto sacramental y la loa que lo antecede. La interacción de ambas partes de la pieza dramática apunta hacia la constitución de un espacio discursivo que tematiza un cruce de circuitos, porque a la preocupación teológica le añade Sor Juana una serie de alusiones al debate epistemológico en general

---

[3] Para más información sobre la evolución de la loa en las letras coloniales, ver los estudios de Lee Daniel, "The loas of Sor Juana Inés de la Cruz", Anthony Pasquariello, "The Evolution of the Loa in Spanish America" y *The Entremés, Sainete and Loa in the Theater of Spanish America*, y el de Humberto Maldonado, "La evolución de la loa en la Nueva España".

y a la existencia de subjetividades subalternas que acceden a estos debates.[4] Asimismo, el auto sacramental como género llega a ser una especie de expresión máxima de ese vínculo entre literatura y epistemología a partir del cual he ido trazando esta reflexión. Por un lado, el auto sacramental en Sor Juana sigue preservando estructural y formalmente el sustrato didáctico que le dio origen al género como medio de enseñanza y evangelización (Fernández 58). Por otro lado, su desarrollo a la par con los procesos de evangelización y colonización implicó que este género dramático se constituyó mediante la incorporación de lenguas, sujetos y prácticas indoamericanas en la formación de un discurso íntimamente ligado con el ejercicio del poder colonial. Por último, en el auto sacramental Sor Juana trabaja con los entrecruces de numerosas instancias de subalternidad que caracterizan la sociedad novohispana, de modo que en estos textos se puede proponer la culminación de un proyecto literario, teológico y epistemológico sobre la postulación de un saber simultáneamente femenino, colonial y criollo.

A partir de estas consideraciones, realizo un comentario de los autos sacramentales de Sor Juana como una transformación del género dramático mismo, para insertarlo en un espacio más amplio al del conocimiento teológico y a su consiguiente rol de difusor y confirmador de ideologías entre dos polos de poder desiguales —i.e. el auto como discurso colonizador y asimilador dirigido a los vencidos por los vencedores. Esto lo convierte en un espacio donde el sujeto colonial puede, ficticia e ilusoriamente, intercambiar recíprocamente conocimientos con el colonizador y defender su igualdad racional. De este modo el auto sacramental como género es subvertido, pues su rol asimilador se sustituye por un gesto equiparador, en el cual el sujeto colonial puede acceder al saber en su calidad de sujeto racional, y se convierte así en sujeto-agente en el proceso transculturador.

Finalmente, y tomando en cuenta el contexto en que se generan estas piezas dramáticas, integro los autos sacramentales de Sor Juana a toda una correspondencia dirigida a los circuitos del poder. Para ello, me baso en las referencias directas que hay en dos de estos autos sobre el público metropolitano al que se dirigían. Por ejemplo, en la loa al *Divino Narciso* se alude directamente al hecho de que estas loas se escriben en el Nuevo Mundo para representarse en España:

> CELO: Pues díme, Religión, ya
> que a eso le diste salida
> ¿cómo salvas la objeción

---

[4] Beatriz Melano Couch, en su artículo "Sor Juana Inés de la Cruz: The First Woman Theologian in the Americas", ve en los autos sacramentales y la "Carta Athenagórica" un corpus que permite identificar a Sor Juana como la primera mujer teóloga en América.

> de que introduces las Indias
> y a Madrid quieres llevarlas?
> RELIGION: Como aquesto sólo mira
> a celebrar el Misterio,
> y aquestas introducidas
> personas no son más que
> unos abstractos, que pintan
> lo que se intenta decir,
> no habrá cosa que desdiga,
> aunque las lleve a Madrid:
> que a especies intelectivas
> ni habrá distancias que estorben
> ni mares que les impidan. (OC, III, 19-20)

Esta mención explícita apunta hacia un problema central del contexto colonial: el carácter periférico y subordinado que se le asignaba en la corte imperial española a las producciones culturales y a las subjetividades americanas. Puesto que en los autos sacramentales no sólo se legitima un sujeto colonial, sino que se dramatiza su entrada al debate epistemológico desde una posición de igualdad intelectual con el conquistador, propongo leer los autos sacramentales como un gesto similar a las innumerables cartas que se enviaron desde América a España o a las autoridades españolas en la Nueva España reclamando la concesión de legitimidad e igualdad para los sujetos subalternos del contexto colonial. Por lo tanto, me gustaría cerrar la sección final de esta reflexión con un comentario sobre el auto sacramental como "carta" que se dirige a las autoridades españolas y en la que se reclama una igualdad intelectual y cultural con el conquistador español, a la vez que se denuncia la violencia e ilegitimidad del acto de conquista.

2. Las loas y los autos sacramentales: constitución y legitimación de un sujeto colonial y femenino ante el saber

La mayoría de los estudios que he consultado sobre los autos sacramentales de Sor Juana dilucidan las posibles fuentes para su composición (San José Azueta; Méndez Plancarte; Krynen); explican los ritos, prácticas culturales y divinidades indígenas a los que se alude en las loas (Pérez, Sabat-Rivers, "Apología"; Bénassy-Berling, *Humanisme*; Paz, *Sor Juana*; M. Sten); o los ven como fuente de información sobre la conversión y conquista de los indios y los debates que estos procesos suscitaron (Bénassy-Berling, *Humanisme*; Pérez; Sabat-Rivers "Apología"). He encontrado que algunos de estos estudios establecen una relación entre los personajes indígenas y coloniales en las loas y una posible conciencia criolla (Sabat-Rivers, "Apología"; Duque; C. Zanelli; Sergio Fernández; F. García-Marruz). Sin embargo, la mayoría de estos análisis mantiene una curiosa separación entre el contenido americano y colonial de la loa y el contenido pagano, mitológico o bíblico de los autos sacramentales.⁵ Aunque no es mi interés desestimar la importancia que este tipo de acercamientos tiene en el comentario y análisis de estos textos, es curioso que los mismos mantengan una ruptura de la relación tradicional entre el auto sacramental y su loa, sobre todo cuando la loa funcionaba como una introducción al auto sacramental.

Tampoco se ha estudiado con detenimiento el género del auto sacramental de Sor Juana como parte de un discurso imperial que aspiraba a convertir a los indios y a otros sujetos coloniales a la religión católica — aspecto al cual se alude directamente en dos de las loas a los autos de Sor Juana— ni se ha comentado el resultado que tiene en el género mismo la dramatización del proceso de conquista desde la perspectiva del indio colonizado. Si bien es cierto que estos autos sacramentales no se compusieron para un público religioso americano, también es cierto que por su carácter dramático los mismos no excluían del todo a los sectores populares de la comunidad religiosa novohispana como público virtual. En este sentido se puede decir que los autos —en su alternancia de registros y contenidos entre la loa introductoria y el auto en sí mismo— contemplaban la posibilidad de incorporar a un público metropolitano culto y erudito, así como a los sectores populares de la comunidad religiosa colonial. Por otro lado, aunque Bénassy-Berling señala el predominio que los personajes indígenas tienen en las escenas representadas en las loas (328), no se establece ningún tipo de vínculo entre este elemento y lo que llamo una refuncionalización del auto sacramental en el determinado *performance* que de este género hace Sor Juana. Por tanto es mi propósito leer las loas y los autos sacramentales restableciendo la relación orgánica que existía entre ambas piezas para proponer que Sor Juana subvierte e invierte la función del auto sacramental en el contexto colonial.⁶

---

⁵ Los estudios de Carmela Zanelli, "La loa de *El Divino Narciso* de Sor Juana Inés de la Cruz y la doble recuperación de la cultura indígena mexicana", Luis Leal, "El hechizo derramado: elementos mestizos de Sor Juana", y José Rojas Bez, "Sor Juana y *El Divino Narciso*: síntesis americanista del 'matrimonio divino'", son una excepción a esta tendencia, pues sus estudios incorporan la loa y el auto sacramental para trazar paralelos y continuidades temáticas que refuerzan estructural y formalmente esta contigüidad de piezas dramáticas que define al género.

⁶ En mi lectura de los autos sacramentales sigo el orden en que las recopila Méndez Plancarte en su edición de las obras completas de Sor Juana. Sabat-Rivers establece una cronología de composición diferente —*El mártir del Sacramento, San Hermenegildo; Divino Narciso* y *El cetro de José*— que responde a una lectura de la evolución en el trato del tema americano e indígena (Sabat-Rivers, "Apología" 267). Sin embargo, como mi lectura no traza ningún tipo de evolución temática entre los autos, conservo el orden en que aparecen en la edición que estoy manejando. Las relaciones que establezco entre los autos sacramentales en este trabajo responden más bien a afinidades o inflexiones temáticas que no dependen de una relación cronológica *per se*.

En la loa del *Divino Narciso* los personajes que representan los términos abstractos se definen a partir de las categorías de raza y género sexual. Occidente es un "Indio galán, con corona" (OC, III, 3) y su esposa es América, una "india bizarra" (OC, III, 3). A esta pareja americana se contrapone la pareja española, compuesta por Celo, "Capitán General, armado" (OC, III, 6) y Religión Cristiana, que es una "Dama Española"(OC, III, 6). A grandes rasgos, la loa representa el proceso de conquista y conversión de los indios a partir del enfrentamiento de una pareja americana y otra española. Esta confrontación culmina en la subordinación física de los indios por medio de la guerra, y luego es que surge la necesidad de convertirlos a la fe católica. Es aquí que ocurre la discusión religiosa, que contrapone al "Dios de las Semillas" azteca y al Dios cristiano. Esta controversia se representa por medio de una focalización variable —a medida que cada personaje expresa sus puntos de vista sobre su religión y la religión del otro— de manera que se dramatiza lo que Adorno denomina como la definición de la subjetividad en contraposición con el "otro":

> Aquí volvemos a Homi Bhabha y el fenómeno de la familiaridad en la alteridad: la alteridad en el discurso estereotípico colonial [...] no es una categoría misteriosa, oscura, oculta. Es visible y conocida; se la postula en términos de género y de etnia: el moro, el judío, la mujer, el niño. El significado de esto es evidente: el sujeto se reconoce a sí mismo reconociendo al otro. La exigencia de definir el carácter del otro es el auto-reconocimiento por el sujeto de la necesidad de fijar sus propios límites. Como proceso cultural, la creación de la alteridad parece ser una exigencia y una inevitabilidad del sujeto, sea éste colonizador o colonizado. [...] Vista así, la alteridad es una creación que permite establecer y fijar las fronteras de la identidad ("El sujeto colonial" 66-67).

La loa comienza, como he dicho, con el enfrentamiento entre los indígenas y españoles en el primer momento de la Conquista. En la misma se dramatiza este proceso de definición de una identidad cultural por medio de la oposición entre los personajes, que se basa en las categorías de extranjería, locura y barbarie, a partir de las cuales el sujeto colonizado y el colonizador definen sus fronteras en relación con el "otro":

> OCCIDENTE: ¿Qué *gentes no conocidas*
> son éstas que miro, ¡Cielos!,
> que así de mis alegrías
> quieren *impedir* el curso?
> AMERICA: ¿Qué *naciones nunca vistas*
> quieren *oponerse* al fuero
> de mi potestad antigua?
> OCCIDENTE: ¡Oh tú, *extranjera* Belleza;
> ¡oh tú, Mujer peregrina!
> Díme quién eres, que vienes

> a *perturbar* mis delicias.
> RELIGION: Soy la Religión Cristiana,
> que intento que tus Provincias
> se *reduzcan* a mi culto.
> OCCIDENTE: ¡Buen empeño solicitas!
> AMERICA: ¡Buena *locura* pretendes!
> OCCIDENTE: ¡Buen imposible maquinas!
> AMERICA: Sin duda es *loca*: ¡dejadla,
> y nuestros cultos prosigan! [...]
> CELO: ¿Cómo *bárbaro* Occidente;
> cómo, *ciega*, Idolatría,
> a la Religión desprecias
> mi dulce Esposa querida? (OC, III, 7-8, énfasis mío)

El primer encuentro entre las dos parejas se caracteriza por una confrontación verbal en que cada sujeto define al interlocutor de la otra pareja como su "otro". Por un lado, América y Occidente destacan la presencia de un elemento desconocido y extranjero que viene a "impedir", "oponer" y "pertubar" el derecho de gobernar de los representantes indígenas. Esta serie de vocablos sugieren la violencia y opresión de la colonización. Ambas parejas reconocen como única religión aquélla que profesan y se niegan a reconocer la religión del "otro" como legítima. Por último, las dos parejas definen al otro a partir de la locura, la ceguera y la barbarie. Incluso, más adelante, América resiste a Celo usando las mismas palabras que Celo empleó para definir a Occidente, revirtiendo, por lo tanto, el insulto que el conquistador dirige al colonizado (Sabat-Rivers, "Apología" 283): "AMERICA: *Bárbaro, loco, que ciego,*/con razones no entendidas, /quieres turbar el sosiego/que en serena paz tranquila/ gozamos: ¡cesa en tu intento,/si no quieres que, en cenizas/reducido, ni aun los vientos/tengan de tu sér noticias!" (OC, III, 9). Nótese aquí la coincidencia en los términos despectivos que ambas parejas usan para rechazar al "otro", y definirse ellos mismos como la civilización, la racionalidad y la sensatez. De este modo se relativizan las fronteras culturales que distinguen al sujeto de la alteridad, y con esta relativización se equiparan las dos parejas como sujetos que buscan distinguirse de lo "foráneo" para preservar sus prácticas culturales.

Esta primera etapa de enfrentamiento sólo se supera cuando Celo utiliza sus armas y fuerza para someter el cuerpo del indígena. Se representa, entonces, la etapa violenta de la conquista de América, que aspiraba solamente a obtener el dominio físico sobre los indios. Asimismo, se explicitan algunas de las "barbaries" cometidas por los españoles en nombre de la religión, de modo que se vulnera el argumento providencialista que justificaba la conquista alegando que su fin último era evangelizar y salvar las almas de los indios. Sin embargo, el control del cuerpo no asegura el dominio de la mente del indio, que desde el primer momento se define en la loa como sujeto racional, vencido sólo por la superioridad física: "Ya es preciso que me rinda/ tu valor, no tu razón" (OC, III, 11). La pérdida de la libertad no significa, entonces, la pérdida del albedrío:

> AMERICA [hablando a Religión]:
> Si el pedir que yo no muera,
> y el mostrarte compasiva,
> es porque esperas de mí
> que me vencerás, altiva,
> como antes con corporales,
> después con intelectivas
> armas, estás engañada;
> pues aunque lloro cautiva
> mi libertad, ¡mi albedrío
> con libertad más crecida
> adorará mis Deidades! (OC, III, 12)

Lo que llama la atención de este diálogo es que es el indígena quien defiende su libre albedrío frente al poder español, adoptando un concepto religioso que se consideraba exclusivo de la religión católica. En este pasaje también se reinvindica al sujeto colonial en el proceso de colonización, convirtiéndolo en un agente que participa en la disputa, y que se convierte al cristianismo sólo cuando ha sido convencido racionalmente.[7] La loa es el espacio en el que el indio americano —aunque como categoría abstracta que se refuncionaliza dentro de un discurso diferente— obtiene una voz ilusoria para expresar sus creencias y para objetar la violencia de la colonización.[8] Religión y Celo no pueden pretender convertir por la fuerza, sino que tienen

---

[7] Este argumento no es exclusivo de Sor Juana, pues ya se había emprendido una defensa de las capacidades racionales de los indios en la obra de Bartolomé de Las Casas y el Padre José de Acosta, por mencionar dos ejemplos conocidos del siglo XVI. Moraña ha señalado que en la *Philosophia Tomísthica* (1688) de Espinosa de Medrano también se encuentra el tema "de la igualdad intelectual de europeos y americanos, a partir de una curiosa disquisición geográfica" ("Barroco y conciencia" 241). Sor Juana se distingue por presentar este tema por medio de un género tan específico como el auto sacramental. Sin embargo, hay que integrar este gesto equiparador del americano y el europeo a una discursividad americana de la que Sor Juana participó, algo que comentaré con más detalle en el capítulo siguiente.

[8] Retomaré este aspecto en la conclusión de este ensayo, porque esta representación del indio en la loa es un poco más compleja. Si por un lado se le da una voz al indígena en la loa, ésta es una voz ficticia que no cede verdaderamente el espacio de enunciación al personaje americano. Lo que ocurre, más bien, es que Sor Juana representa al indígena pero lo integra a una agenda diferente, i. e. la constitución de una subjetividad americana que quiere adquirir una igualdad intelectual y cultural frente a la metrópoli española para servir de intermediaria entre los centros de poder local y el poder metropolitano.

que recurrir a la disputa racional para convencer a los indios. Por lo tanto, el proyecto inicial de "reducir" se ha transformado en el proyecto de "convencer". De ahí que la loa retome la noción del diálogo como el espacio en que se "persuade" a un "otro" que ya no se encuentra tan distante de la subjetividad conquistadora. Es interesante apuntar que este proceso de "persuasión" que la loa dramatiza es dominado verbalmente por los personajes femeninos —América y Religión— mientras que los personajes masculinos se asocian semántica y actancialmente con el proceso más monológico de "reducir" corporalmente al otro. En este sentido la loa parece sugerir una tendencia mayor en la subjetividad femenina a la negociación cultural, algo de lo cual carece la subjetividad masculina y autoritaria, asociada más bien con el ejercicio militar.[9]

En la disputa religiosa, Religión termina por reconocer la igualdad esencial entre los ritos cristianos e indígenas:"¡Válgame Dios! ¿Qué dibujos/ qué remedos o qué cifras/ de nuestras sacras Verdades/ quieren ser estas mentiras?" (OC, III, 13). Los indios americanos son representados como si fueran esencialmente monoteístas, pues desde el principio afirman su creencia particular en el "Dios de las Semillas". En este sentido Sor Juana asume una de las estrategias más difundidas en los textos coloniales generados desde una perspectiva mestiza: los indios ya eran monoteístas, y sus ritos eran muy similares a la Eucaristía. Sólo les faltaba "comprender" la doctrina católica para convertirse del todo. Lo único que puede hacer Religión es basarse en la "semejanza" de ambos ritos para convertir a los indios y el auto es precisamente la forma en que se representa la igualdad de ambas divinidades y se dramatiza la cercanía entre la hostia y el rito náhuatl de "comerse" a la divinidad.[10]

Sin embargo, esta ficcionalización que equipara las prácticas del teocualo azteca con la Eucaristía, y que privilegia a Huitzilopochtli como divinidad azteca superior, a la vez legitima la religión azteca frente a la

---

[9] Se han llevado a cabo otros estudios del *Divino Narciso* que trabajan ideas afines sobre la constitución del género femenino como más abierto a un diálogo con otros sujetos subalternos americanos. Para más información, ver los estudios de Marta Gallo, "Masculino/femenino: interrelaciones genéricas en *El Divino Narciso* de Sor Juana"; Elena Granger Carrasco, "La fuente hermafrodita en *El Divino Narciso* de Sor Juana"; y Aída Beaupied, "Revelación velada pero rebelde en la *Respuesta* de Sor Juana Inés de la Cruz".
[10] Octavio Paz describe estos ritos indígenas que se dramatizan en las loas a los autos sacramentales de Sor Juana. En la loa al *Divino Narciso* se representa el rito azteca del teocualo, que literalmente significa "dios es comido" y en la cual se hacía una figura del dios Huitzilopochtli con granos, semillas y sangre de niños sacrificados que la comunidad consumía después de lanzarle flechas y derribarla (Paz, *Sor Juana* 459). Esta es la ceremonia que Sor Juana quiere representar como una prefiguración de la comunión cristiana.

cristiana (Duque 29). De este modo la loa autoriza el mito como un espacio del saber dentro de un orden teológico occidental:

> Myths reveal profound universal truths, describing what all humans share rather than what individuates and isolates us from one another [...]. An integral part of the knowledge revealed when Myth is properly interpreted is that the meaning of life for its teller was in wholeness, in interconnectedness, and in cyclical experience of time —not in dualisms and not in linearity (Willshire 97).

Este gesto de equiparación de prácticas religiosas anticipa el final de la loa, en el cual el sincretismo de la religión azteca y católica produce a su vez una inversión del propósito evangelizador, pues Celo y Religión terminan adorando al Dios de las Semillas azteca (Sabat-Rivers, "Apología" 284). Félix Duque destaca la ironía de esta estrategia: "Claro está: si Religión convence a América de que el Dios de las Semillas es el mismo que el adorado en España, entonces, y a la inversa, Celo y Religión habrán de adorar —si quieren ser consecuentes— al mismísimo Señor de las Semillas que poco antes parecía ser el diablo en persona" (30). Si recordamos que la loa alude directamente al público madrileño, se añade otro nivel más a esta lectura. En efecto, con este gesto sincrético la loa termina explicitando las prácticas indígenas a un público metropolitano, invirtiendo así el flujo tradicional de información en el auto, de modo que se termina "evangelizando" simbólicamente al europeo sobre la religión azteca. Se cristaliza aquí la inversión del flujo de información típico en el género del auto sacramental que he señalado al comienzo de esta reflexión.

El último elemento de la loa es la resistencia de América y Occidente a la palabra, como transmisora de engaños entre el español y el indio: "Así es; que más quiero verlo,/ que no que tú me lo digas" (OC, III, 18). Por lo tanto, se exige el auto como representación concreta del cuerpo de creencias religiosas al que se aspira a incorporar al indígena. Esta resistencia a la palabra constituye una problematización de la transparencia misma del diálogo entre el colonizador y el colonizado que esta loa dramatiza, aspecto que se repite en la loa de *El cetro de José*. Es justo en este momento que se presenta el auto del *Divino Narciso* como la respuesta concreta que América y Occidente precisan, y que sustituye el espacio equívoco de las palabras, necesariamente dominado por el conquistador.[11] Al final de la loa se

---

[11] Para más información sobre el *Divino Narciso* y la pugna con la polisemia del lenguaje para posibilitar la emergencia de sujetos nuevos, ver los estudios de Jorge Checa, "*El divino Narciso* y la redención del lenguaje"; Stephanie Merrim, "Narciso desdoblado: Narcissistic Stratagems in *El Divino Narciso* and the *Respuesta a Sor Filotea de la Cruz*"; M. Louise Salstad, "El símbolo de la fuente en 'El Divino Narciso' de Sor Juana Inés de la Cruz" y Angel Valbuena-Briones, "El juego de los espejos en 'El divino Narciso' de Sor Juana Inés de la Cruz".

destacan dos elementos: (1) se evoca el fin evangelizador original que tuvo el "auto" como pieza dramático-religiosa en América y (2) se establece un vínculo orgánico entre la loa y el auto que sigue. Otro detalle importante de esta presentación del auto es que se define al destinatario como un público diferenciado, pues la pieza se dirige al público madrileño y no al americano. Esto genera una discusión entre Celo y Religión —que ya hemos citado— en donde se cuestiona la presentación de este sujeto colonial en el espacio público madrileño. De esta manera, en el texto se reflexiona sobre el carácter representativo del teatro y la marginalidad del sujeto colonial en el espacio social metropolitano. La discusión de Celo y Religión sobre este tema apunta también hacia una justificación del tema presentado ante un público europeo, lo cual sugiere que se trataba de un enfoque poco usual, o que precisaba de alguna explicación para evitar la censura.[12]

Pasando al auto sacramental del *Divino Narciso*, en el mismo se explica la institución de la Eucaristía estableciendo un paralelo con el mito pagano de Narciso en la versión que hace el escritor griego Pausanias en su *Descripción de Grecia* (San José Azueta 115). A partir de esta versión del mito, Sor Juana establece un paralelismo entre Narciso y Cristo. Nuevamente, el auto repite el gesto de la loa, postulando el mito como un medio eficaz y legítimo de obtener conocimiento, en este caso sobre la doctrina religiosa. Sin embargo, el auto sacramental se basa en la mitología griega, que era reconocida en la época como una fuente literaria autorizada. Pero al restablecer el paralelismo entre la estructura de la loa y el auto sacramental, parecería que Sor Juana intenta equiparar el mundo de creencias indoamericanas a la mitología griega como fuente fidedigna para obtener un conocimiento verdadero sobre la religión cristiana metropolitana. En el auto sacramental, Narciso muere al lanzarse a la fuente que refleja la imagen de Naturaleza Humana, llevando a cabo un sacrificio amoroso que salva a la humanidad del pecado. Esta transformación del mito se presenta en este auto a partir de un personaje femenino degradado y marginado — Naturaleza Humana— que con la ayuda de Gracia logra convertirse en el reflejo de la fuente que Narciso observa. Al final de la obra Naturaleza Humana se salva por medio de la muerte de Narciso, quien sacrifica su belleza por la humanidad. La flor del Narciso se equipara alegóricamente a la hostia que simboliza en el ritual católico el misterio de la transubstanciación.

El texto de este auto se puede leer como una trama paralela a la de la loa introductoria. En primer lugar, el auto comienza con el mismo gesto

---

[12] Sobre este tema ver el trabajo que ha realizado Rolena Adorno acerca de la censura de textos que trataban el tema indígena en la época colonial en su ensayo "Literary Production and Suppression: Reading and Writing about Amerindians in Colonial Spanish America".

sincrético que he señalado en la loa: Naturaleza Humana le pide a Sinagoga y Gentilidad que unan sus voces para materializar el mito de Narciso como ejemplo de la doctrina católica. De este modo, el auto se compone a partir de la fusión de voces diversas que se integran y transforman con un fin didáctico:

> NATURALEZA HUMANA: Y así, pues Madre de entrambas
> soy, intento con colores
> alegóricos, que ideas
> representables componen,
> tomar de la una el sentido, (A la Sinagoga)
> tomar de la otra las voces (A la Gentilidad)
> y en metafóricas frases
> tomando sus locuciones
> y en figura de Narciso,
> solicitar los amores
> de Dios, a ver si dibujan
> estos obscuros borrones
> la claridad de Sus luces;
> *pues muchas veces conformes*
> *Divinas y Humanas Letras,*
> *dan a entender que Dios pone*
> *aun en las Plumas Gentiles*
> *unos visos en que asomen*
> *los altos Misterios Suyos;"* (OC, III, 26, énfasis mío).

Aunque esta interpretación de la mitología como "un borroso vestigio o coincidente vislumbre de una Revelación inmemorial y desfigurada" (Méndez Plancarte LVI) era muy común en los autos de la época, lo significativo de este caso es que el auto vincula esta idea del sincretismo con el espacio americano por su estructura paralela a la de la loa.

Por otro lado Naturaleza Humana se puede equiparar al sujeto colonial de la loa por su cualidad inferior frente a otros personajes, tales como Narciso y Gracia. Naturaleza Humana es un personaje manchado por sus imperfecciones y sus culpas, y comparte con el sujeto colonial la sensación de inferioridad aprendida, en este caso por su relación con Eco, su contrafigura femenina.

El auto se puede leer como una dramatización de la lucha de Eco y Naturaleza Humana por lograr el amor de Narciso. Eco representa la figura femenina negativa, que planea diversas estrategias para extraviar a Naturaleza Humana e imposibilitar su salvación (OC, III, 36; 89-90), a la vez que representa alegóricamente a la figura diabólica en el momento en que trata de vencer a Narciso por medio de las tentaciones (OC, III, 43-47). Naturaleza Humana logra salvarse por la intervención de Gracia, quien, como su aliada, le dice cómo lograr el amor de Narciso:

> GRACIA: a Narciso esperaremos,
> que no dudo que Lo traiga
> a refrigerarse en ella
> la ardiente sed que Lo abrasa.
> Procura tú que tu rostro
> se represente en las aguas,
> porque llegando Él a verlas
> mire en ti Su semejanza;
> porque de ti Se enamore (OC, III, 55).

El auto opone una alianza que resulta eficiente (Naturaleza Humana — Gracia) a otras alianzas que no permiten el éxito de los personajes (Eco — Amor Propio; Eco— Soberbia). En estas alianzas se tematizan dos posturas opuestas del sujeto. Una, es la postura abierta y solidaria, que implica un abandono del sujeto en el otro, y que es lo que logra Naturaleza Humana cuando se refleja en la fuente y Narciso decide unirse a ella para salvarla. La otra, es una postura egocéntrica y aislada, que es la que asume Eco, y que culmina con la pérdida de su individualidad, de su acceso a la palabra, y el fracaso de sus planes para obtener el amor de Narciso. Nuevamente se privilegia, al igual que en la loa, la confusión de fronteras de la subjetividad con la alteridad para lograr un espacio comunal en donde el diálogo permite negociar las pautas de la relación entre Naturaleza Humana y Narciso para posibilitar la salvación de la primera (OC, III, 89-91), seguida de un resumen y explicación de la alegoría que aclara el misterio de la transubstanciación (OC, III, 91-96). Es así como el auto invierte el mito más conocido de Narciso, pues éste ya no simboliza el amor propio exacerbado, sino el sacrificio de la subjetividad para salvar a la humanidad por medio del amor. Por otro lado, el auto invierte los roles sexuales tradicionales, pues son los personajes femeninos quienes controlan el desarrollo de la acción, mientras Narciso permanece como un ente pasivo a ser "ganado" por una de las contrafiguras femeninas.

En resumen, este auto se puede leer como una continuación de la loa introductoria, en la medida en que Naturaleza Humana se equipara al sujeto femenino y colonial, y su proceso de salvación espiritual se equipara al proceso de desintegración de oposiciones binarias tajantes entre la divinidad y la humanidad. De este modo subjetividad y alteridad se funden por medio del amor y se comunican a través del diálogo como espacio propiciatorio de la igualdad de los hablantes en el proceso de negociación. Y, retomando el final de la loa, el auto viene a ser la dramatización del misterio y la doctrina para lograr persuadir a la pareja indígena americana que precisaba "ver" para "comprender" y "aceptar" racionalmente la religión católica.[13] Es así como en la loa y el auto se sustituye la confrontación con el gesto de la negociación, creando un espacio en que las relaciones de poder se desestabilizan en el momento en que se borran las fronteras rígidas entre la subjetividad y la alteridad.

El segundo auto sacramental que quiero comentar es *El mártir del sacramento, San Hermenegildo*, que generalmente se excluye en las lecturas sobre la constitución de una subjetividad colonial en la obra de Sor Juana porque no incluye personajes indígenas. En la loa que introduce este auto se menciona el descubrimiento de América como argumento en el debate que sostienen tres estudiantes sobre cuál es la mayor fineza de Cristo para con la humanidad. Lo interesante de esta referencia —un tanto inusitada, dado el tema en que se centra el debate de los estudiantes— es que el descubrimiento de América se presenta como un momento de apertura en que se alteran las concepciones cosmológicas y algunas creencias arraigadas de Occidente (Sabat-Rivers, "Apología" 280):[14]

> OTRO: ¡A tierra!
> ¡A tierra! Gracias al Cielo!
> COLÓN: ¡Fértil España, que ya
> tus rubias arenas beso,
> vencidos de tantos mares
> los peligros y los riesgos!
> [...] ¡Sál de aquel pasado error,
> que tus Antiguos tuvieron,
> de que el término del Mundo
> no pasaba del Estrecho! [...]
> TODOS: *Plus ultra!* ¡Más Mundos hay,
> y ya venimos de verlos! (OC, III, 106-107).

Por otro lado, al incluir a América en un debate teológico sobre cuál fue la mayor fineza de Cristo, Sor Juana vuelve a inscribir el Nuevo Mundo —y por consiguiente a sus habitantes— en debates teológicos de los cuales

---

[13] Gerard Cox Flynn aclara que cuando Sor Juana menciona el racionalismo en su obra se refiere a la noción filosófica y no cartesiana (48-9). Para más información sobre este tema, ver su tesis doctoral titulada *A Revision of the Criticism of Sor Juana Inés de la Cruz*.

[14] Georgina Sabat-Rivers ha trabajado este tema con más detenimiento en su ensayo "Loa del auto a San Hermenegildo: Sor Juana frente a la autoridad de la sabiduría antigua". En este ensayo Sabat-Rivers explora cómo Sor Juana trabaja con los límites variables del saber, y cómo éstos cambian ante los nuevos descubrimientos de mentes inquisitivas y arriesgadas. Es así como Sor Juana vuelve a presentar su audacia intelectual como una cualidad positiva que puede producir nuevos conocimientos. Sabat-Rivers también relaciona esta idea con el surgimiento de una conciencia criolla y con la noción de individualismo tan popular durante el Barroco. Por su parte, Francisco Javier Cevallos, en su artículo ""La alegoría del deseo: la loa para el auto 'El mártir del sacramento, San Hermenegildo', de Sor Juana Inés de la Cruz" ha propuesto el uso de la alegoría como una estrategia que permite trabajar el tema de la expansión intelectual y que evita la posible censura de esta loa.

estaban tradicionalmente excluidos y con los cuales tenían una relación fundamental, sobre todo por la imposición extensiva de la fe cristiana en el proceso de "evangelización" y conquista (Sabat-Rivers, "Apología" 280). Como he señalado anteriormente, dada la cercanía que había en la época entre teología y epistemología oficial, el descubrimiento de América fue un evento con profundas implicaciones teológicas. Alterar el orden cosmológico era trastocar la autoridad de la teología sobre el orden del universo. Sor Juana alude a esta estrecha relación entre América y la vulneración de la autoridad teológica en sus autos, como medio para justificar la participación del sujeto colonial en los debates oficiales sobre el dogma religioso y el saber. Asimismo, esta alusión al descubrimiento de América en la loa vuelve a incluir una evocación de los actos de violencia que se cometieron como parte del proyecto imperial de la conquista: "¡Más mundos hay, más Imperios,/ que tus armas avasallen/ y sujeten tus alientos!" (OC, III, 106). Por lo tanto, el Nuevo Mundo vuelve a aparecer en esta loa a partir de dos perspectivas que ya comenté con respecto a la loa del *Divino Narciso*: (1) América como parte esencial o agente fundamental en los debates teológicos y epistemológicos de la época y (2) la evocación de la conquista como proyecto imperial que implicó un evidente ejercicio de violencia en contra de los naturales de las tierras "colonizadas".

Un aspecto llamativo de esta reflexión sobre el conocimiento y cómo el descubrimiento de América descalabró la noción de orden cosmológico existente (Ramos 23), es que la loa trabaja con la construcción social y cultural del saber, de modo que se cuestiona el dogmatismo ante el sistema epistemológico vigente. De este modo, Sor Juana se autoriza como voz que puede participar en la modificación y/o transformación del saber existente, por medio de la construcción de una perspectiva alterna que se identifica con una posición femenina y colonial. Es en este sentido que se puede decir que la loa se centra en los entrecruces discursivos que generan un determinado saber.

La loa también vincula este evento perturbador del descubrimiento de América con la vida ejemplar que va a narrarse en el auto. La convicción religiosa de Hermenegildo vulnera la fe oficial del estado y del rey en el imperio visigótico establecido en España, abriendo paso para una nueva forma de concebir la divinidad, que se apartaba de la creencia arriana.[15] De ahí que la loa sirva para leer el auto como la representación de un momento en que se alteran los órdenes vigentes en el estado y el conocimiento. La vida de San Hermenegildo ejemplifica, por lo tanto, una triple ruptura con el orden y las instituciones establecidas, porque su fe católica contraviene la ley paterna (Leovigildo, el padre de Hermenegildo es arriano); la ley estatal (Leovigildo es el rey de un estado que defiende la

---

[15] Los arrianos no creían en la Santísima Trinidad y por ello negaban que el Hijo de Dios fuese consubstancial al Padre, y por lo tanto divino.

creencia arriana) y la ley religiosa (Hermenegildo, como hijo y sucesor del rey, debe observar la religión oficial del estado). Geserico es el personaje que tematiza esta ruptura que Hermenegildo pretende llevar a cabo al resumir la genealogía de todos los reyes visigodos, cuyo poder siempre ha estado ligado a la fe arriana:

> Si de la secta Arrïana,
> siempre firmes y constantes,
> ellos [los reyes visigodos] nunca se apartaron,
> ¿por qué quieres tú apartarte?
> Si el seguir a los Mayores
> siempre es la más importante
> máxima de los gobiernos,
> ¿por qué vas por otra parte?
> Si ves que por testimonio
> de cuánto al Cielo le agrade
> la Ley Arrïana, da
> por premio de sus secuaces,
> triunfos, cetros y coronas,
> y al Católico arrogante,
> que la contradice, da
> muerte por castigo, y cárcel,
> ¿por qué tú quieres, Señor,
> seguir a estos miserables
> en el castigo, si puedes
> en la gloria a los triunfantes? (OC, III, 132-133)

Esta ruptura triple se convierte en el conflicto que mueve el auto, pues Hermenegildo debe decidir cuál es la ley suprema, y qué autoridad debe acatar aún a sabiendas de que contraviene la obediencia al padre, al estado y a su religión oficial: "A la misma duda vuelvo:/ que, entre mi Ley y mi Padre,/ de cada parte se oponen/ montes de dificultades" (OC, III, 135). Para la defensa de su posición, la convicción religiosa de Hermenegildo se presenta como un "otro saber" dentro del estado visigodo. Hermenegildo dramatiza nuevamente el debate sobre los modos en que se alcanza el "saber", pues éste siente que logra "conocer" mejor cuando el cuerpo no embaraza su capacidad racional: "Y es que impresas en el alma/ (aunque falten los sentidos),/ las especies que guardadas/ tiene mi imaginativa,/ mientras el cuerpo descansa,/ se representan tan vivas, ..." (OC, III, 125). Con esta afirmación Sor Juana parece acercarse problemáticamente a la noción cartesiana del conocimiento racional, pues por un lado establece que el cuerpo y sus sentidos entorpecen el alcance de un conocimiento que sólo la razón debe discernir (*Discurso del método* 37-38), pero por otro lado recurre al sueño como medio eficaz de obtener conocimientos, espacio que Descartes rechazó por considerarlo poco confiable (*Meditaciones metafísicas* 48-49). Así mismo, esta insistencia en lo racional se opone al auto como género dramático donde se representa lo abstracto como concreto, de modo que el auto y la alegoría privilegian el saber por medio de los sentidos, en especial el de la vista. Esta aparente contradicción metodológica es una constante en dos de los autos de Sor Juana — *El mártir del Sacramento, San Hermenegildo* y *El cetro de José*— que no se resuelve definitivamente en su obra.[16]

Esta lucha entre las diversas leyes que rigen la vida de Hermenegildo se dramatiza también mediante las voces contradictorias de Justicia y Verdad, que estimulan a Hermenegildo a enfrentarse a su padre: "¡Deja el sosiego! ¡Toma las armas!" (OC, III, 123); y Misericordia y Paz, que tratan de convencerlo de que obedezca los deseos de su padre, quien es a su vez el rey del imperio: "¡Deja el estruendo! ¡Cesen las armas!" (OC, III, 122). Por lo tanto, en esta lucha de unas leyes contra otras que dramatiza el auto, también se añade una pugna de "Virtudes contra Virtudes" (OC, III, 127) que nubla el criterio de Hermenegildo a la hora de decidir cuál será su batalla definitiva. Es interesante notar que las virtudes son presentadas como personajes femeninos, y Hermenegildo es el que tiene que resolver esta pugna de ideas mediante sus decisiones y sus actos. Su rebelión contra el padre y rey del imperio visigótico termina siendo —en un claro paralelo con la loa— una ruptura abierta del orden establecido por medio de la ley paterna, estatal y religiosa, para proponer un nuevo "saber" religioso que desde la perspectiva de la audiencia que presencia el auto resulta evidentemente la forma correcta de concebir a la divinidad cristiana. Aunque el auto parece mantener los roles sexuales tradicionales al asignarle el control de la acción a los personajes de Leogivildo y Hermenegildo, el espacio femenino se asocia con el debate racional entre las virtudes. El

---

[16] Sobre este particular Flynn apunta que el escolasticismo también partía de la idea de que no había conocimiento racional que antes no hubiese estado en los sentidos. A diferencia de Platón —que rechazaba el mundo físico— Aristóteles afirmaba que el cuerpo era parte esencial en el proceso de conocimiento humano (124). Para más detalles ver su tesis doctoral, *A Revision of the Criticism of Sor Juana Inés de la Cruz*. El problema mayor con el estudio que lleva a cabo Flynn sobre este tema es que supone que el único modo de acceder a la modernidad filosófica era por medio de la influencia directa de las ideas de Descartes, Pascal o Newton. Flynn no reconoce la posibilidad de un planteamiento epistemológico individual que sea afín al proyecto moderno. La lectura que propongo no se interesa en determinar si Sor Juana conoció o no a Descartes. Sin embargo, es importante destacar que la modernidad filosófica incluye varias dimensiones, entre las que se encuentra la formulación del método científico objetivista y empírico, la postulación de un sujeto cognoscitivo racional y autónomo y la secularización del saber. Parecería que los escritos de Sor Juana señalan una dirección innovadora en su formulación de un sujeto cognoscitivo que no se plantea como autónomo —por su interacción con las prácticas socio-culturales que lo localizan en un determinado campo de acción— pero que sí cuestiona la autoridad oficial que determina quién puede o no acceder a un saber.

auto destaca, por medio de este debate, la cercanía entre las creencias religiosas católicas y las arrianas, y la necesidad de llevar a cabo una transformación que le dé un "nuevo significado" a los ritos ya observados por los visigodos.

Al final del auto se enfrentan Leovigildo y Hermenegildo, ambos tratando infructuosamente de que el otro ceda en su empeño, y Hermenegildo muere afirmando su fe católica. En este auto prima la confrontación directa por sobre las posibles negociaciones. Tanto el padre como el hijo dejan los afectos personales y familiares de lado para defender su fe religiosa, a la que vinculan con la preservación de su integridad personal. Si recordamos que en el *Divino Narciso* se identifica lo femenino con el gesto negociador y lo masculino con el gesto confrontador, no es de extrañar que el auto termine con la muerte del personaje marginal, Hermenegildo. Sin embargo, mientras Leogivildo lucha por retener su poder como monarca, Hermenegildo se preocupa más por mantener su integridad moral, y por lograr la salvación de su alma. Nuevamente en este auto se recurre al diálogo pero esta vez para "reducir" (OC, III, 173) en vez de "persuadir" a Hermenegildo, quien en este caso se mantiene firme en su postura religiosa y por ello muere. Por lo tanto, el auto opone poder y salvación del alma, privilegiando, evidentemente, a la última. En este sentido, Hermenegildo se salva a pesar de su muerte física, porque ha preservado su alma, y ha logrado, por lo tanto, trascender el poder de las leyes temporales que lo ataban. Es así como Hermenegildo se desplaza hacia el espacio de las mismas virtudes femeninas que lo aconsejaban en el transcurso de la pieza dramática. Entonces, al final del auto las cuatro virtudes —Paz, Misericordia, Justicia y Verdad— lo declaran mártir y éste muere defendiendo la fe católica. Asimismo estas virtudes concluyen profetizando la supervivencia de la fe católica por sobre la secta arriana, algo que para la audiencia de la obra es ya una verdad comprobada. En esta lucha inflexible —en que se mantienen firmes las fronteras entre una subjetividad y otra— el único modo de resolver el conflicto es la muerte de una de las partes, y en este caso se trata de la muerte del personaje con menos poder, es decir, de Hermenegildo. Sin embargo, el espacio femenino se privilegia al asignarle el rol de las cuatro virtudes que trascienden los límites temporales del saber humano, y que cierran el auto con una profecía sobre la supervivencia de la fe católica en el futuro.

Por último, la loa y el auto *El cetro de José* retoman la representación del sujeto colonial y subalterno como el eje de su acción. Pero en esta loa que introduce el auto se presenta al sujeto colonial desde una perspectiva distinta. No se trata ya de un sujeto-agente que rechaza las concepciones del colonizador sobre su subjetividad, sino que se representa al indígena en su fase más combativa, pero a la vez en un momento de mayor asimilación al nuevo orden imperial. Esto es lo que denomino como el paso del sujeto colonial al sujeto colonizado.

La loa para *El cetro de José* es más breve, y parece repetir muchas de las ideas que se han comentado en la loa al *Divino Narciso*. Sin embargo, ya no se utiliza la idea de la equiparación y sincretismo de prácticas religiosas, sino que se celebra la Eucaristía. Hay otros puntos que diferencian ambas loas. En primer lugar, todos los personajes de esta segunda loa son femeninos: la Fe, la Ley de Gracia, la Ley Natural, La Naturaleza, la Idolatría y la Música. Al mismo tiempo, es notable que, de entrada, el personaje indígena se llama "Idolatría", nombre que señala el juicio del colonizador sobre las prácticas religiosas de los indígenas. La mirada que la "loa" privilegia es ya una mirada eurocéntrica y colonizadora. En segundo lugar, el aspecto predominante de esta loa es la presentación de la Religión como ley que ordena la convivencia social.[17] En tercer lugar, la disputa religiosa ocurre entre Idolatría —como india que resiste la asimilación— y los demás personajes que ya representan a la religión cristiana. Aunque Naturaleza y Ley Natural pertenecen al entorno americano, éstas ya han sido "persuadidas" de la legitimidad de la religión cristiana, y sólo piden que se eliminen los altares de sacrificio y que se instituya el matrimonio cristiano, respectivamente.

Esta loa, por otro lado, no representa la violencia de la conquista desde la perspectiva del sujeto colonial, sino desde la perspectiva abstracta y unificadora de la Fe cristiana (perteneciente al espacio del colonizador). Pero todavía hay entrecruces que revelan una mirada diferenciada en la obra. Por ejemplo, la voz autorizada de la Fe se utiliza para igualar la barbarie de los sacrificios indígenas con la barbarie de la conquista americana llevada a cabo por los europeos. De este modo el sujeto colonial produce un texto en el cual se apropia de una voz legítima a nivel social e incluso político, para deconstruir el epíteto de bárbaro con que tradicionalmente se denomina a los pueblos nativos de América. Sin embargo, al presentar esta idea desde la perspectiva de la Fe y no de América o el sujeto colonial —como sucede en la loa del *Divino Narciso*— , se inserta esta crítica ilusoriamente dentro del circuito del poder; entonces, la pieza no dramatiza abiertamente una queja desde la discursividad de un sujeto marginal, sino desde una apropiación de una perspectiva superior a ambas subjetividades, pues la Fe se quiere igualar a una visión panóptica que evalúa a la humanidad en general:

FE: [...] y tú, Ley Natural, no
solamente separada

---

[17] Sabat-Rivers ha trabajado con esta loa señalando a Idolatría como "la voz legal y protectora" ("Apología" 286). Sin embargo, la ley opera en esta loa desde una mirada muy diferente a la que anima la loa del *Divino Narciso*. La legitimidad legal de esta loa finalmente recae en la religión cristiana y no en el sujeto colonial, que ya se encuentra parcialmente colonizado.

> de la Ley de Gracia, que es
> quien tus preceptos esmalta
> y perfecciona tu sér,
> sino indignamente hollada
> de la ciega Idolatría,
> cuyas sacrílegas Aras,
> a pesar de tus preceptos,
> manchadas de sangre humana,
> mostraban que son los hombres
> de más bárbaras entrañas
> que los brutos más crüeles
> (pues entre éstos no se halla
> quien contra su especie propia
> vuelva sus feroces garras;
> y entre los hombres, no sólo
> se ve el odio, pero pasa
> a hacerse estudio el rencor
> y a ser industria la saña,
> pues no a otro efecto se ven
> acicalar las espadas,
> echar pólvora a las piezas,
> unir el hierro a las lanzas... (OC, III, 186).

La igualación del sacrificio humano y la guerra a través de la idea de la barbarie humana viene a ser el eje de la loa: todos los seres humanos son bárbaros en ausencia de una ley. Y esa ley que se busca para ordenar la convivencia humana y moralizar sus actos es la Religión Cristiana. Cuando todos los personajes ruegan para que se purifiquen los altares paganos de manera que se puedan poner las imágenes cristianas, aparece Idolatría, quien acepta que se sustituya la deidad indígena por la cristiana, pero se resiste a que se elimine la práctica de sacrificios humanos. Para Idolatría el sacrificio humano es la forma más sublime de presentar respetos a la divinidad. Idolatría se presenta como una india ultrajada que debe defender sus convicciones religiosas:

> IDOLATRIA: Soy, por más que tú me ultrajas,
> la que sabrá defender
> fueros de edades tan largas,
> pues Alegórica Idea,
> Consideración tan abstracta
> soy, que colectivamente
> casi todo el Reino abraza.
> Y así, con la voz de todos,
> como Plenipotenciaria
> de todos los Indios, vengo
> a decirte que, aunque ufana
> estés de que convertidos

> sigan tus Banderas sacras,
> no intentes con la violencia
> inmutar la antigua usanza
> que en sus Sacrificios tienen... (OC, III, 193).

Idolatría resiste a la religión cristiana porque es una "ley" que se impuso por la "violenta senda [de] las armas" (OC, III, 192). Aunque Idolatría cuestiona la legitimidad de esta ley que se impone por las armas, hay en esta loa un diálogo muy distinto —en términos de perspectivas del sujeto colonial y colonizador— al que comenté en la loa al *Divino Narciso*. Idolatría se presenta, en medio de la disputa, como una "bárbara" (OC, III, 194) que no entiende los principios abstractos de la transubstanciación y la Eucaristía. Sin embargo, aun cuando Idolatría adopta los vocablos denigratorios que le dirige el colonizador, también es cierto que en el espacio de la loa viene a ser la defensora y explicitadora de los sacrificios humanos, rito religioso que provocó un profundo escándalo para el público europeo: "y (supuesto /que adorar Deidad les mandas)/ no contradice el precepto,/ que a esa misma Deidad hagan/ los mejores Sacrificios,/ que son los de sangre humana./ Antes hay mayor razón, / porque si a Deidad más alta/ se debe mejor ofrenda,/ ¿por qué tu quieres privarla/ de ese culto?..." (OC, III, 193-184). Nuevamente se ve en la loa el gesto de explicitar las prácticas religiosas indígenas ante un público cristiano, que no tiene por qué simpatizar, pero si puede tratar de "comprender" la razón que animaba los sacrificios humanos en la religión indígena. Por tanto, la loa se abre hacia la posibilidad de "otros saberes" que no se contemplan bajo la ley ordenadora de la Relgión Católica. Los autos sacramentales tematizan, de este modo, una defensa de las prácticas culturales indígenas similares a las que presentaría Bartolomé de las Casas y el mismo Padre José de Acosta en el siglo XVI. Sin embargo, lo que llama la atención de este texto es que se inserta la defensa en un género dramático tradicionalmente utilizado como instrumento colonizador, que se propone ahora como texto defensor de las prácticas religiosas alternativas. Aunque esta obra, a diferencia de los otros dos, no hace ninguna referencia sobre el público al que se dirige (Sabat-Rivers "Apología" 267-8) es natural pensar que el auto estaba dirigido a un público cristiano. Por ello resulta curioso que se invierta el flujo de información que generalmente pretendía explicar y confirmar doctrinas católicas, para pasar a explicar rituales y prácticas indoamericanas.

Regresando a la loa, hay que destacar que el debate entre Idolatría y los demás personajes no se basa en la igualdad de los sujetos que enuncian, pues Idolatría parece rogar —y no exigir, como ocurre en la loa al *Divino Narciso*— que se le permita preservar aunque sea un elemento de su religión original:

Saberes americanos

> IDOLATRIA: *Yo no entiendo* de cuestiones.
> *Bárbara soy*; y me faltan,
> para replicar, principios.
> Lo que digo es que, pues tantas
> victorias has conseguido,
> te contentes con gozarlas,
> y que a mi Nación *concedas*
> esta leve circunstancia
> de sacrificar siquiera
> los cautivos que Tlaxcala
> le da al Mejicano Imperio. (OC, III, 194-195, énfasis mío).

Al definirse como "bárbara" Idolatría se mira desde la ideología del "otro" —el sujeto colonizador— y se somete a su juicio. Esta postura de inferioridad presenta a los indígenas como sujetos colonizados, con poca posibilidad de resistencia a la ideología del sujeto colonizador. En este sentido, la loa hace más evidente la situación de dominio en la que se encontraban los indígenas durante los años inmediatamente posteriores a la conquista La estrategia de Fe y Ley de Gracia es sustituir este rito de sacrificios humanos por la idea de la muerte de Cristo para lavar todos los pecados de la humanidad, y por el acto simbólico de la Eucaristía y la transubstanciación, que permite a los seres humanos recibir el cuerpo y la sangre de Cristo en la hostia. El final de la loa es una celebración de la Eucaristía cristiana y no de la conversión mediante el sincretismo de la religión indígena y europea que se había visto en la loa del *Divino Narciso*:

> FE: ¿Qué más padrón, qué ganancia
> mayor hay para la Fe,
> que el que se *reduzca* una Alma,
> pues esculpe en ella misma
> eterno el Laurel que alcanza?
> ¡Y así conmigo repitan
> vuestras voces concertadas:
> que cuando se venera
> la Eucaristía Sacra,
> los padrones de Fe
> se erigen en las Almas!
> TODAS: ¡Que cuando se venera
> la Eucaristía Sacra,
> los padrones de Fe
> se erigen en las Almas! (OC, III, 199-200, énfasis mío).

Por lo tanto, en esta segunda loa leo una constitución más marginadora del sujeto colonial. Parecería que aquí el indio se "reduce" a la nueva religión en vez de ser realmente "persuadido". De ahí que se pueda hablar más de un sujeto "colonizado" que de un sujeto "colonial" que participa activamente en un proceso de transculturación. A fin de cuentas, la loa de *El cetro de José* sugiere una monologización del proceso de conversión religiosa del sujeto colonial cuando la religión ocupa el lugar de la ley. Pero a pesar de la aparente dominación que la loa propone, la inversión del género del auto sacramental es un gesto que sugiere que este proceso mismo de dominación no es nunca absoluto, ni logra neutralizar completamente los espacios de resistencia. Es así como la loa termina con un mensaje ambiguo, porque si bien se convierte al indio a la fe cristiana, esta conversión no excluye la posibilidad de comprender las prácticas culturales precedentes a la Conquista. De este modo el sujeto colonial se presenta como una alteridad que permanece latente aún por debajo de la aparente conversión efectiva.

Nuevamente, la loa introduce al auto como una "explicación" que se le ofrece a Idolatría para convencerla de que existe otra forma simbólica de sacrificio humano que se utiliza para aplacar a la divinidad —*i.e.* la Eucaristía— y que por ello debe abandonar sus ritos tal como los conoce. Al auto se extiende, entonces, esa preocupación con "otro saber" que desea ser desplazado por las prácticas rituales del colonizador. Este "otro saber" se tematiza a través de la narración del viejo testamento en el cual José es vendido por sus hermanos como esclavo, y luego termina siendo el asistente del faraón y se ve en la posición de socorrer o vengarse de sus hermanos. José es visto en el auto como prefiguración de Cristo, y el pan como el símbolo de su cuerpo que salva a la humanidad por medio del sacrificio. La celebración de la Eucaristía se vuelve a enmarcar en el auto en la condición de sometimiento violento de José a la esclavitud, la cruel venta a la que es sometido por sus hermanos, y su reinvindicación final cuando logra interpretar correctamente los sueños del faraón, y se convierte en su asistente. El auto también insiste en que el tipo de "saber especial" al que accede José es de procedencia divina (OC, III, 227), y lo opone al saber científico y racional humano. En este sentido, este auto está muy cercano al auto de San Hermenegildo, que también reflexiona sobre los límites y trastoques del saber existente en Europa, provocado por la apertura que produce la experiencia americana.

La narración se presenta como una argumentación simultánea entre una serie de personajes femeninos —Lucero (el diablo), La Inteligencia, La Ciencia, La Envidia, La Conjetura y La Profecía— sobre el significado de la Eucaristía y la vida de José como prefiguración de Cristo (Paz, *Sor Juana Inés* 456-457). Este debate dialogado se centra en una contraposición entre la capacidad de conocimiento humano regido por las ciencias y por la religión. Nuevamente, la obra tematiza el espacio racional como femenino, de modo que se constituye aquí una capacidad intelectual femenina que genera el debate epistemológico. Al mismo tiempo, el auto privilegia el saber alterno de la religión, sugiriendo que la ciencia es un medio limitado para alcanzar un conocimiento absoluto.[18] Y en el diálogo entre Lucero e Inteligencia se reflexiona sobre los límites del saber humano frente al divino, siendo éste último el que le permite a José interpretar correctamente las profecías de años de abundancia y carestía en los sueños del faraón:

> LUCERO: Y díme, ya que a éste, Dios
> le hace patentes las líneas
> obscuras de lo futuro,
> si habrá podido inferirlas
> por razones naturales.
> INTELIGENCIA: [...] y si hubieran, como he dicho,
> precedido estas premisas,
> se pudieran alcanzar,
> o ya por ciencia adquirida
> o por razón natural
> o Astrológica pericia,
> siendo humana conjetura,
> no Revelación Divina,
> y entonces yo, mejor que él,
> lo alcanzara, y la noticia
> les diera a los Agoreros.
> Demás que no podía
> por la corriente del Nilo
> saberse la sucesiva
> orden de tan largos años,
> pues, cuando mucho, podría
> hacerse de un año sólo... (OC, III, 225-227).

Esta reflexión de los límites del saber se retoma en los diálogos entre Profecía y Conjetura, donde Conjetura afirma que Profecía sabe lo que Conjetura sólo puede suponer: "¡Lucero, huyamos;/ que es inmensa la ventaja/ que le hace a tu Conjetura/ la Profecía!" (OC, III, 239).

En este auto Sor Juana retoma el tema central de su poema "Primero sueño" y define a José como protagonista en un proceso de conocimiento basado en la interpretación de sueños, modo de saber que, como ya se ha dicho, se aleja de los métodos empíricos y racionales autorizados para alcanzar un conocimiento. Como ya he mencionado antes, todos los personajes que participan en la argumentación epistemológica-teológica en el auto son femeninos, de modo que Sor Juana inserta a la mujer —

---

[18] En este sentido Sor Juana reconoce la superioridad del saber religioso y teológico por sobre el saber científico y racional. Su tesis en este auto parecería oponerse a los proyectos secularizadores del saber vigentes en su época. Por otro lado, Sor Juana también cuestiona todo reclamo de saber absoluto en el campo del conocimiento humano, lo que anuncia un distanciamiento del principio de autoridad como fundamento del saber oficial.

aunque sea en un mundo alegórico— en un espacio tradicionalmente masculino.[19] Del mismo modo, y por los paralelos que existen entre Idolatría y José por su acceso a saberes alternos, el auto inserta al sujeto colonial y femenino en el centro del debate sobre los límites y métodos para alcanzar un saber.

Con esta relativización de los límites del saber humano, el auto abre un espacio que permite ver otros saberes y prácticas desde una luz más analítica, tratando de entender el motivo y razonamiento que los anima. La perspectiva de Sor Juana se aparta, por lo tanto, de los campos de saber oficiales —aunque no necesariamente de los métodos epistemológicos vigentes en su época— para explorar espacios alternos del saber, en una estrategia que permite reinvindicar el saber americano como un medio legítimo para alcanzar un conocimiento religioso y sobre el cual el público europeo ha estado completamente ajeno. Por tanto, y reinscribiendo la loa a este tema que se elabora en el auto, el conjunto dramático parece sugerir que hay una cierta utilidad para un público cristiano en tratar de comprender los ritos indoamericanos. Aunque este auto no trabaje el gesto abiertamente sincrético del *Divino Narciso*, sí es cierto que se explica la Eucaristía como un sacrificio simbólico de la dimensión humana de Cristo. De este modo la Eucaristía puede sustituir el sacrificio humano indoamericano, posibilitando así la comprensión de los motivos similares que animan el ritual indígena y el ritual cristiano.

Me gustaría cerrar esta lectura de los autos sacramentales de Sor Juana, con una reflexión sobre la subversión e inversión del género del auto sacramental, que cuestiona no sólo los límites del saber de la época en cuanto a métodos y sujetos participantes, sino también en términos de los límites del espacio dialógico producidos por las relaciones de poder existentes en el contexto colonial.

---

[19] Sobre el sujeto femenino y la búsqueda del conocimiento en la obra de Sor Juana se han realizado una serie de estudios, entre los que destaco el ensayo de Sabat-Rivers, "Sor Juana Inés de la Cruz y Gertrudis Gómez de Avellaneda: dos voces americanas en defensa de la mujer", y el de Luis Miguel Vicente-García, "La defensa de la mujer como intelectual en Teresa de Cartagena y Sor Juana Inés de la Cruz" y el trabajo de Electa Arenal que ya he mencionado. Jean Franco ha visto este problema desde el contexto religioso, señalando los límites que existían para los intereses intelectuales de la mujer que vivía en la Colonia: "Yet even the fact that women might have enjoyed a fleeting superiority at court, the ability to choose (even if only in play) and to refuse, could hardly compensate for the harsh realities of the marriage market and the Church's subordination of women in a hierarchy that made the pursuit of truth and knowledge a masculine occupation" (Franco, "Sor Juana Explores Space" 27).

3. Conclusión: transformación del auto desde una discursividad criolla

Como puede verse, Sor Juana lleva a cabo dos transformaciones simultáneas en el género del auto sacramental. Por un lado, subvierte el género, pues lo convierte de un espacio donde se impone un saber y una ley al colonizado, en un espacio donde se intenta equiparar al sujeto colonial y al colonizador. Esta equiparación posibilita un diálogo racional que permite la persuasión y participación activa del sujeto colonial en el proceso transculturador. Por otro lado, también se invierte la función del auto sacramental, porque en vez de transmitirse el saber católico a un público colonial, se explicita un saber indoamericano —mediante la explicación de ritos similares a la Eucaristía como el teocualo, o la explicación de la práctica de sacrificios humanos— a un público europeo o asociado con las redes institucionales del poder colonial. De ahí que el europeo resulte simbólicamente "evangelizado" o familiarizado con las prácticas culturales indoamericanas. Esto es lo que Sabat-Rivers cataloga como la función apologizante de las loas: "Sor Juana va a adoptar un papel masculino: el que realizaron en América los misioneros; pero lo va a desarrollar a la inversa: por medio de sus protagonistas va a tratar de convertir a los españoles a la perspectiva americana, va a apologizar" ("Apología" 277). Esta "inversión" que Sor Juana emprende implica una desestabilización de los estereotipos que produce el sujeto dominador acerca del sujeto dominado, generando significantes que vulneran el control que se tiene sobre el subalterno.[20]

El gesto predominante en las obras es el deseo de hacer "comprender" a las autoridades españolas que existe otro espacio cultural legítimo en América que debe ser entendido en vez de ser únicamente dominado. Se borra así la supuesta transparencia del sujeto colonial frente al colonizador. Para esta inversión del género Sor Juana se vale de una serie de estrategias ya tradicionales en el auto sacramental, tales como: (1) equiparar la religión indígena con las prácticas paganas de la antigüedad; (2) equiparar la mitología indoamericana y grecorromana a los saberes oficiales provenientes

---

[20] Manejo la noción de estereotipo según la presenta Homi Bhabha en "The Other Question": "The objective of colonial discourse is to construe the colonised as a population of degenerate types on the basis of racial origin, in order to justify conquest and to establish systems of administration and instruction. [...] Therefore, despite the 'play' in the colonial system which is crucial to its exercise of power, colonial discourse produces the colonised as a fixed reality which is at once an 'other' and yet entirely knowable and visible" (23). Con la ruptura del estereotipo del indígena como antropófago, salvaje y asesino —por sus sacrificios humanos— se desarticula el discurso mediante el cual se justifica la empresa colonizadora, y se equipara la cultura y religión indoamericana con las prácticas europeas que se imponen como símbolos de la civilización.

de los centros metropolitanos; (3) utilizar la alegoría como el espacio en que se explicita lo incomprensible a un público ajeno al campo de saber que se intenta difundir; y (4) utilizar el drama para reflexionar sobre el orden vigente y el impacto de saberes o prácticas sociales alternas en estos espacios oficiales.[21] Como parte de ese gesto de inversión, estas estrategias se ponen en función de la cultura indoamericana y colonial, para explicar ante un público español, o no-americano, las prácticas y saberes que animan a una cultura que le es desconocida. Esto relativiza las fronteras entre el yo cultural colonizador y el otro colonizado, abriendo un nuevo espacio de acción y expresión para el sujeto colonial en el proceso transculturador.

Asimismo, tanto los autos como las loas insertan personajes femeninos en espacios críticos: (1) como sujeto colonial en las loas del *Divino Narciso* y *El cetro de José*; (2) como personaje subalterno y marginado que se alía con otro personaje femenino para lograr su salvación en el auto del *Divino Narciso*; (3) como las virtudes que trascienden los límites del saber humano y la ley temporal en *El mártir del sacramento, San Hermenegildo*; y (4) como interlocutores en el debate sobre los límites del saber humano ante el saber divino en el auto *El cetro de José*. Es así como se integra al sujeto femenino en el espacio central del debate epistemológico, convirtiendo lo femenino y lo colonial en los elementos "incomprensibles" que la alegoría explicita en dirección invertida a un público asociado a las autoridades o los centros de poder metropolitanos. En estos tres autos también se intenta articular una serie de subjetividades femeninas y coloniales frente al saber, considerando la marginalidad en sus múltiples dimensiones simultáneas, que incluyen, no solo el género sexual, sino también categorías de raza y origen, en un gesto similar, salvando distancias, a lo que Mohanty define como una práctica feminista de tercer mundo (12). Con esta desestabilización de oposiciones binarias, y esta multiplicidad de posiciones que se articulan en el texto —*i.e.* sujeto colonial, sujeto colonizador, sujeto

---

[21] El libro editado por Jaggar y Bordo, *Gender/Body/Knowledge* es una interesante reflexión sobre la relación entre el feminismo y los "saberes alternos", en un deseo de presentar modos diferentes de acceder al conocimiento. La reflexión de Jaggar y Bordo resulta fundamental en el estudio sobre la entrada de la mujer a los debates epistemológicos en Latinoamérica en la época colonial. Para más información contextual sobre la sociedad barroca, ver Maravall. "From the Renaissance to the Barroque: The Diphasic Schema of Social Crisis", que presenta el barroco como un momento de crisis frente a la modernidad y como una época en que los estudios pasaron a ser un medio de ascenso para las minorías (3-7; 15). Para más información general sobre la Nueva España en el siglo XVII ver Irving Leonard, *La época barroca en el México colonial*, y Octavio Paz, *Sor Juana Inés de la Cruz o las trampas de la fe*. Ambos textos reflexionan sobre el siglo XVII y el virreinato de Nueva España como centro de poder importante, pero a la vez periférico, en relación con la metrópoli española.

femenino y sujeto criollo productor del discurso— se abre un espacio en el cual se intenta coordinar y correlacionar un conjunto de posiciones subjetivas desde una dimensión no-jerárquica de la diferencia (Radhakrishnan, "Negotiating Subject" 284-5).

Sin embargo, es necesario establecer distancias: Sor Juana representa en sus loas sujetos coloniales indígenas que se integran a una perspectiva criolla y no indoamericana. Como ya ha señalado Mabel Moraña, el Barroco de Indias coincide con el momento en que surge una discursividad criolla en los centros virreinales (234). Para el criollo, la representación del indígena tenía una función diferenciadora: "Puesto que los criollos tenían la misma raza y religión, y hablaban la misma lengua que los peninsulares, hubieron de buscar una noción que los diferenciara, y ésta fue la adopción de la historia precortesiana de la civilización azteca" (Sabat-Rivers, "Mujer, ilegítima y criolla" 405). Esta distancia fundamental nos devuelve al debate de la representación de sujetos subalternos, y a la irremediable pérdida que envuelve todo proceso de representación del "otro". En este sentido, los autos de Sor Juana ilustran lo que apunta De Certeau sobre el proceso de representación del "otro": "But the written discourse which cites the speech of the other is not, cannot be, the discourse of the other. On the contrary, this discourse, in writing the Fable that authorizes it, alters it" (78).[22] Aun cuando Sor Juana representa a los indígenas desde una mirada reinvindicadora y simpatizante, es claro que su mirada pertenece a un sujeto diferenciado, al de una conciencia criolla que integra al indio en una discursividad todavía incipiente en el siglo XVII (Lafaye, *Quetzalcoatl* 73-75).[23] Por eso es que sus personajes indígenas no poseen una voz característica, ya que su enunciación pertenece al mismo registro de los personajes españoles, aún cuando se supone que se trata de un primer encuentro entre colonizador y colonizado. Esta carencia de una voz propia evidencia la limitada funcionalidad del personaje indígena en la emergente discursividad criolla. En este deseo de reinvindicar un espacio, la nueva conciencia mestiza se inventa un pasado que le dé cierta continuidad y legitimidad a la voz del criollo en el entorno americano, en un deseo de desplazar la autoridad del español sobre las redes de poder y su hegemonía del espacio americano:

---

[22] Sobre este debate resultan iluminadores los textos de Spivak, "Can the Subaltern Speak?", el ensayo de Homi Bhabha, "The Other Question" y el ensayo de Michel de Certeau sobre Montaigne, "Montaigne 'Of Cannibals': The Savage 'I'" incluido en su libro *Heterologies*. Lo interesante de estos textos de Sor Juana es que al invertir el flujo de información de América hacia España se sustituye la imagen estereotipada del indio por una imagen más dinámica, que participa activamente en el proceso mismo de la colonización.
[23] Este tema del surgimiento de una discursividad criolla, y su problemática inserción en un contexto colonial, es el tema que elaboro en mi próximo capítulo.

Según esto, parece claro que la eficacia del modelo, del *mythos*, pasa por dos momentos bien diferenciados: en el primero, el indio sometido a aculturación o el mestizo proponen una narración unificada y global de un pasado *transfigurado* de su tierra (un paso esencial, *sido*, si queremos utilizar la terminología heideggeriana de *Ser y tiempo*) con el doble propósito de preservarlo (transformándolo formalmente, de acuerdo con la reconocida superior *técnica y civilización* —conjunción de hierro, pólvora e imprenta— del dominador) y de presentarlo como futura alternativa de los nuevos pueblos, *mezclados*, de la Conquista (de acuerdo a una reinvindicada superior *cultura espiritual* de éstos, una vez lograda la fusión étnica, moral y religiosa). En el segundo momento, el criollo se apropia de esta narración y la utiliza agresivamente contra sus propios ancestros: los españoles de la Península, aceptando la sujeción de las nuevas tierras a la corona imperial, pero en pie de igualdad con los reinos peninsulares (Duque 13).

Este deseo de igualdad entre criollos y españoles se tematiza a través del diálogo racional que se propone entre el indígena y el colonizador en materia de fe. Pero el indio no se reinvindica por sí mismo, pues no es una figura en el presente sino una abstracción que actúa en un pasado remoto, asociado con el momento inicial de la conquista. Su utilidad es que se convierte en una voz que articula la entrada al debate público de saberes "alternos" que han sido desplazados y negados por el cuerpo de leyes y prácticas religiosas que el colonizador impone al colonizado. En el espacio de la loa y el auto sacramental estos "otros saberes" pasan a ser explicitados, como saberes y prácticas con un cierto valor, y que de alguna manera diferencian el espacio americano del espacio español, de modo que sólo el criollo puede "comprender" ambas leyes y visiones de mundo como para ocupar puestos públicos a cargo de ejecutar las leyes metropolitanas en el espacio colonial (Lafaye, *Quetzalcoatl* 8-9). De este modo, se puede leer en estos autos sacramentales la constitución del sujeto productor/emisor del texto en cuanto subjetividad criolla que comienza a generar sus "respuestas sociales diferenciadas" como modo de impugnar el monopolio peninsular de los puestos de poder (Moraña, "Barroco y conciencia" 234). Este planteamiento de saberes alternos también sirvió de base a un progresivo proceso de autonomización del discurso criollo que culminó con la entrada en la época moderna:

> La modernidad desgaja mentalmente a la Colonia criolla de la peninsular, que se sostenía ideológicamente en la escolástica decadente del siglo XVII y en el principio de autoridad consecuente con ella. Asesta un golpe decisivo en el terreno mental a la España imperialista, que no encuentra más salida que acogerse nuevamente a las viejas tesis de la inferioridad del americano, aunque recubiertas ahora con un ropaje "ilustrado" (López Cámara, "La conciencia criolla" 368).

Pero la representación que hace Sor Juana del sujeto colonial y femenino en los autos y las loas problematiza todavía un último aspecto: el espacio dialógico mismo es un lugar conflictivo. Tanto en las loas como en los autos, el diálogo se convierte en la propuesta que aspira a crear el espacio equiparador entre sujeto colonial y colonizado, o entre sujeto subalterno y sujeto dominador, pero a la vez éste no escapa a los efectos perturbadores del poder sobre el flujo libre de información. De este modo el diálogo replica las condiciones de subordinación y dominancia de los sujetos hablantes, lo que resulta en el silenciamiento del sujeto subordinado por medio de la muerte, en el caso de San Hermenegildo, o de la asimilación, en el caso de los sujetos indoamericanos. En este sentido, estos textos dramáticos de Sor Juana ilustran una conflictividad dentro del espacio dialógico, que, como diría Rabasa, es el espacio mismo del poder: "Conversation suggests an imperceptible mode of conquering; it would transform the consciousness of the natives by immersing them in a new order comprising the Conquistador as well. It implies at once a fairness and a remittance of the old order into the past" (203-204).

Esta desarmonía del espacio dialógico se evidencia de la manera más violenta en la silenciación misma de las obras dramáticas que leemos, pues estos autos nunca se representaron en los espacios a los que se dirigieron —i.e. la corte en Madrid o la corte virreinal.[24] Este silenciamiento trae al centro de esta reflexión el problema de la censura y supresión de ciertos temas, que ya Rolena Adorno ha comentado anteriormente: "The justification that writers offered for their study of Amerindian subjects, and the strategies that they used to appeal to their readers' interest, shed light on the literary production of the period and offer indirect evidence about that elusive problem of colonial literary culture: censorship and suppression" ("Literary Production" 1). La posible censura de estos textos de Sor Juana destaca la conflictividad del espacio mismo en que estaban entrando estos autos al proponer, públicamente, una equiparación intelectual y dialógica de los dos polos opuestos del poder. Esta "problemática" propuesta de Sor Juana no se materializa en la representación dramática, pero resulta claro que sí llega a sus destinatarios como textos íntimos y silenciados, es decir, como "cartas" simbólicas.

Por ello, y regresando a una idea que propuse al comienzo de esta reflexión, podemos leer hoy estas piezas dramáticas como replicadoras del gesto de las tantas cartas que se enviaron desde la colonia a la corte metropolitana pidiendo la concesión de favores y el reconocimiento de la legitimidad de los derechos de los príncipes indígenas a ocupar una posición

---

[24] Sabat-Rivers ha reflexionado sobre los motivos por los cuales no se representaron los autos sacramentales de Sor Juana en su "Apología de América y del mundo azteca en tres loas de Sor Juana".

de poder en el espacio americano. En su calidad de "cartas" simbólicas, los autos sacramentales de Sor Juana se pueden equiparar a los textos de Guamán Poma, Titu Cusi, el Inca Garcilaso de la Vega y otros tantos, que escribieron para forjar un espacio americano y constituirse como entes representativos y herederos legítimos de la autoridad metropolitana y virreinal en América. Lo curioso de estas cartas es que se valen de una estrategia central: apropiarse de los modos de representación, difusión e imposición de prácticas y leyes metropolitanas para propiciar un espacio equiparador desde el cual trazar un diálogo entre las autoridades españolas y el sujeto colonial marginado.

En el caso de los autos sacramentales de Sor Juana se envía una "carta" que materializa a un grupo de personajes marginados del espacio de la Nueva España para proponer un cambio de orden, una nueva relación con el poder mismo. Desde la Nueva España se inventa un diálogo que intenta borrar las fronteras infranqueables entre el sujeto y el otro, y que propone el entorno americano como el espacio de un saber al que el colonizador tiene que acceder si quiere preservar su presencia hegemónica en el mismo. Curiosamente, el nombre del virreinato propone de entrada esta distancia que tematizan las loas y los autos, pues México es una "nueva" España, o un espacio de transculturación y de transposiciones. El virreinato se abre entonces a una nueva serie de subjetividades que se diferencian e identifican con el centro de poder metropolitano, a la vez que exigen su igualdad frente al sujeto colonizador. De este modo se legitiman estas otras culturas como prácticas y discursos que no están contenidos en el saber metropolitano. De ahí que se proponga la inversión del flujo del saber, ahora enviado desde América a España, para completar el ciclo bilateral de la transculturación según la propone Fernando Ortiz (90). Se altera así el ejercicio del poder unilateral de España sobre América, abriendo el espacio a una nueva autoridad diferenciada: la de la subjetividad criolla emergente en el siglo XVII, que aspira a negociar con las autoridades metropolitanas una nueva forma de coordinar los intereses imperiales con los intereses locales.

Sin embargo, hay en estas "cartas" que Sor Juana escribe un residuo improcesado: el de una perturbación de toda posibilidad de diálogo y negociación por el ejercicio mismo del poder, que crea este *imperceptible mode of conquering* del que habla Rabasa, y que es un elemento que está presente tanto en el espacio metropolitano como en el colonial. Las "cartas" que Sor Juana envía a las autoridades parecen sugerir que el problema son estas redes de poder mismas, y que es necesario replantearse la relación entre subjetividad, conocimiento y poder antes de que se puedan proponer relaciones igualitarias que vulneren la polaridad de la relación colonial, hasta el momento fundamentada en la asimilación y aniquilación irreflexiva del otro por el sujeto colonizador. Esta sinuosidad del poder en el contexto colonial es precisamente el tema que trato en el próximo y último capítulo de este estudio.

Capítulo VI

Subalternidad, poder y conocimiento en el contexto colonial: las conflictividades de la conciencia criolla

> Las interpretaciones que resultan de estas pesquisas varían según la "tesis" que los biógrafos quieren comprobar. Estas tesis, aunque de una variedad asombrosa, se reducen a unas cuantas categorías generales: la hagiográfica, de augusto linaje y de una perdurabilidad impresionante; la romántica, que surgió en el siglo XIX y que no da señas de desaparecer pronto; la psicoanalítica, que da de sus frutos más extravagantes en Pfandl; la nacionalista, que se ha renovado en diversos períodos históricos; la feminista, un producto de las últimas décadas, y que se encuentra todavía en proceso de desarrollo (395-6).
> —Frederick Luciani, "Recreaciones de Sor Juana en la narrativa y teatros hispano/norteamericanos, 1952-1988"

1. SOR JUANA Y EL CRIOLLISMO EN LA ESCRITURA COLONIAL

En el campo de los estudios literarios de la obra de Sor Juana, uno de los espacios más problemáticos ha sido el de una definición cabal del grupo social al que perteneció esta escritora. Su origen americano y humilde, y su condición de hija ilegítima de una criolla y un peninsular, que crece en cierta cercanía con la cultura indígena, para luego desplazarse al centro de la corte virreinal y más tarde a la vida conventual, dificultan llegar a un consenso sobre la posición social que ocupó Sor Juana en la sociedad novohispana. Sin embargo, hay una serie de posturas que recurren de modos muy diversos a lo largo del corpus de estudios críticos, literarios y biográficos de la vida y obra de Sor Juana. Aunque algunos definen su escritura como decididamente peninsular, la mayoría de la crítica más contemporánea coincide en definir su obra como un claro ejemplo de una conciencia criolla, americanista o nacionalista. Otros, sin embargo, aunque identifican la obra de Sor Juana con una conciencia criolla, problematizan la naturaleza ya americanista o peninsularista de lo que se puede denominar más ampliamente como esa ambigua subjetividad colonial que emerge en sus textos (Ver un resumen de la bibliografía relevante en el Apéndice V). Todo este panorama crítico se complica aún más, porque la escritura de Sor Juana parece evadir algunos de los debates e íconos centrales del criollismo en el siglo XVII (Blanco 50) produciendo una obra que se ha caracterizado a veces como de un "americanismo difuso" (Carilla, "Americanismo literario" 315).

Me interesa retomar este debate sobre el criollismo de la obra de Sor Juana para llevar a cabo cuatro reflexiones complementarias. Por un lado, quiero reconstruir a partir de estos estudios críticos una serie de definiciones de lo que se ha entendido como criollismo, americanismo y nacionalismo en la obra de Sor Juana, como ejemplo de algunas de las categorías que se aplican contemporáneamente en el estudio de las letras coloniales. En segundo lugar, quiero releer algunos de estos pasajes tradicionalmente identificados con la mexicanidad, criollismo o protonacionalismo de Sor Juana para percibir las conflictividades de una discursividad que se forja en el entrecruce de varios circuitos de poder e identidad que caracterizan lo que hemos denominado como la experiencia colonial novohispana. Dada la amplitud de esta propuesta, he limitado mi lectura, por supuesto, a la constitución de sujetos cognoscitivos alternativos, reflexión que ha sido central en el planteamiento de este estudio.

Asimismo, quiero trascender este debate en particular para reflexionar sobre los modos en que el campo de los estudios literarios ha reconfigurado y "construido" una imagen particular de la escritura colonial que responde a una agenda nacionalizadora de los productos literarios y artísticos en un deseo de constituir como ejes articuladores —ya sea de identidades o de campos de estudio— a estas dos categorías de "literatura" y "cultura" latinoamericanas. Por último, quiero cerrar mi reflexión sugiriendo nuevas direcciones de estudio que problematizan las categorías de la cultura latinoamericana y del criollismo como sustrato homogeneizador de una identidad cabalmente articulada. Mi análisis toma en cuenta algunos de los debates más recientes sobre la crítica a los estudios latinoamericanistas que se han basado en las premisas originadoras de esta disciplina desde el siglo XIX. Desde ahí se postula una evolución necesaria que incluya otras perspectivas que permitan re-evaluar la literatura colonial a partir de la crisis de los estudios de las literaturas nacionales, o del desmontaje de los discursos latinoamericanistas que estuvieron tan en boga desde mediados de la década del sesenta, hasta bastante entrada la década del ochenta. Es a partir de esta reflexión sobre la reconfiguración disciplinaria del campo de los estudios literarios que me interesa trazar los límites más previsibles a mi proyecto de un posible estudio de los saberes americanos según se plantean en la escritura de Sor Juana.[1]

---

[1] Para fines de esta reflexión utilizo "americano" como procedente del conglomerado de países de Latinoamérica que estuvieron bajo el control colonial de España durante los siglos XVI al XIX. La América colonial se designaba en los escritos de la época con el nombre colectivo de "Nuevo Mundo", o simplemente como "América", y es precisamente a ese sustantivo globalizante al que me refiero cuando postulo saberes o identidades propiamente americanas. Dejo fuera en mi utilización de este término los debates posteriores que se suscitaron en torno a la organicidad de este sustantivo para denominar una compleja realidad cultural internacional que contemporáneamente se alude con el nombre colectivo de Latinoamérica.

Para comenzar a definir categorías tales como "americanismo", "criollismo" y "nacionalismo", es importante trazar algunas de las reconfiguraciones históricas y cronológicas de estos términos en el marco de los estudios sobre cultura latinoamericana. Puesto que estos tres términos se han desarrollado de un modo entrelazado, en ocasiones han llegado a usarse como sinónimos. Sin embargo, el origen del término "criollo" se ha localizado en el siglo dieciséis en Brasil, donde se utilizó por primera vez para designar al negro nacido en América (Kanev 211). Más tarde el término se adopta en las colonias españolas para denominar a aquél que nace en América de padres que provienen del Viejo Mundo (Arrom 14). De este modo el término vino a equiparar a los descendientes españoles y africanos que nacían en América, por lo que no predominó una distinción racial específica en su aplicación inicial. No será hasta que dejan de llegar negros esclavos de Africa con el cese de la trata, que el término criollo pasa a designar exclusivamente a los descendientes de españoles y europeos nacidos en las colonias (Arrom 22).

Estudios más recientes sobre la construcción de una identidad criolla indican que las primeras generaciones de "criollos" fueron mayormente mestizos, producto de las uniones matrimoniales o de concubinato entre mujeres indígenas y varones provenientes de la península (Kuznesof, "Ethnic and Gender Influences" 156-58; Poot Herrera, "Los criollos" 178; Schwartz, "Colonial Identities" 188). Este mestizaje se debió mayormente a la gran desigualdad en la cantidad de hombres y mujeres españoles que llegaron a América durante los primeros años de la época colonial. Los hijos de estas uniones mixtas eran educados a la "española", dejando de lado su mestizaje racial para constituirlos como descendientes culturalmente "puros" de los peninsulares establecidos en las colonias. No obstante, sabemos que la formación cultural de estos descendientes también era mestiza, debido a la presencia indígena y africana en el espacio doméstico criollo en labores de crianza y cuidado del hogar. Los africanos fueron excluidos de este mestizaje inicial, por cuanto el descendiente de un español y una esclava africana era considerado negro, o a lo más mulato, en la escala socio-racial de la época. Asimismo, sólo las mujeres indígenas de alto linaje podían aspirar a establecer relaciones matrimoniales con sus consortes europeos, pues de lo contrario la madre indígena era excluida del núcleo familiar "criollo" después de que tenía a su hijo(a). Una vez se estabiliza una población "criolla" que puede sostener su futura progenie, el mestizo de clase baja es rechazado por los sectores criollos (Leal 189), quienes también se diferencian de los africanos y los indoamericanos en su deseo de legitimar una identidad local hegemónica.

Lo importante de este tipo de estudios es que en los mismos se traza una evolución de lo que se ha entendido como criollo en la época colonial así como en tiempos posteriores, como una noción que ha sido central en la rearticulación de la identidad latinoamericana. De ahí que criollo haya incluido acepciones que van desde descendientes de todo tipo de europeo que nace en las colonias americanas en el siglo dieciocho, hasta aquél que es natural de una determinada nación en el siglo diecinueve (Arrom 23-4). Ya en nuestro siglo este término se ha usado para referirse a los espacios rurales, y a las costumbres tradicionales de un país en la primera mitad de nuestro siglo, o para denominar lo netamente latinoamericano (Arrom 25-6), como sucedió en la literatura costumbrista o criollista.

Otros estudiosos han señalado la importancia de identificar una evolución particular de esta categoría durante los tres siglos que comprenden la experiencia colonial. Esta evolución incluiría la inicial identificación de los criollos con una identidad peninsular, y pasaría gradualmente a la emergencia de un sentimiento diferenciador, americanista y protonacional que definiría el cierre del siglo dieciocho (Poot Herrera, "Los criollos" 182). Este estudio del desarrollo de un discurso criollo diferenciador americanista ha sido sintetizado en propuestas como las del "mestizaje cultural" (Leal 186) — mediante el cual el criollo se apropia de las prácticas culturales del negro, el indio y el mestizo para definir un discurso particular americano sin por ello defender los derechos civiles o políticos de estos sectores en la sociedad colonial, ni promover el mestizaje racial con ninguno de estos grupos (Jara y Spadaccini, *Amerindian Images* 80-1; Leal 188) — o del "calco aparente" (Torres 355), estrategia mediante la cual la imitación de modelos culturales europeos produce expresiones diferenciadas de una identidad americana unificada y articulada desde una discursividad criolla hegemónica.[2] Dada la creciente pugna que se generó entre los sectores criollos y los peninsulares que ocupaban la mayoría de los cargos públicos oficiales en la Colonia, también surgieron algunas definiciones de la identidad criolla que implicaban diversos intereses políticos y sociales de la Nueva España. De ahí que el criollo se identifique en ocasiones con una identidad europea o peninsular, mientras que en otros momentos se alía con un pasado indígena y africano que define una especificidad americana en su discurso.

Del mismo modo, la metrópolis asoció la identidad criolla con diversos niveles de degeneración climática y biológica, que a veces igualó a los criollos con los indígenas o con la población africana y mulata de las colonias.[3] Es

---

[2] Este tipo de estudios ha sido llevado a cabo por Mabel Moraña "Apologías y defensas: discursos de la marginalidad en el barroco hispanoamericano", "Barroco y conciencia criolla en Hispanoamérica", "Colonialismo y construcción de la nación criolla en Sor Juana Inés de la Cruz" y en su introducción al libro *Relecturas del Barroco de Indias*; Edmundo O'Gorman, *Meditaciones sobre el criollismo*; Ana Pizarro, ed., *América Latina: Palavra, Literatura e Cultura*; Sergio Fernández, "Sor Juana Inés de la Cruz"; Canny y Pagden, *Colonial Identity in the Atlantic World*, entre otros.

[3] Sobre esta denigración del criollo por los intereses metropolitanos, ver los estudios de Marie Cécile Bénassy-Berling, "Los criollos y el poder eclesiástico en la época

por eso que uno de los rasgos distintivos de esta identidad emergente fue su doble vulnerabilidad con respecto a los sectores metropolitanos y a los otros grupos étnicos americanos (Ross, *The Baroque Narrative* 38). Esta pugna político-social generó a su vez diversos modos de identificación y distanciamiento entre el sujeto criollo y los otros sectores que componían la heterogénea sociedad colonial. Una de las estrategias más ampliamente estudiadas por la crítica contemporánea es la mitologización de la cultura indígena en la escritura criolla, donde el referente indio es una abstracción muy distanciada de las poblaciones aborígenes que coexistían con el sector criollo en la sociedad novohispana (Posada Mejía 383; Canny y Pagden 66; Portuondo 29; Vidal 90, 132; Hernández Araico, "Códifo festivo" 77). Es por ello que se podría ampliar la propuesta de O'Gorman en su libro *La invención de América* para incluir los diversos modos en que el sector criollo —entre tantos otros— también construyó una noción particular de América que se oponía problemáticamente a la visión de la Nueva España como mera extensión de Europa. Por tanto, la identificación de Sor Juana con esta llamada conciencia nacional entraña un problemático encuadre de su escritura dentro del estado específico de este discurso en el momento en que escribe sus textos religiosos y literarios. Asimismo, su representación de una realidad americana responde a su particular posición en el entramado social y político en que se generó su obra. De ahí que una lectura de su discurso criollo implique una reconstrucción de su visión particular de los otros sectores subalternos que representa en sus escritos, en su deseo de constituir un sujeto cognoscitivo alternativo que no por ello se encuentra fuera del campo epistemológico oficial europeo.[4]

Por otro lado, de acuerdo a los estudios críticos de la literatura colonial que hemos estado manejando, el "americanismo" en la Nueva España se ha definido por el uso de las siguientes estrategias textuales: (1) defensa de un pasado mítico indígena (Iglesia 131); (2) defensa del ingenio criollo, pero sin llegar a postular una indepedencia cultural americana (Carilla, "Raíces del americanismo" 537); (3) expresión de ufanía por la cultura no europea que se forja en Nueva España (Hanrahan 54); (4) representación de un lenguaje americano a partir del seseo en la rima y el uso de diminutivos y del usted y ustedes propio del español novohispano (Valenzuela Rodarte 177, 179); (5) uso de lenguajes indígenas y expresiones

---

colonial: el caso del jesuita mexicano Antonio Núñez de Miranda", Stuart Schwartz, "Colonial Identities and the *Sociedad de Castas*"; José Joaquín Blanco, *Esplendores y miserias de los criollos*, y Jacques Lafaye *Quetzalcoatl and Guadalupe: the formation of Mexican National Consciousness 1531-1813*, entre otros.

[4] Para esta reflexión ha sido crucial la ponencia de Dolores Aponte Ramos titulada "¿Puede un subalterno hablar por otro? Sor Juana Inés de la Cruz y la representación poética de los africanos subsaháricos" leída en *47th Annual Kentucky Foreign Language Conference* del 21-23 de abril de 1994.

africanas propias de los otros sectores que componen la sociedad popular novohispana (Torres 356-7); (6) mención de comidas, personajes y lugares típicamente novohispanos (Valenzuela Rodarte 178; Suárez Radillo 264-5); (7) recreación del estilo cortés y suave del habla novohispana que contrasta con la fuerza del habla peninsular (Celorio 401; García Marruz 14); (8) sincretismo de elementos indígenas, mestizos e hispánicos (Suárez Radillo 261; Catalá, "El Neptuno" 24, 27) y (9) uso de la parodia, del calco aparente y del estilo barroco para expresar una identidad diferenciada de la europea (Torres 356-7). En ocasiones también se ha usado el vínculo entre el patriotismo colonial —que no es equivalente al nacionalismo del siglo XIX, sino que alude al orgullo que se siente por el lugar de origen— y el sentimiento americanista para proponer que este discurso presenta una conciencia protonacional (Moraña, "Apologías y defensas" 47; Jara y Spadaccini, *1492-1992...* 42; Zanelli 195; Cesáreo 208).

Esta lectura del "protonacionalismo" colonial se ha basado generalmente en la idea de que el sector criollo desarrolló un sentido de independencia que lo llevó a procurar una separación real de los centros de poder metropolitanos. "Protonacionalismo", "patriotismo" y "nacionalismo" se leen, entonces, como categorías afines a las que llevan a la independencia política de los países de América durante la primera mitad del siglo XIX. En este sentido se puede decir que el nacionalismo se lee como categoría moderna que se aplica casi automáticamente por sobre las especificidades de una condición colonial que tampoco se ha explorado en toda su complejidad. Estas propuestas han generado, sin embargo, algunas resistencias en el campo de los estudios coloniales latinoamericanos entre aquéllos que no reconocen la independencia política como equivalente a una independencia cultural u ontológica de las metrópolis europeas (O'Gormann, *La invención...* 156; Carilla, "Americanismo literario" 283). De este modo parecería que el nacionalismo colonial implicaría un deseo de autonomía administrativa que no entrañaría una total separación de los modelos culturales europeos a partir de los cuales también se constituyen los sectores hegemónicos de la sociedad virreinal de la Nueva España.

Sin embargo, lo más interesante de la constitución de este tipo de discurso americanista en el campo de los estudios literarios coloniales es que se ha vinculado la formulación del mismo con un sector específico de la sociedad colonial: el sector criollo.[5] De este modo el criollismo se viene a

---

[5] Esta es la tesis principal del estudio de Rafael Catalá, *El sincretismo criollo en el barroco americano y su expresión en la obra de Sor Juana Inés de la Cruz* y de su ensayo "El Neptuno alegórico de Sor Juana: ontogenia de América". En este punto parecen estar de acuerdo otros estudiosos, tales como Gabriel Méndez Plancarte, *Humanismo mexicano del siglo XVI* y *Humanistas del siglo XVIII*, quien también vincula este protonacionalismo con las corrientes humanistas que llegaban al sector intelectual criollo por medio de la educación jesuita; Francisco López Cámara, *La génesis de la*

convertir en el discurso homogeneizador y articulador de una identidad inicialmente americana, y ya más adelante específicamente latinoamericana, que se puede caracterizar como unificada y coherente. Este ejercicio de centralización en la formación de un discurso de identidad latinoamericano produce una serie de problemas que ya hemos mencionado a lo largo de este estudio, tales como: (1) la definición de la época colonial a partir de una agenda nacionalista que evade las complejidades de la experiencia colonial *per se*; (2) la construcción de una identidad latinoamericana a partir de un origen centralizado y armónico como el discurso criollo, a expensas de todos los otros sectores heterogéneos de la sociedad novohispana que interactuaron en la intensa negociación que se dio durante una experiencia colonial que duró unos tres siglos; y (3) la construcción del criollismo como una especie de sustrato uniforme que no experimentó una multiplicidad de desarrollos y cambios a lo largo de esta misma experiencia colonial. Quisiera, entonces, ilustrar algunas de estas contradicciones constitutivas del discurso criollo en la lectura de varios textos de Sor Juana, para retomar esta reflexión sobre los modos en que se reconfigura el período colonial a partir del estado del campo de estudios latinoamericanos al final de este capítulo.

2. La escritura "criolla" de Sor Juana: conflictividades de una discursividad colonial

La identificación de Sor Juana como "criolla" responde a varios fenómenos. En primer lugar, por las condiciones de su nacimiento, Sor Juana parecería formar parte de lo que "racialmente" se denominó como el sector criollo. Hija de una mujer criolla y un padre peninsular, y sin vínculos conocidos con un origen indoamericano ni africano, Sor Juana pareció formar parte de una de las generaciones iniciales de un sector criollo que ya se había estabilizado racialmente, y por ello había interrumpido la práctica de mestizaje masivo con las mujeres no españolas como modo de generar descendencia que todavía se consideraba "criolla" o "española" (Kuznesof, "Ethnic and Gender"; Scwartz).

Por otro lado, su inserción particular en la sociedad novohispana virreinal produce otra dimensión "criolla" en su identidad. Con la entrada a la corte virreinal en su juventud temprana, y su posterior vida monacal bajo la protección abierta de los virreyes, Sor Juana viene a encarnar lo que

conciencia liberal en México; Edmundo O'Gorman, *La invención de América* y *Meditaciones sobre el criollismo*; Guillermo Céspedes del Castillo, *América hispánica*; y Jara y Spadaccini, *1492-1992 Re/discovering colonial writing*, entre otros. Pocos trabajos se oponen a esta tesis, como lo es el caso de Hernán Vidal en su libro *Sociohistoria de la literatura colonial hispanoamericana*, quien no ve el americanismo como un rasgo del criollismo temprano.

se ha definido tradicionalmente como ese sector criollo intermediario que se constituía en una relación de dependencia y pugna con los sectores del poder virreinal peninsular que controlaba los oficios públicos en las colonias.

Por último, su escritura también recoge ciertos rasgos de lo que se conoce como el "criollismo" clásico. Me refiero particularmente a una escritura que postula la especificidad de una identidad americana sin proponer con ello una ruptura con los paradigmas culturales y subjetivadores metropolitanos. Es a partir de esta triple "construcción" que asumo en esta reflexión la posible identificación de Sor Juana como sujeto criollo en la sociedad novohispana de la segunda mitad del siglo diecisiete.

Sin embargo, no se puede presumir que la obra de Sor Juana sea "criollista" por el mero hecho de que la autora pertenezca a este sector social. Uno de los rasgos más estudiados para definir el discurso criollista de Sor Juana es su representación de los otros sectores marginados de la sociedad novohispana en sus escritos religiosos, específicamente en las loas a los autos sacramentales y en los villancicos. En particular, ha llamado la atención de la crítica su representación de la evangelización de los indios al inicio de la conquista de América, como momento en que se dramatiza el intenso choque cultural e intelectual que implicó la conversión religiosa. Aunque ya hemos aludido a muchos de estos textos a lo largo de nuestra reflexión, regreso a algunos de ellos para analizar varios de los rasgos de ese problemático discurso criollo con el cual se ha identificado la escritura de Sor Juana. Uno de los primeros detalles que llama la atención es el modo en que se inscriben estos personajes indígenas y nativos que se representan en su escritura religiosa dentro de un circuito de poder metrópoli-colonia. Veamos un ejemplo de la loa al *Divino Narciso*:

> CELO:
> Pues díme, Religión, ya
> que a eso le diste salida,
> ¿cómo salvas la objeción
> de que introduces las Indias,
> y a Madrid quieres llevarlas?
> RELIGIÓN:
> Como aquesto sólo mira
> a celebrar el Misterio
> y aquestas introducidas
> personas no son más que
> unos abstractos, que pintan
> lo que se intenta decir,
> no habrá cosa que desdiga
> aunque las lleve a Madrid:
> que a especies intelectivas
> ni habrá distancias que estorben
> ni mares que les impidan (OC, III, 21).

La estrategia inicial de estos textos es "justificar" la representación de indígenas ante un público madrileño. El texto reconoce la diferencia irreductible entre el referente cultural metropolitano y la experiencia indoamericana en las colonias. Estas diferencias se reúnen y procesan por medio de la "abstracción" de la figura indígena, estrategia que la crítica ha señalado como distintiva del discurso criollo en su representación de una especificidad americana.[6] El indígena representa una suerte de categoría ficticia que no se refiere necesariamente a los sectores reales de una población novohispana que estaba negociando su espacio en un nuevo entramado social, político y cultural. Sin embargo, lo interesante es que en el texto de Sor Juana se equipara "abstracción" con "especies intelectivas", de manera que el personaje indígena representa una capacidad racional americana que entra abiertamente en un debate teológico e intelectual con los personajes que representan el poder religioso y político de la metrópolis sobre la Nueva España. El texto opera, entonces, un deslizamiento que reubica la categoría indígena en el espacio del saber, de modo que el campo epistemológico —y sus categorías subjetivas abstractas— se convierten en el lugar desde el cual se negocia una nueva manera de articular una identidad americana. En este sentido, el proceso de "abstracción" es una estrategia que incorpora a una subjetividad americana e indígena a la historia de las ideas europeas por medio del debate religioso y católico.

Esta misma estrategia se vuelve a repetir en la loa a *El cetro de José*, texto en el cual el personaje Idolatría también reconoce su carácter ficticio:

> Fe:
> ¿Quién eres tú, que te opones,
> sacrílegamente osada,
> a estorbar nuestros intentos?
> Idolatría:
> Soy, por más que tú me ultrajas,
> la que sabrá defender
> fueros de edades tan largas,
> pues Alegórica Idea,
> Consideración abstracta
> soy, que colectivamente
> casi todo el Reino abraza.

---

[6] Me refiero a los trabajos de José Portuondo, "El barroco latinoamericano, expresión de un proceso midatorio"; Hernán Vidal, *Socio-historia de la literatura colonial hispanoamericana*; Germán Posada Mejía, "Sigüenza y Góngora, historiador"; José M. Gallegos Rocafull, *El pensamiento mexicano en los siglos XVI y XVII*; Miguel León Portilla, "Pre-Hispanic Thought"; Luis Leal, "El hechizo derramado: elementos mestizos de Sor Juana", así como las ediciones de Jara y Spadaccini, *Amerindian Images and the Legacy of Columbus* y Canny y Pagden, *Colonial Identity in the Atlantic World*, entre otros.

> Y así, con la voz de todos,
> como Plenipotenciaria
> de todos los Indios, vengo
> a decirte que, aunque ufana
> estés de que convertidos
> sigan tus Banderas sacras,
> no intentes con la violencia
> inmutar la antigua usanza (OC, III, 193).

Nuevamente el personaje indígena se ubica en el espacio de lo "abstracto", como "Alegórica Idea" o "Consideración abstracta" que no representa necesariamente un sector social presente y real, sino más bien una categoría, o una postura en la argumentación teológica. El texto se distancia, pues, de una agenda reformadora que aspire por medio de sus voces a reinvindicar los derechos de un sector indígena novohispano. Lo que los textos despliegan son una gama de posiciones intelectuales y de sujetos cognoscitivos que entablan un diálogo donde se negocian las legitimidades de sus diversos saberes.

En este sentido el discurso de ficción se distancia de los sujetos a los que se les cede la voz, mostrando los límites irreductibles de una representación muy particular de estos sectores marginados de la sociedad novohispana. Esta misma estrategia de "mediación" y "abstracción" reaparece en el juego de villancicos dedicados a la "Asunción" en 1685, pero ahora aplicada a la voz negra:

> 3.— Bueno está el Latín, mas yo
> de la Ensalada os prometo
> que lo que es deste bocado,
> lo que soy yo, ayuno quedo.
> Y para darme un hartazgo,
> como un Negro camotero
> quiero cantar que al fin es
> cosa que gusto y entiendo;
> pero que han de ayudar todos.
> Tropa.— Todos os lo prometemos.
> 3.—Pues a la mano de Dios
> y transfórmome en Guineo (OC, II, 96).

Aquí ya el texto se mueve completamente al plano de la representación como parte del ejercicio didáctico del discurso religioso, y se asume el habla y la perspectiva africana como estrategia que apela a un público más amplio que el latín en que se transmitía el saber oficial de la Iglesia. La voz africana se asume no sólo como "abstracción cognoscitiva" sino como posición discursiva que se puede ocupar en el momento en que se considere útil o necesaria. Es así como se pasa del debate intelectual a la construcción de determinadas estrategias y posiciones que se pueden desplegar en la representación artística como un modo de transmitir el mensaje católico — y metropolitano— a una audiencia popular novohispana. El discurso "criollo" que el texto despliega se ubica, entonces, en este rol mediador que regula el paso de saberes e información entre los dos polos del contexto colonial.[7] En este sentido, parecería que Sor Juana elabora simultáneamente tres posibles rutas de "persuasión" dirigidas a públicos muy diversos: (1) por un lado, y por medio de sus villancicos que interpelaban a una audiendia religiosa bastante amplia, sus textos permiten un cierto grado de identificación entre los diferentes grupos sociales y raciales novohispanos representados y el saber oficial de la Iglesia que se intenta transmitir; (2) por otro lado, sus textos dramatizan ese momento en que la mujer criolla se alía con otros sectores marginales, de modo que se le da voz en el texto a otros grupos subalternos (Arteaga 125); y (3) por último, sus escritos le hablan a un público metropolitano —especialmente en las loas a los autos sacramentales— sobre ese rol mediador del criollo que puede facilitar la difusión de ciertos saberes "americanos" entre ambos polos del contexto colonial. En cualquiera de los tres casos el discurso criollo se localiza en ese punto de engarce donde la pertenencia "orgánica" a un entorno americano permite postular esta posición negociadora y procesadora de heterogeneidades que sirve al mismo tiempo a los intereses metropolitanos y a los diversos sectores de la realidad colonial. Por tanto, esta supuesta "alianza" entre el sujeto femenino criollo y otras subjetividades marginadas se problematiza, puesto que el resultado de esta unión no redunda necesariamente en una apertura real del espacio discursivo ni político para incluir otras voces, sino en un fortalecimiento del rol regulador de un saber alternativo por parte de un sujeto colonial criollo.

Llama la atención, sin embargo, el modo en que la mayoría de la crítica ha interpretado esta representación de la voz negra en los textos de Sor Juana como un gesto democratizador transparente (Jones 60; Meléndez 88; Flynn, *Sor Juana* 74; Herrera Zapién 217; Benítez 80; Carreto León 58; Valdés Cruz 208; Georges Baudot, "El barroco" 112-13; Sabat Rivers, "Blanco, rojo" 248). Leslie Wilson ha destacado algunos de los límites de la poesía negrista en general, sobre todo la superficialidad, estereotipación y comicidad en su representación del personaje africano (92). Por su parte, Dolores Aponte-Ramos ha señalado cómo el negro resulta más bien degradado en la representación humorística que se elabora en muchos de los villancicos de

---

[7] Esta misma estrategia de mediación y reorganización de saberes alternativos se desarrolla en el ambiente intelectual europeo. Sobre esta administración y regulación de saberes americanos para el mercadeo en la Europa del siglo XVII ver el estudio de Stephanie Jed sobre la construcción de la categoría de "Décima musa" para definir la escritura de Sor Juana y Anne Bradstreet. El mismo se titula, "The Tenth Muse: Gender, Rationality and the Marketing of Knowledge."

Sor Juana.[8] Sin embargo, fuera del estudio de Mabel Moraña sobre los villancicos de Sor Juana ("Poder, raza y lengua") y del análisis de la sociedad colonial que propone Hernán Vidal, casi no se ha trabajado con la relación que existe entre el distanciamiento y artificialidad con que se construye esta voz negra y la constitución de una identidad criolla que aspira a mediar la entrada de éste y otros sectores subalternos al debate intelectual y cultural colonial y metropolitano.

Lo que este gesto presenta como limitación importante es el modo en que esta representación "abstracta" y tan recortada de los sectores africanos e indígenas apunta hacia una exotización de los elementos locales en función de un determinado discurso en vías de hegemonización en la sociedad colonial novohispana.[9] Esto lo vemos específicamente en el romance "A las inimitables plumas de Europa", en donde la presencia indígena se equipara en el texto a una exótica infusión bastante etérea que transforma la escritura del sujeto criollo:

> ¿Qué mágicas infusiones
> de los Indios herbolarios
> de mi Patria, entre mis letras
> el hechizo derramaron? (OC, I, 160)

Si bien el poema trabaja con el problema de la transmisión de saberes entre uno y otro lado del mar, lo que llama la atención del texto es que el referente indígena deja de ser una una "abstracción" dramática, o una estrategia didáctica de la representación, como hemos visto en los ejemplos anteriores, para convertirse en unas "mágicas infusiones" que diferencian la escritura de Sor Juana del canon europeo y metropolitano. Otro detalle significativo es que el texto mismo vuelve a insistir en su interés de llegar a un público metropolitano y virreinal, más que dirigirse a un público indígena:

---

[8] Me refiero nuevamente a su ponencia "¿Puede un subalterno hablar por otro? Sor Juana Inés de la Cruz y la representación poética de los africanos subsaháricos". Robert Ricard también ha señalado los problemas de esta representación humorística del negro en su ensayo *Une poétesse mexicaine du XVIIe siècle; Sor Juana Inés de la Cruz*.

[9] Ya he trabajado algunos de los modos en que Sor Juana incorpora la voz negra e indígena en su poesía en el cuarto capítulo de este estudio, donde comento particularmente cuáles son los gestos predominantes de este proceso de apertura discursiva y cómo los textos replican una jerarquía que privilegia al indígena como más asimilable a la cultura católica que el negro sincretizador. Esta jerarquización refleja cómo la sociedad colonial novohispana también redistribuía sus espacios sociales a nivel local, de modo que unos sujetos subalternos se constituían como más rescatables que otros dentro de la estructura del poder virreinal.

Saberes americanos

> ¿Cuándo, Númenes divinos,
> dulcísimos Cisnes, cuándo
> merecieron mis descuidos
> ocupar vuestros cuidados? (OC, I, 158)

De ahí que la representación de los sectores indígenas y africanos desempeñe un rol muy diferente dependiendo del público al que se dirigen los textos. Y una de las limitaciones más palpables de este tipo de representación es el modo en que se incorpora lo americano como forma de construir un campo de competencia epistemológica más amplia que la europea, de manera que este rol mediador criollo podía entrañar ventajas culturales y políticas evidentes.

Esta es la misma estrategia que se usa en los *Comentarios reales* del Inca Garcilaso de la Vega o incluso en la *Ynstruçion* de Titu Cussi, textos que se producen en otro contexto virreinal colonial y en los que se adopta esta perspectiva mediadora de ambos saberes por concepto del dominio cabal de la lengua y los referentes culturales tanto del entorno americano como del metropolitano. No obstante, surge aquí otra complicación más, porque si Titu Cussi utiliza esta misma estrategia mediadora, entonces no se puede hablar de la "intermediación" como fenómeno constitutivo y exclusivo de una identidad criolla. Lo que me interesa destacar es cómo este momento en que el texto se abre hacia "otras" voces no es un gesto democratizador transparente, sino que se encuentra cruzado por los intereses más localizados que complican —aunque no imposibilitan— el gesto de apertura del discurso representativo. En este sentido es precisamente el campo del saber el medio por el cual estas nuevas subjetividades aspiran a legitimar su posición dentro de un circuito de poder todavía controlado por las metrópolis europeas. De ahí que no se busque todavía legitimar un saber alternativo autosuficiente, sino que lo que se quiere es integrar estos nuevos campos cognoscitivos a un corpus del saber oficial europeo que todavía no reconocía los límites históricos y físicos del *episteme* moderno.

Sin embargo, uno de los puntos que nos permite identificar el modo en que se recortan estos saberes alternos para integrarlos a un proyecto criollo muy particular es la manera en que se abren los espacios textuales a esta multiplicidad de voces alternativas que entran en el debate teológico y epistemológico. Por ejemplo, ya hemos visto cómo en los villancicos se lleva a cabo una inserción muy problemática de la voz africana e indígena. Por un lado, se marcan las diferencias del español que hablan estos dos sectores del español castizo que despliegan los personajes oficiales de la Iglesia y del orden metropolitano en estas obras. Por otro lado, la entrada del indígena y el negro africano se encuentra enmarcada por un tono humorístico que integra su voz a expensas de la legitimidad de las perspectivas que representan estas posiciones cognoscitivas. Por último,

Margo Glantz también ha señalado cómo esta representación de voces en los villancicos termina por replicar las jerarquías existentes en la sociedad novohispana, de modo que a cada personaje le corresponde un lugar muy claro dentro del coro de voces de la ensalada ("El discurso religioso" 515).

Un buen ejemplo de esto lo encontramos en el juego de villancicos dedicado a "San José" (1690), texto en el que un negro y un indio participan en una adivinanza y son objeto de la risa de las otras voces oficiales del villancico:[10]

> Yo también. *quimati** Dios,   *sábelo
> *mo** adivinanza pondrá,   *mi
> que no sólo los Dotore
> habla la Oniversidá.
> Cor. — ¡Ja, ja ja!
> ¿Qué adivinanza será?
> Ind. — ¿Qué adivinanza? ¿Oye osté?
> ¿Cuál es mejor San José?
> 1. — ¡Gran disparate!
>   2. — ¡Terrible!
> Si es uno, ¿cómo es posible.
> que haber pueda otro mejor? (OC, II, 142)

Nótese cómo el indígena habla de un modo accidentado, aunque su mensaje todavía se puede integrar a la serie de adivinanzas religiosas que anteceden su intervención.[11] No obstante, lo que más llama la atención aquí es que la entrada del personaje indígena coincide con un momento muy humorístico de la pieza: los miembros del coro se ríen de la ocurrencia disparatada del indio. De este modo, la entrada al diálogo está acompañada de un gesto que desautoriza la legitimidad de la voz subalterna en el momento en que los demás personajes comienzan a cuestionar la calidad del saber que estos otros grupos sociales pueden aportar al debate teológico sobre San José. En este sentido, esta estrategia textual parece coincidir con el modo en que

---

[10] Ya hemos trabajado con la naturaleza "desfasada" de las adivinanzas que proponen el negro y el indio en este villancico en el Capítulo IV.

[11] George Baudot, en su ensayo "La trova náhuatl de Sor Juana", ha estudiado el uso limitado y problemático del habla indígena en la obra de Sor Juana. En su ensayo Baudot sugiere que Sor Juana casi no escribe en náhuatl porque conoce muy desigualmente esta cultura —posiblemente a partir de los textos de Torquemada— (858); y porque tal vez prefirió silenciar estos campos de saber tan alejados de la oficialidad metropolitana en su afán de incorporarse a los discursos metropolitanos y virreinales más institucionales (859). Por su parte, Frances Karttunen, en su ponencia titulada "The Nahuatl Language in the Work of Sor Juana," ha señalado que Sor Juana tenía un dominio bastante básico del náhuatl, y que su conocimiento de tal lengua no era comparable a la de un hablante nativo.

se representa lo típicamente americano en otras obras de Sor Juana, como por ejemplo se puede ver en su localización del gracioso Castaño como el único personaje "indiano" que aparece en la obra teatral los *Empeños de una casa*.

De ahí que lo que nos llama la atención de estos textos es que despliegan dos estrategias complementarias y tal vez contradictorias sobre la posición del indígena y el esclavo en la escritura criolla y colonial: (1) por un lado legitiman su entrada en un debate intelectual, aunque sea como categoría abstracta más que como presencia social; y (2) por otro lado autorizan el rol de una discursividad criolla que regula la circulación de saberes y que se ubica en un doble rol legitimador y negociador entre la metrópoli y la sociedad virreinal. De este modo ambas estrategias están íntimamente vinculadas en la construcción de un texto que no nos permite trazar lecturas excluyentes de estas dos direcciones en que se moviliza la escritura. El indígena de este villancico sirve al mismo tiempo para señalar las limitaciones del saber universitario, oficial y metropolitano y para legitimar la competencia criolla sobre un campo de saber americano. Parecería que todos estos saberes —tanto el indígena y el africano como el metropolitano— necesitan de ese rol mediador del discurso criollo para entablar un diálogo efectivo donde se autoricen y expliciten cabalmente los contenidos diversos que estas posiciones cognoscitivas suponen.

Esta misma dualidad la encontramos en algunos escritos de Sor Juana que se dirigieron abiertamente a los centros de poder metropolitano, y en especial a su representante más tangible, el público virreinal novohispano. Me refiero específicamente a obras como el *Neptuno alegórico*, los *Empeños de una casa*, así como algunos poemas de encargo que estaban vinculados específicamente con el poder virreinal y que negocian ese lugar mediador y ambigüo que ocupa el criollo en el entramado del poder colonial. Por ejemplo, en el *Neptuno alegórico* se trabaja este tema de pedir favores al poderoso desde una posición subordinada, pues al Cabildo "le pareció que era, para pedir y conseguir perdones, más apta la blandura inculta de una mujer que la elocuencia de tantas y tan doctas plumas" (OC, IV, 358). En este texto se utilizan precisamente las supuestas "limitaciones" del sujeto que escribe como modo para legitimar las peticiones, los servicios y los favores que se le dirigen a la figura de los virreyes. Es así como la subordinación se erige como estrategia que permite legitimar la entrada de esta nueva subjetividad en un diálogo abierto con los centros de poder virreinal.

Es precisamente en esta literatura que se dirige al poder (Maravall, *La cultura* 150) donde se van construyendo los medios para establecer un espacio de negociación. Este mismo motivo se repite en los numerosos poemas dedicados a las virreinas, donde la sumisión del vasallo sirve como modo para entablar un diálogo donde se procesan y legitiman diversos saberes:

> Si el día que tú naciste,
> bellísima, excelsa Elvira,
> es ventura para todos,
> ¿por qué no lo será mía?
> ¿Nací yo acaso en las yerbas,
> o crïéme en las hortigas?
> ¿Fue mi ascendiene algún risco,
> o mi cuna alguna sima?
> ¿No soy yo gente? ¿No es forma
> racional la que me anima?
> ¿No desciendo, como todos,
> de Adán por mi recta línea? (OC, I, 120).

Este romance, que se dedica a la Condesa de Galve para el día de su cumpleaños, se convierte en el pretexto para defender la igualdad del sujeto americano en términos racionales e intelectuales y rechazar su inferioridad por concepto de su lugar de nacimiento. En esta defensa de igualdad se destacan dos elementos importantes: (1) la defensa del lugar de origen no implica un deseo de diferenciarse ni separarse del poder metropolitano que pueda sugerir una conciencia proto-nacionalista y (2) lo que se busca es definir la igualdad del americano y el europeo al construir un linaje humano que se basa en la presencia de una misma capacidad racional y un mismo origen divino. De ahí que resulte notable que la defensa que se hace del sujeto criollo americano se base precisamente en su igualdad con el sujeto europeo metropolitano por concepto de su misma humanidad.

Por último, en el "Sarao de cuatro naciones que son españoles, negros, italianos y mejicanos" se vuelve a tratar este tema de la subordinación que equipara al sujeto colonial con otros sujetos europeos metropolitanos. Esta breve pieza trabaja con el tema de la subordinación al poder virreinal presentándolo como un debate entre la "obligación" del vasallo a su señor y el "amor" que lo une a la figura virreinal. La pieza es una alabanza al poder de los virreyes y culmina al postular una sumisión al poder que se deja llevar al mismo tiempo por la fuerza de la "obligación" y por la voluntad del "amor". Llama la atención, sin embargo, que en el debate participan cuatro elementos dispares: los españoles, los italianos, los negros y los indígenas. La obra entrelaza estas cuatro "naciones" en un diálogo que culmina con la sumisión absoluta al mismo poder virreinal, de modo que se equiparan los negros esclavos y los indígenas americanos como súbditos que viven en igualdad de condiciones con los españoles e italianos. En este sentido los virreyes representan el poder metropolitano en total igualdad a los otros centros de poder que se encuentran en Europa. Cada una de estas cuatro "naciones" se somete a los virreyes y a la figura de su hijo heredero en un orden que todavía mantiene una clara jerarquía de valores: primero se someten los españoles, luego los negros, después los italianos y por último los mexicanos.

Hay, sin embargo, una serie de elementos interesantes en la argumentación de la pieza. En primer lugar, se trabaja el tema de la sumisión al poder virreinal-metropolitano desde dos vertientes complementarias: (1) como un sacrificio ritual similar al que según la tradición practicaban las culturas de la antigüedad pagana y los indígenas americanos; y (2) como una sumisión que no le resta altivez ni dignidad al vasallo, sino que le añade respetabilidad. En la obra son los italianos quienes mencionan dos veces este tipo de sumisión-sacrificio:

> ¡con humildes afectos rendidos,
> venid amorosos a sacrificar
> víctimas a su culto, en que sea
> el alma la ofrenda, y el pecho el altar! (OC, IV, 179)
> ¡Venid a dedicar, en sacrificios
> de encendidos afectos obedientes,
> la víctima debida a sus altares,
> la ofrenda que a su culto se le debe! (OC, IV, 182).

Lo que esta alusión establece es, por un lado la "divinidad" de los virreyes que merecen este tipo de servicio, y por otro la legitimidad simbólica de este tipo de rituales como modo de representar la sumisión total del individuo al centro de poder metropolitano. Al representar al italiano hablando de prácticas "paganas" como la manera de ofrecer sus respetos a los virreyes, lo que la obra hace es inscribir la alteridad ritual indígena y pagana en un corpus de prácticas dirigidas al poder que se inserta en el circuito metrópoli-colonia.

Por otro lado, al representar la sumisión como forma de dignificar al vasallo, el texto se ubica en el justo medio entre legitimar el poder metropolitano y reconocer la individualidad del sujeto americano. Nótese cómo es precisamente el indígena quien menciona la naturaleza dual de esta sumisión:

> ¡A estas tres deidades,
> alegres, rendid
> de América ufana
> la altiva cerviz! (OC, IV, 181).

Es también notable que en estas obras, al igual que en las loas a los autos sacramentales, la entrada del indígena y el negro a la escena no implica un cambio en el lenguaje. No encontramos en estas piezas el lenguaje accidentado, marcado y distanciado del americano —aspecto que se explora sin embargo en los villancicos y hasta en el "Sainete Segundo" de los *Empeños de una casa*— sino que esta diversidad de identidades coincide en el dominio cabal de una sola lengua, y en la sumisión amorosa y responsable a un mismo poder. Al final de la obra las cuatro naciones se unen en un baile de tres tipos de ritmos musicales —la "reina", el "turdión" y la "jácara"— de modo que la música equipara y unifica a todos los sujetos frente al poder de los virreyes de la Nueva España.

En este sentido es significativo que los escritos de Sor Juana construyen al sujeto criollo como ese punto de mediación que negocia la heterogeneidad del contexto social y político en la Nueva España. Al mismo tiempo, su representación de los otros sectores sociales de la colonia parece ser una estrategia de apropiación que se desplaza al campo epistemológico para proponer en la discursividad criolla esa síntesis que explicita y transmite diversos saberes en la coyuntura de un contexto de poder muy problemático y desigual.[12] Por último, predomina en esta escritura un deseo de incorporar —ya sea saberes, sujetos o condiciones de marginalidad— a un discurso oficial y centralizado, pero reconociendo las diferencias que animan cada una de las diversas posiciones que definen y componen el contexto colonial. No parece haber en estos escritos un claro impulso protonacional, sino un deseo de ampliar los espacios de diálogo y participación para reacomodar las jerarquías de modo que otras subjetividades puedan entrar a este debate de poderes, convicciones, valores y prácticas sociales. De ahí que su representación de otros grupos subalternos responda a una estrategia de resistencia que no implica una subversión total:

> These tricks oppose the silencing of the other by articulating marginalized discourses that cross, but do not supplant, the dominant discourse. [...] There is not the monolineal silencing of the other; instead there is the chiasmus that acknowledges bilineal, *present* differences (Arteaga 116).

La culminación de esta estrategia multiplicadora de discursos, que no anula las voces hegemónicas sino que expresa un afán de intensa negociación, la encontramos en sus villancicos, textos donde la tarea pedagógica se estructura como una sumatoria de diversos registros y lenguajes simultáneos para incorporar a una audiencia muy amplia —y sus diversos saberes— en el corpus del discurso oficial religioso.

¿De dónde surge, entonces, esta imagen "proto-nacionalista", revolucionaria y americanista predominantemente monológica con la que se ha definido tantas veces la escritura de Sor Juana y de muchos otros autores de su misma época? Para contestar esta pregunta es necesario dirigir

---

[12] De ese rol mediador sería que el sector criollo derivaría su necesaria inserción en el circuito de poder virreinal. Esto es lo que Hernán Vidal ha denominado como la época de estabilización, momento en que el criollo trata de constituirse como sector intermediario entre el poder metropolitano y el contexto local (10).

nuestra reflexión a la disciplina que nos ocupa —la crítica literaria latinoamericanista— para identificar cómo las reconfiguraciones del campo nos ayudan a desmontar ciertas categorías de lectura y de identidad en el análisis de los textos coloniales.

3. Retóricas de la restitución: los estudios literarios y la "nacionalización" de las letras coloniales

> Rather than represent the past in its irreducible otherness, its purported goal, philology translates and reinvents it in the name of mastery of the present Self. (107)
> —Enrico Mario Santí, "Sor Juana, Octavio Paz and the Poetics of Restitution"

En este ensayo de donde sacamos nuestro epígrafe, Santí trabaja precisamente con los modos en que los estudios históricos y literarios de la obra de Sor Juana terminan por construir una determinada imagen "revolucionaria" y "subversiva" de esta escritora que responde a determinados intereses ideológicos que operan una reconstrucción del pasado muy recortada desde el presente:

> ... precisely what sort of *persona* do we end up constructing in the process of inventing such "absent presences"? My working hypothesis is that, as a critical practice, restitution is supplementary in character —in compensating for a previous lack, it exceeds rather than simply restores the original. And, further, that in Sor Juana's case such excess is what accounts for the construction of different *personae* —be it "saint" of Catholic orthodoxy, the "martyr" and "dissident" of nineteenth and twentieth-century Liberalism, or the "precursor" of contemporary feminism— that the critical canon constructs in order to domesticate the radical otherness of her work. This is an essay, in short, on the interested uses of the past (104).

Lo que una lectura como la de Santí nos propone es emprender un desmontaje de la labor crítica misma que construye determinadas imágenes o figuras de la escritura latinoamericana en general.[13] A partir de una definición legal y moral del término restitución, Santí reflexiona sobre este esfuerzo de los estudios críticos literarios de constituir en la persona del escritor una figura reinvindicadora de las luchas más contemporáneas del

---

[13] Santí elabora su tesis a partir de una lectura de los estudios que ha llevado a cabo Octavio Paz sobre Sor Juana para ilustrar cómo algunas de estas construcciones de la identidad social, política, ideológica e intelectual de Sor Juana responden a preocupaciones contemporáneas sobre el lugar del intelectual y la represión del escritor en México a lo largo de nuestro siglo.

campo intelectual en el momento en que se produce el estudio literario. El pasado se convierte en esta autoridad previa que justifica, por tanto, las luchas reinvindicadoras del hoy. De ahí que la obra de Sor Juana se haya leído, como señala el epígrafe de Luciani que abre nuestro capítulo, desde una multiplicidad de agendas liberatorias, reformistas o incluso muy conservadoras, tales como el nacionalismo, el feminismo, la santidad, la modernidad intelectual, entre tantas otras.

Mi interés no es, por tanto, señalar qué tipo de construcciones contemporáneas se han llevado a cabo a partir de la escritura de Sor Juana, sino trazar algunas de estas elaboraciones críticas a partir de la configuración misma de la disciplina de los estudios literarios específicamente latinoamericanos. Una vez trazados algunos de los puntos más sobresalientes, propongo, entonces, nuevos acercamientos que permiten la entrada de otras lecturas alternas que toman en cuenta alguno de esos excesos que siempre escapan en la construcción de lo que se ha denominado como las letras coloniales americanas.

Uno de los modos en que se ha emprendido esta reflexión ha sido por medio de estudios que analizan la construcción de categorías tales como "literatura colonial" y "cultura latinoamericana". De acuerdo con estos estudios la literatura colonial no formó parte de las llamadas literaturas nacionales hasta que en el siglo XIX se emprendió un proceso de redefinición de tradiciones culturales nacionales que le adjudicaron a este corpus de textos el rol de originar una identidad específicamente latinoamericana (Zamora, "Historicity" 345; González Echevarría 18; Santí, "Sor Juana" 109; Cornejo-Polar, "Ajenidad y apropiación" 653; Mariscal Hay, "Voces novohispanas" 331). Este proceso, que Cornejo-Polar ha denominado como el proceso de "nacionalizar" las letras coloniales, implicó una serie de ajustes ideológicos que deben tomarse en cuenta:

> Ahora bien, ¿qué implica leer la literatura colonial como parte, y eventualmente como origen de una literatura nacional? En el nivel más evidente habría que destacar que se trata del reconocimiento (en el horizonte específico de la producción colonial) del carácter criollo de la república, de su historia y de sus normas y jerarquías socioétnicas (igualmente vigentes en ese horizonte); pero también —y hasta más— de la legitimación de todo ello como forma pertinente de la nación (Cornejo-Polar, "Ajenidad y apropiación" 654).

Uno de los principales ajustes ideológicos fue el de "inventar" una tradición previa a la emancipación política que contuviera, sin embargo, las simientes liberadoras. Esta es precisamente la labor crítica que emprenden Andrés Bello en Venezuela y Chile y Ricardo Palma en Perú —por dar dos ejemplos muy conocidos— como modos de reconstruir un origen a la identidad nacional de estos países (Santí, "Sor Juana" 109; Cornejo-Polar, "Ajenidad y apropiación" 655-56). Como ha señalado González Echevarría, es precisamente el impulso originador del romanticismo el que localiza la literatura colonial como ese "origen medieval" de las literaturas nacionales americanas (17). Incluso se ha llegado a definir este corpus de textos coloniales como la "inmadurez" o la infancia de una literatura latinoamericana, que no tiene función en sí mismo, sino sólo como parte de los discursos de formación nacional (Beverley, "Poesía cortesana" 267). De ahí que se rechazara o justificara todo texto literario que no participara del impulso nacionalista que consolidó la disciplina de los estudios literarios en el siglo diecinueve, y con ello la literatura colonial pasó a ocupar un lugar bastante problemático en esa construcción de un origen para las literaturas americanas (Mariscal Hay, "Voces novohispanas" 331).[14]

Con la entrada de las letras coloniales a las literaturas nacionales surge también esta otra categoría de lo "latinoamericano" que aspira a aglutinar bajo una misma experiencia el devenir histórico de una multiplicidad de países americanos. Su origen también tiene un estrecho vínculo con la construcción de una identidad criolla que se diferencia gradualmente de la metrópoli europea hasta lograr la independencia política (Mignolo, "La lengua, la letra" 156). Sin embargo, es importante notar cómo la disciplina misma de la crítica literaria, que se inicia desde este impulso nacionalizador de artefactos culturales, comienza a cuestionar la organicidad de estas categorías como parte de lo que se ha denominado como la "crisis de los estudios literarios coloniales":

> "América Latina" es el nombre admitido en diversas disciplinas para designar una vasta macro-área antropogeográfica. Lingüísticamente, es un sustantivo compuesto equivalente a "Latinoamérica". Se forma de un sustantivo simple adjetivado "América latina". El caso es semejante para "Hispanoamérica" que se forma de un sustantivo adjetivado "América hispana". La misma lógica afecta la formación de "Indoamérica" o "Iberoamerica". Históricamente, estos nombres comienzan a forjarse después de los movimientos de independencia. Culturalmente, tales nombres y expresiones han sido y son empleados por varias generaciones de intelectuales post-independentistas para construir su propio marco territorial (Mignolo, "La lengua, la letra" 151).

---

[14] Un estudio similar que trabaja con la reconstrucción del saber colonial novohispano a partir de las necesidades disciplinarias de la epistemología y filosofía contemporáneas se incluye en el libro de Ignacio Osorio, *Conquistar el eco: la paradoja de la conciencia criolla*. De acuerdo a Osorio, el afán modernizador del saber colonial que predomina en nuestro siglo ha contribuido a la construcción de Sor Juana y Sigüenza como intelectuales pre-ilustrados y pre-modernos que no tuvieron, sin embargo, seguidores. Se niegan así sus rasgos no modernos para constituirlos como precursores del saber actual. Para más detalles ver su ensayo titulado "Sobre la historia de la filosofía novohispana", incluido en el volumen al que ya me he referido.

Lo importante del origen de estas categorías es su vínculo con un momento histórico específico de estos países y las ideologías predominantes en las disciplinas que las proponen. Es precisamente a partir de este proceso de historización de categorías que se puede comenzar a trazar el tipo de exclusiones que entrañó la definición del campo literario a partir de categorías como "Latinoamérica", y "literaturas nacionales". Una de las exclusiones más evidentes fue que se redujo la historia de las literaturas americanas a un canon de textos impresos y en "castellano", dejando fuera toda la cultura oral y pictográfica prehispánica, indígena, africana y mestiza que coexistió con las expresiones más oficiales del arte hispánico y criollo (Cornejo Polar, *La formación* 38-9; Mignolo, "La lengua, la letra" 139, *The Darker Side* 7-8). De acuerdo con este tipo de construcción la discursividad criolla era la única que se podía erigir como típicamente americana —o latinoamericana— porque aglutinaba y sintetizaba todas las tendencias y expresiones diversas de la sociedad colonial en un mismo discurso coherente y unificador (Mignolo, "La lengua, la letra" 156; Catalá, "El Neptuno 27). Con ello se inicia lo que se puede denominar como el "criollismo" de las identidades americanas, categoría que se ha privilegiado ampliamente en el modo en que los estudios literarios han definido las identidades y discursividades que entran en el corpus de las literaturas nacionales de Latinoamérica.

Esta lectura nacionalista de la literatura colonial no ha sido consistente ni lineal. En ocasiones se han impuesto otros modos de valoración que han afectado la recepción de la escritura colonial en general. Para ello basta recordar cómo durante el siglo dieciocho y diecinueve se negó al valor estético de muchas de las obras coloniales por su tendencia a un estilo recargado y gongorista (Tovar y de Teresa 289; Alfonso Méndez Plancarte, *Crítica de críticas* 40). No será hasta fines del siglo diecinueve y comienzos del veinte que se vuelve a incorporar esta época literaria en el canon de los estudios literarios oficiales, con la revalorización de la obra de Góngora y el interés que surge en este estilo de escritura a partir del trabajo poético de los modernistas en hispanoamérica y de la generación de poetas españoles del veintisiete (Nervo 22, Glantz, *Sor Juana* 22). De ahí que será mayormente en el presente siglo cuando se comienza a apreciar más el carácter textual y literario, junto con el carácter nacionalizable, de estas prácticas escriturarias.[15]

---

[15] Hay sus excepciones contemporáneas, sin embargo, como lo ilustra el ensayo de Jacques Lafaye, "¿Existen las letras coloniales?" En este artículo Lafaye niega la existencia de una literatura latinoamericana antes del siglo diecinueve y ve la escritura colonial como textos que no se pueden considerar ni netamente latinoamericanos ni literarios dada la heterogénea condición colonial en que se generan. Su tesis resulta interesante porque nos hace regresar al debate sobre la construcción de categorías y su aplicación en los estudios literarios actuales. En

Otro de los elementos que ha sufrido una construcción muy particular en el campo de los estudios coloniales latinoamericanos es el estilo barroco y su naturaleza orgánica para sintetizar el proceso de interacción y formación de identidades desde el inicio de la conquista y colonización de América. Si Maravall define el Barroco como un fenómeno europeo que se caracteriza por una cultura masiva, dirigida y urbana que defiende el poder monárquico absolutista,[16] los estudios literarios latinoamericanos han intentado rescatar del barroco su carácter subversivo y sintetizador de diversas prácticas culturales que produce una identidad latinoamericana diferenciada de la metrópoli europea.[17] De acuerdo a este grupo de estudiosos, el Barroco se caracteriza por su capacidad para sincretizar diversos contenidos culturales, y recoger una particular expresividad americana. Por esta capacidad de resistencia que el exceso barroco permite, se ha llegado a postular este estilo como el origen de un discurso nacionalista en las colonias americanas que se inicia casi en el instante mismo en que comienza la conquista (Jara y Spadaccini, *Amerindian Images* 78; K. Ross 230; Bravo Lira 14).

Desde ahí se ha iniciado un debate crítico que gira en torno a la organicidad del barroco como discurso o estilo que permitió la articulación de la singular experiencia de la colonización. Un grupo de escritores y críticos postuló en la década del setenta la continuidad de un modo de escritura barroca —conocida como el neobarroco— que rescataba los gestos principales de un estilo que se concibió como particularmente afín a una identidad latinoamericana.[18] Estilos como "lo real maravilloso" y el

---

esa misma vertiente de revisión metodológica se pueden consultar los artículos recientes de Sergio López Mena, "Precisar lo literario en los textos coloniales, una necesidad"; José Antonio Muciño Ruiz, "La nueva teoría literaria frente a la literatura novohispana"; y Beatriz Mariscal Hay, "Voces novohispanas: silencios de nuestra historia literaria" incluidos en *La literatura novohispana. Revisión crítica y propuestas metodológicas*, editado por José Pascual Buxó y Arnulfo Herrera.

[16] Esta es la tesis principal de su libro *La cultura del barroco*.

[17] Me refiero a estudios como los de Bernardo Bravo Lira, *El barroco en hispanoamérica*, Emilio Carilla, *La literatura barroca en Hispanoamérica*; Lezama Lima, *La expresión americana*; Mabel Moraña, *Relecturas del Barroco*; Octaviano Valdés, "El barroco, espíritu y forma del arte de México"; Alfredo Veiravé, "Estudio preliminar"; Carlos Miguel Suárez Radillo, "Visión panorámica del teatro barroco virreinal como expresión del mestizaje hispano-americano"; Hugo Gutiérrez Vega, "Sor Juana y el barroco mexicano"; Janice Theodoro, *América Barroca: Tema e Variações*; Rubén Ríos Avila, "Las vicisitudes de Narciso: Lezama, Sor Juana y la poesía del conocimiento"; Jara y Spadaccini, *1492-1992:Re/discovering Colonial Writing*, entre otros.

[18] Sobre la teorización del neobarroco ver a Irlemar Chiampi, *El realismo maravilloso*, Severo Sarduy, "El barroco y el neobarroco"; Alejo Carpentier, "De lo real maravilloso americano"; Carmen Bustillo, *Barroco y América Latina. Un itinerario inconcluso*; y Rafael Catalá, *El sincretismo criollo en el barroco americano y su expresión en la obra de Sor Juana Inés de la Cruz*.

"realismo mágico" aspiraban a recuperar los rasgos de una escritura híbrida, fragmentaria y múltiple que recogía los movimientos esenciales de la formación de una cultura latinoamericana. Esto supone que por medio de un proceso de "síntesis paradójicas" el barroco había presenciado—y posibilitado— el origen del primer sujeto americano (Alessi de Nicolini 11, 17), y por ello el rescate de este estilo suponía un gesto revolucionario que afirmaba una identidad americana contemporánea (González Echevarría 21).

Otros críticos, sin embargo, han cuestionado la organicidad de este estilo, y han estudiado los límites de esta propuesta. Uno de los mayores exponentes de esta tesis es Leonardo Acosta, quien se resiste a aceptar el barroco como un estilo afín a las prácticas culturales prehispánicas en América:

> En síntesis, puede afirmarse que en América existen obras plásticas y literarias de cuño barroco. Pero negamos que sea esa una corriente generalizada, mayoritaria, ni mucho menos "natural", "lógica" ni "inmanente". El barroco fue un estilo importado por la monarquía española como parte de una cultura estrechamente ligada a su ideología imperialista. Su importación tuvo, desde el principio, fines de dominio en el terreno ideológico y cultural (Acosta 51).

Siguiendo este mismo argumento, Janice Theodoro propone el "policulturalismo" para estudiar el proceso de interacción cultural entre indígenas y europeos como una experiencia que no implicó la total destrucción y desarticulación de los referentes culturales indígenas, sino su inscripción dinámica en un nuevo corpus de prácticas culturales de la colonia (139-142). Como ha ilustrado muy bien Walter Mignolo en su libro *The Darker Side of the Renaissance*, la colonización de las culturas amerindias no impidió un amplio proceso de intercambios y apropiaciones mediante las cuales tanto los europeos como los indígenas lograron manifestar la incomensurabilidad y relatividad de sus paradigmas epistemológicos y culturales (215-6; 326-7). Por ello es que Theodoro también propone romper con la idea de un "mestizaje cultural" absoluto, que ha servido como el fundamento de las fantasías de orden criollistas en la postulación de un discurso nacional coherente en Latinoamérica (Theodoro 141). Por último, K. Ross ha destacado el carácter ambiguo del barroco en la formación de identidades americanas:

> To read the Spanish American baroque in a new way, we need to place its writing and writers in a historical context that will assume the ambiguities inherent in a discourse that represents a criollo class in ascendence, looking for its own history not only toward the poles of Spain and indigenoues culture, but also to the sixteenth-century chronicles of Conquest (*The Baroque Narrative* 39).

De ahí que sea más productivo explorar las contradicciones del barroco americano en vez de insistir en su carácter exclusivamente represivo o nacionalizador.

No se trata, por tanto, de negar la existencia de un estilo barroco en la América colonial, ni de cuestionar la preeminencia del discurso criollo en la formación de los discursos nacionales posteriores, sino de trazar los límites a las categorías de estudio que se asumen como orgánicas al estudiar la literatura colonial en el contexto de los estudios latinoamericanos contemporáneos. Como hemos visto, categorías como literatura colonial, barroco, literatura nacional y cultura latinoamericana poseen una historia que ha visto las gestas de independencia como el eje a partir del cual trazar los orígenes y la evolución histórica de un conglomerado bastante amplio y diverso de prácticas socio-culturales. Quiero, por lo tanto, concluir mi reflexión sobre los escritos de Sor Juana retomando las reconfiguraciones disciplinarias como punto de partida para proponer nuevas zonas de interés en el campo de los estudios culturales latinoamericanos.

4. FICCIONES DEL LATINOAMERICANISMO: HACIA UNA SUPERACIÓN DE LA LECTURA CRIOLLISTA

> It is this tragic flaw, either real or perceived, that triggers what can be described as nothing less than the "rescue fantasy" of the Sor Juana critical canon, the curious obsession on the part of the scholars and editors to save Sor Juana from her mortal enemies, from oblivion, or even from herself. (119)
> —Enrico Mario Santí, "Sor Juana, Octavio Paz and the Poetics of Restitution".

Tomando en consideración el íntimo vínculo que ha prevalecido entre los estudios literarios y el proceso de "restitución" de una discursividad latinoamericana, para usar el término de Santí, queda claro por qué se ha insistido tanto en ubicar a Sor Juana en los espacios estables del nacionalismo, americanismo, feminismo, e incluso como parte del discurso criollista más avanzado. Sor Juana se ha convertido incluso en un ícono muy importante de la tradición nacional mexicana, y hasta en paradigma de la diferencia latinoamericana. Un ejemplo muy conocido de este gesto lo es el libro de Amado Nervo, titulado *Juana de Asbaje. Contribución al centenario de la independencia de México*. Desde el título, Nervo vincula nuevamente a Sor Juana con las agendas nacionalistas que han guiado muchos de los estudios sobre la literatura latinoamericana. Al localizar su escritura en estos espacios liberales y reformadores se han evadido algunos de los espacios ambigüos y contradictorios, así como toda una serie de "excesos" que se escapan al llevar a cabo una lectura exclusivamente nacionalista. Aunque la crítica ha reconocido la crisis del sujeto como central en la formulación de la escritura barroca, y se ha adentrado abiertamente en las conflictividades que debió generar la experiencia de la conquista y colonización de América, todavía hay cierta resistencia a leer los textos de Sor Juana desde sus puntos contradictorios, y tal vez no tan liberadores.

Al ubicar a Sor Juana como parte del discurso criollista se ha asumido su carácter más virulento y liberal en la formación de una identidad latinoamericana, dejando de lado toda una vertiente represiva que intentó negociar con los centros de poder un rol de intermediario que articulara al resto de los sectores no hegemónicos de la sociedad colonial. Se ha construido a una Sor Juana liberal, feminista y americana que no participa, sin embargo, de las contradicciones de un contexto colonial donde ser criollo quiso decir a veces ser peninsular, otras veces ser mestizo o indígena y otras veces ser simplemente americano. Se ha postulado una Sor Juana sincrética que se resiste al poder metropolitano y que abre el espacio discursivo y cultural para todos los sectores marginados de la sociedad novohispana. Por último, se ha inventado una Sor Juana, y una literatura latinoamericana, que reafirman y comprueban la unidad en medio de la heterogeneidad para crear desde allí una ontogenia continental unificada.[19]

No obstante, la crítica comienza a abrir campo para observar parte de esta heterogeneidad irreductible que compone el campo de los estudios culturales latinoamericanos. De ahí que se proponga que es necesario reconsiderar el concepto de literaturas nacionales en el contexto americano, por cuanto las mismas incluyeron una diversidad de modos de expresión —ya porque fuera oral, escrita o pictográfica o simplemente porque existían una multiplicidad de lenguas en un mismo territorio— y de sectores en constante negociación —como los indígenas, europeos, criollos, mestizos, negros africanos y mulatos— que permiten postular un proceso de transculturación interna en la formación de estas culturas y sus nociones de identidad y territorio (Pizarro, "Sobre las direcciones" 43-44). Asimismo se propone la necesidad de reconsiderar la categoría "latinoamericano" como unificadora de numerosas experiencias nacionales y regionales que no se pueden reducir a una historia en común (Pizarro, "Sobre las direcciones" 46). Recuérdese para ello el debate crítico que ha generado la inclusión del Caribe en latinoamérica por su particular situación geográfica, racial y política, o la diversidad de experiencias históricas entre el cono sur y centroamérica para ilustrar lo difícil que resulta reducir tanta

---

[19] Este es el proyecto de trabajos como el de Agustín Yáñez, "Mexicanidad ejemplar de Sor Juana"; María R. González, "El nacionalismo embrionario visto a través de la obra de Sor Juana Inés de la Cruz"; Jesús Sabourin, *Sor Juana Inés de la Cruz: entre el soñar y el callar* y J. Galaviz, *Sor Juana Inés de la Cruz (Protagonista de América)*. Margo Glantz también ha estudiado el proceso de mitificación de la figura de Sor Juana en su libro *Sor Juana Inés de la Cruz: ¿hagiografía o autobiografía?*

heterogeneidad bajo una sola categoría. Por lo tanto es necesario hablar de "culturas latinoamericanas", para dejar abierto el campo a esta multiplicidad intranacional e internacional que interviene en la postulación de unos estudios globales de este grupo de países.

Otro punto que apenas comienza a explorarse es el estudio de la condición colonial y su aplicación en el contexto americano a partir de las más recientes formulaciones de la teoría colonial y postcolonial. Como los estudios de Robert Young y Klor de Alva nos indican, es imperativo repensar muchas de estas categorías de la teoría colonial para poder explicar a partir de ellas una particular experiencia colonial que duró tres siglos y que incluyó un área geográfica muy amplia.[20] El estudio de la experiencia colonial abre el campo para postular posiciones que no dependen necesariamente de la teleología nacionalista para explicar algunos de los fenómenos sociales que se experimentaron durante la colonia. Asimismo, se deben explorar aún más las conflictividades del mismo discurso criollo, que no se puede localizar establemente entre un polo nacionalista ni conservador:

> No obstante hay que matizar la opinión de Lafaye. Es verdad que la actitud de Sigüenza [en su *Teatro de virtudes políticas*] es la expresión de la "afirmación misma" que hace la sociedad criolla sin que sea posible discernir en ella un proyecto político separatista. Sin embargo, es difícil ignorar el carácter político de sus elucubraciones sobre el pacifismo americano y la predicación del cristianismo en México antes de la llegada de los españoles (Paz, "Ritos políticos" 10).

No se trata, pues, de negarle un carácter subversivo, o una capacidad de resistencia a la escritura colonial. Se trata más bien, de reconocer las sinuosidades de una condición y experiencia colonial que hacía muy difícil proponer una agenda separatista o conservadora monolítica en un momento como la segunda mitad del siglo XVII. Se trata de reconsiderar la heterogeneidad social y racial que componía la sociedad novohispana, heterogeneidad a la que no escapaba ni el mismo sector criollo que se ha querido erigir como vocero de la voz emancipadora latinoamericana. A tono con esta misma idea de heterogeneidad, resulta ya insostenible el construir la identidad latinoamericana como una continuidad de la tradición criolla a expensas de los otros grupos raciales y sociales que coexistieron y todavía coexisten en este conjunto de sociedades hegemónicas oficiales. De ahí que ya comiencen a postularse reflexiones críticas sobre estas "tradiciones marginales" en el caso de la literatura latinoamericana (Cornejo

---

[20] Me refiero a "Colonialism and Postcolonialism as (Latin) American Mirages" de Jorge Klor de Alva y al libro de R. Young, *Colonial Desire. Hibridity, Theory, Culture and Race*, donde se resumen los debates más recientes de la teoría colonial y postcolonial y se relacionan con los estudios coloniales latinoamericanos.

Polar, *La formación* 157-174), y que abren el campo al estudio de un conjunto de manifestaciones culturales en las que coexistieron y se negociaron diversas posiciones y saberes dentro del corpus de lo que hoy denominamos como discursos coloniales.

Por último, y regresando a nuestra reflexión sobre la constitución de sujetos epistemológicos a partir de los escritos de Sor Juana, es interesante ver cómo nuestra lectura intenta recoger algunas de estas contradicciones que acabamos de detallar. Por un lado, Sor Juana aspira a entrar como sujeto legítimo a un debate epistemológico oficial, pero por otro, su entrada trae consigo una serie de marcas que particularizan, historizan e individualizan su empresa cognoscitiva. A través de los textos de Sor Juana hemos visto cómo ese sujeto racional y epistemológico ha ido descubriendo sus coordenadas —ya sea en su sexualidad, su origen colonial y americano y su posición particular en el entramado social y político desde el cual escribe— y ha ido trayendo consigo una serie de alteridades que no vulneran, sin embargo, su humanidad y su capacidad racional. Esta sería una de las lecturas más liberadoras de las propuestas epistemológicas en cuanto a la categoría del sujeto que se puede trazar desde la obra de Sor Juana.

Al mismo tiempo sus textos recogen múltiples distanciamientos y contradicciones que se movilizan simultáneamente con su proyecto legitimador de nuevas subjetividades cognoscitivas. Con ello me refiero particularmente a los límites en la representación de otros sectores subalternos en la Colonia, que se abstraen como estrategias, o posiciones argumentales, o que se erigen como saberes incompletos que tienen que ser mediados para lograr un diálogo dentro del marco oficial. Al incorporar la escritura de Sor Juana al discurso criollo americano es necesario tomar en cuenta la ambigüedad constitutiva de esta postura, por cuanto el criollo llegó a ser al mismo tiempo una fuerza resistente y conservadora del orden colonial.[21] Asimismo, por su postulación de una agenda criolla más localizada, estos textos vuelven a interactuar problemáticamente dentro del circuito del poder metropolitano y colonial.

Desde la perspectiva específica del poder, los textos de Sor Juana ocupan un lugar ambiguo, difícil de localizar. Por un lado, hay en ellos una defensa del derecho al saber, al ejercicio libre de la capacidad racional de todo ser humano, sin importar su raza, su género sexual o su lugar de procedencia. Por otro lado, hay una relación de sumisión al poder, y un deseo de integrarse al campo de saber oficial existente en la época. Por un lado hay una apertura en el debate intelectual, pero por otro se hace notable

---

[21] Esto es lo que López Cámara define como la contradicción de la conciencia criolla, que aspiraba a integrarse al circuito del poder, pero manteniendo la misma estructura estamental existente a inicios de la Colonia (13). Para más detalles ver su libro *La génesis de la conciencia liberal en México*.

que se trata de una representación artística donde los sujetos americanos desempeñan roles humorísticos o se identifican como alegorías abstractas.

Toda esta complejidad resulta constitutiva de estos textos que he estado comentando. En los mismos predomina la movilidad sinuosa y simultánea, los diversos niveles de escritura y lectura y una multiplicidad de agendas muy locales de persuasión que responden a un complejo contexto novohispano. Y es tal vez en esta heterogeneidad y simultaneidad de estrategias, voces, agendas, subjetividades, epistemologías, relaciones con el poder y conflictividades discursivas donde los textos de Sor Juana nos revelan su saber más perturbador.

APÉNDICES

Los siguientes apéndices incluyen notas bibliográficas y comentarios breves de algunos de los temas que han sido objeto de discusión entre los estudiosos de la epistemología en el período Colonial, o entre los especialistas en la escritura colonial y la obra de Sor Juana. Entre los temas reseñados aquí se encuentran el debate sobre el estado del sistema de conocimiento en la Nueva España para la segunda mitad del siglo XVII, la discusión sobre si Sor Juana se concibió como mística o como intelectual secular y los intentos de postular un Barroco de Indias como un estilo diferenciado del barroco europeo. También incluyo algunas notas para la definición del villancico como un género subversivo o reafirmador del orden colonial y un resumen de la controversia sobre la identidad colonial de Sor Juana como una condición que la alineó con el discurso criollo y/o el orden metropolitano. Todos estos temas han propiciado amplias controversias que han sido importantes para el desarrollo de los estudios de la obra de Sor Juana, y han sido fundamentales en el planteamiento de mi reflexión sobre la constitución de unos saberes americanos en su escritura.

APÉNDICE I

"Notas para el estudio del sistema educativo en la Nueva España"

Para iniciar el estudio de la obra de Sor Juana y su relación con la epistemología en la metrópoli y la Nueva España, decidí revisar los estudios que otros críticos habían llevado a cabo sobre el estado del conocimiento en América en el siglo XVII. Me interesaba, particularmente, trazar el proceso de secularización del saber en la Nueva España, para poder ubicar a Sor Juana en ese contexto. Encontré, sin embargo, una zona de debate muy rica, en la que se discutía el siglo XVII como una época de estancamiento y crisis del escolasticismo, o como un momento de intensa contradicción y dinamismo. En el primero de estos bandos ubico textos como *Sor Juana o las trampas de la fe*, *El laberinto de la soledad* y el ensayo titulado "Homenaje a Sor Juana Inés de la Cruz en su tercer centenario" de Octavio Paz; "La filosofía en México en los siglos XVI y XVII" y *El pensamiento mexicano en los siglos XVI y XVII* de José Gallegos Rocafull; *La vida intelectual en la América española* de Vicente G. Quesada; *Historia de la filosofía en México* de Samuel Ramos; *La introducción de la filosofía moderna en México* de Bernabé Navarro; *Making of the Mexican Mind; A Study in Recent Mexican Thought* de Patrick Romanell; *La filosofía en la Nueva España* de Agustín Rivera; y el libro *Ambiente filosófico en la Nueva España* de David Mayagoitia. Estos textos definen el siglo XVII como un espacio de crisis y estancamiento en el que se hace imposible el paso a la modernidad. De acuerdo con estos autores, la ciencia moderna y el saber secularizado llegarán a la Nueva España después de 1750, de modo que el siglo XVII es un momento de total quietud en cuanto al desarrollo de un saber alterno al método escolástico y medieval que reinaba en las universidades. Sus estudios son importantes porque ofrecen reflexiones sobre el complejo sistema de jerarquías y poderes institucionales que dificultaban la llegada y desarrollo de saberes alternos en el mundo colonial. Resulta particularmente interesante el texto de Agustín Rivera, publicado en 1886, porque incluye un conjunto de textos que atestiguan la resistencia y rechazo de las ideas modernas y de la instrucción científica en la Nueva España.

En el lado opuesto de esta controversia se encuentran un conjunto de estudios sobre la modernidad y el nuevo método científico como modos de saber alternos en Nueva España. En los mismos también se lleva a cabo una reflexión del barroco como el espacio desde el cual se articula un discurso de la diferencia que posibilita una resistencia a los centros de saber y autoridad metropolitanos. Aquí se pueden consultar "La filosofía moderna en la Nueva España" de Rafael Moreno; *Ciencia y religión en el siglo XVII* de Elías Trabulse; *En torno a la filosofía mexicana*, de José Gaos; *Introduction to Mexican Philosophy*, de José Klor de Alva; "Apologías y defensas: discursos de la marginalidad en el barroco hispanoamericano", de Mabel Moraña; "Para una teoría de un Barroco hispanoamericano" de Alfredo Roggiano y "Carlos de Sigüenza y Góngora y la cultura del barroco hispanoamericano" así como *The Baroque Narrative of Carlos de Sigüenza y Góngora* de Kathleen Ross.

Crucial en este debate sobre el estado del paradigma epistemológico en la Nueva España fue el control que se ejercía sobre la circulación de libros en el Nuevo Mundo. Vicente Quesada, en su libro *La vida intelectual en la América española durante los siglos XVI, XVII y XVIII*, ha estudiado la intervención metropolitana en la circulación de textos impresos en la América colonial y ha concluido que las trabas que se ponían a la impresión y venta de libros en la Nueva España fueron modos bastante represivos y directos de controlar el flujo del saber hacia las colonias. Otro de los medios de limitar la circulación de saberes fue la censura y quema de libros por la Inquisición, que también ejerció su ley en la Nueva España. Por otro lado, Torre Revello, en su estudio titulado *El libro, la imprenta y el periodismo en América durante la dominación española*, señala que este proceso de intervención y control de textos no llegó a ser efectivo, pues las novelas y textos supuestamente prohibidos circularon con bastante libertad en la América hispana. Lo interesante de este debate, sin embargo, es cómo las regulaciones religiosas y políticas incidieron sobre el aparato educativo oficial en la Colonia, donde estas prohibiciones tuvieron efectos muy reales en el modo en que se circulaban y se accedía a ciertos textos.

Por otro lado, era también necesario que estudiara el desarrollo y organización del sistema educativo en Nueva España, y para ello recurrí a tres estudios panorámicos sobre este tema: *Historia de la educación en la época colonial. La educación de los criollos y la vida urbana* de Pilar Gonzalbo Aizpuru; *La organización de los estudios en la Nueva España* de José Luis Becerra López y *La cultura femenina en la época colonial*, de Guillermo Furlong.

Sin embargo, también quise describir en detalle el estado de la educación de las mujeres en el siglo XVII, para comprender mejor el contexto en el cual Sor Juana propone una figura intelectual femenina. Para esto utilicé los estudios de Josefina Muriel, *Las mujeres de Hispanoamérica. Época colonial, cultura femenina novohispana* y *conventos de monjas en la Nueva España*. Pilar González Aizpuru también ha trabajado con el problema de la educación femenina en la Colonia en su tesis de maestría titulada *La educación femenina en la Nueva España: colegios, conventos y escuelas de niñas*. Su tesis se puede consultar en la Biblioteca Samuel Ramos de la Facultad de Filosofía y Letras en la Universidad Autónoma de México. Una reflexión más breve sobre el mismo tema se incluye en su libro *Historia de la educación en la época colonial*, así como en Josefina Muriel, "Lo que leían las mujeres en la Nueva España", que documenta lo que había en algunas de las bibliotecas de conventos y de particulares para reconstruir qué lecturas hacían las mujeres en la sociedad colonial. Guillermo Furlong, por su parte, documenta la existencia de un sistema educativo colonial dirigido a las mujeres que se establece tan temprano como el 1530 en el caso de la Nueva España. Para más información ver su libro, *La cultura femenina en la época colonial*. Francisco López Cámara también ha vinculado este tema con la obra de Sor Juana en "La educación de México. La figura de Sor Juana Inés."

Por último, también hice una revisión de la literatura disponible sobre la educación en la sociedad indígena, pues la misma impactó significativamente los modos en que se estructuró el sistema educativo colonial. Para llevar acabo esta parte de mi reflexión consulté el trabajo de Miguel León-Portilla, "El pensamiento prehispánico" y *La filosofía náhuatl*, y un estudio de José Klor de Alva, *Introduction to Mexican Philosophy*, donde se incluye toda una sección que se dedica a la filosofía precolombina. Asimismo, consulté estudios más recientes de Inga Clendinnen, *Aztecs: an Interpretation*; el libro de James Lockhart, *The Nahuas After the Conquest* y el estudio de Noemí Quezada titulado *Sexualidad, amor y erotismo: México prehispánico y México colonial*. Este tipo de estudios ha permitido rescatar todo un sistema de pensamiento previo que se ha integrado al modo de pensar y concebir el conocimiento en la Colonia. Esta interacción de paradigmas educativos fue reconocida desde muy temprano, y por ello en el siglo XVII se emprendieron —como ha señalado Gallegos Rocafull, entre otros— varios estudios sobre las culturas indoamericanas para articular un discurso de la diferencia que partía, precisamente, de esta diversidad en la concepción epistemológica colonial (49-52). Este es un tema también crucial en la obra de Sor Juana, pues es desde ahí que se hace posible su postulación de un "saber americano", cuyos rasgos distintivos intento delinear a lo largo de este estudio.

APÉNDICE II

Sor Juana: ¿mística o intelectual secular?

Cuando se intenta definir el lugar de Sor Juana como intelectual novohispana del siglo XVII, recurren una serie de preguntas. Una de ellas tiene que ver con la relación que Sor Juana sostuvo con la mística, dada su condición de monja que aspiraba a un saber dentro de un paradigma epistemológico que todavía valoraba a la Iglesia como una institución educativa de envergadura. Algunos estudios han leído el "Primero sueño" como la descripción de una experiencia mística. Un buen ejemplo de este tipo de lectura se encuentra en el ensayo "Microcosmos, filosofía y poesía en Sor Juana" de Mauricio Beuchot, y en *Buena fe y humanismo en Sor Juana; diálogos y ensayos, las obras latinas, los sorjuanistas recientes*, de Francisco Herrera Zapién. Este tipo de lectura puede ser un tanto problemática, pues parecería que en ocasiones Sor Juana rechaza el misticismo por verlo como un modo de automarginación que re-inscribe a la mujer en la red institucional de control y reclusión del saber femenino. Sin embargo, es evidente que Sor Juana explora la corporalidad del saber en muchos de sus textos, y este tema es fundamental en su articulación de un sujeto epistemológico. Es precisamente en su trabajo con los límites representativos de la escritura y con la articulación del cuerpo como construcción cultural donde se elabora una resistencia en la que se encuentran puntos de contacto significativos entre el gesto místico y el proyecto de subjetivación en la escritura de Sor Juana. Algunos de los estudios más interesantes sobre marginalidad epistemológica y resistencia femenina por medio del misticismo han sido llevados a cabo a partir de la obra de Santa Teresa de Jesús. Para más información sobre este tema, ver el ensayo de Paul Julian Smith, "Writing Women in the Golden Age", incluido en *The Body Hispanic*, y "Visions of Teresa: Lacan, Irigaray, Kristeva" incluido en *Representing the Other*. Jean Franco también ha estudiado este tema en el caso particular de México en su ensayo "Writers in Spite of Themselves: The Mystical Nuns of Seventeenth-Century Mexico" incluido en su libro *Plotting Women. Gender and Representation in Mexico*. En su ensayo Franco hace claro cómo el proyecto de Sor Juana se opone a ese tipo específico de inscripción del saber femenino en el contexto religioso-institucional de la época y por qué emprende un proyecto racionalista que aspira a integrarse en el campo de saber masculino hegemónico. También resulta útil la antología editada por Arenal y Schlau, titulada *Untold Sisters*, y donde se trabaja el vínculo entre resistencia femenina y misticismo a partir de textos de religiosas que escribieron sobre este tema desde contextos similares al de Sor Juana, puesto que también eran monjas en la época colonial. Puesto que recientemente se han descubierto textos nuevos de Sor Juana, escritos durante sus últimos años de vida, no me atrevería a afirmar que no haya ningún gesto místico en su obra, pero sí se puede decir que esta tendencia no recibe un tratamiento amplio ni consistente en su obra anterior a la *Respuesta a Sor Filotea*.

Entre los estudios que se concentran en la figura de Sor Juana como intelectual secular, he consultado los siguientes: *Sor Juana o las trampas de la fe*, de Octavio Paz; el libro *Humanisme et Religion chez Sor Juana Inés de la Cruz. La femme et la culture au XVII Siècle* de Bénassy-Berling; la tesis doctoral inédita de Jesús García Alvarez, *El pensamiento filosófico de Sor Juana Inés de la Cruz*; la tesis de Constance Morhardt titulada *The Rationalist Nature of the Lyrical Poetry of Sor Juana Inés de la Cruz*, y la tesis de Tonia León, *Sor Juana Inés de la Cruz's 'Primero sueño': A Lyric Expression of Seventeenth Century Scientific Thought*. Además, hay numerosos artículos que aluden a este tema, entre los que se destaca el trabajo de Francisco López Cámara, Paula Gómez Alonso y Gerard Cox Flynn que he manejado ampliamente en este estudio.

APÉNDICE III

"Sobre el Barroco de Indias"

Existe una amplia bibliografía que estudia la especificidad del barroco en América. Además del ensayo de Roggiano, "Acerca de dos barrocos: el de España y el de América", este tema también ha sido estudiado por Juan Durán, "Reflexión en torno al llamado barroco americano", por Janice Theodoro en su reciente libro *América barroca: tema e variações*, que integra a Brasil en el estudio del arte y experiencia colonial latinoamericana, y por Rafael Catalá en su tesis doctoral titulada *El sincretismo criollo en el barroco americano y su expresión en la obra de Sor Juana Inés de la Cruz*. Leonardo Acosta también tiene un ensayo fundamental en el estudio del barroco y neobarroco americano que se titula "El barroco de Indias y la ideología colonialista" que se incluye en su libro *El Barroco de Indias y otros ensayos*. Los exponentes de este debate han señalado cómo el barroco americano tiene que diferenciarse del barroco español dadas las significativas divergencias existentes entre el contexto social y político europeo y español y las experiencias particulares de las sociedades coloniales americanas. De este modo se distancian del reconocido estudio de Maravall, *La cultura del barroco*, que propone el barroco de América como continuidad del barroco español (40). Sin embargo, algunos de estos estudios —con excepción del trabajo de Juan Durán, Leonardo Acosta y Kathleen Ross— pasan a esencializar el barroco como orgánico en el surgimiento de una identidad latinoamericana anti-moderna y plural, enlazando barroco y neobarroco como partes de un mismo discurso latinoamericanista. Trabajo con este aspecto en el capítulo final del libro, que analiza la construcción disciplinaria de un discurso criollo colonial.

Una parte crucial del estudio del Barroco de Indias se ha dedicado a debatir si este movimiento artístico afirmaba o subvertía el orden imperial y metropolitano. La primera de estas posturas la encontramos en los estudios de Juan Javier Mata Lozano, *Arte emblemático y simbología política: Sor Juana y Sigüenza y Góngora*; Emilio Carilla, *La literatura barroca en Hispanoamérica*; *Manierismo y barroco*; y en el conocido estudio de Maravall, *La cultura del barroco*, entre otros.

Entre los que ven el barroco como un arte de resistencia se puede incluir el trabajo crítico de Julie Greer Johnson, *Satire in Colonial Spanish America*; Leopoldo Zea, "Descartes y la conciencia de América" e "Ideología y filosofía de la cultura barroca latinoamericana"; Georges Baudot, "El barroco mexicano, cuna del feminismo"; Jaime Concha, "La literatura colonial hispanoamericana: problemas e hipótesis"; y los ensayos que incluye Mabel Moraña sobre el tema en su libro *Viaje al silencio. Exploraciones del discurso barroco*. Algunos de estos estudios vinculan la resistencia al poder metropolitano con un sentimiento protonacionalista que deja de lado las sinuosidades a partir de las que se articulaba la subjetividad colonial unas veces provincial, otras veces americanista.

Kathleen Ross, sin embargo, ve el barroco como una manifestación cultural variable, que incluye rasgos diferenciadores y represivos de una expresividad colonial americana. En su libro *The Baroque Narrative of Carlos de Sigüenza y Góngora* propone que se pueden leer muchos de los textos del siglo XVII como una re-escritura barroca de las crónicas del siglo XVI, de modo que se produce un discurso específico en el que se negocia una postura muy ambigua en relación al poder metropolitano y a la posible especificidad de un entorno americano (45-47).

APÉNDICE IV

"El villancico como apertura textual al mundo colonial"

El villancico es un género interesante para el estudio de la incorporación de voces americanas en la literatura colonial. Además del estudio que ha llevado a cabo Alfonso Méndez Plancarte (OC, II) sobre este género y su desarrollo histórico en España y América, son útiles los estudios de Marta Aguirre, *Del encausto a la sangre*; Josefina Muriel, *Las mujeres en Hispanoamérica* y *Cultura femenina novohispana*; así como el de Fernando Benítez, *Los demonios del convento*. Muchos críticos coinciden en leer el villancico como un género que le cede la voz a las voces americanas, de modo que se constituye como un discurso literario marcadamente americanista. Esta es la tesis de los trabajos de Concha Meléndez, "Sor Juana y los negros"; Luis Leal, "El hechizo derramado: Elementos mestizos de Sor Juana"; José Antonio Mayoral, "Poética y retórica de un subgénero popular. Los villancicos-«ensalada» de sor Juana Inés de la Cruz"; Darío Puccini, "Los 'villancicos' de Sor Juana Inés de la Cruz"; Octavio Paz, *Sor Juana Inés de la Cruz o las trampas de la fe*; Paula Gómez Alonzo, "Ensayo sobre la filosofía en Sor Juana Inés de la Cruz"; Mabel Moraña, "Poder, raza y lengua: la construcción étnica del Otro en los villancicos de Sor Juana"; Georgina Sabat-Rivers, "Blanco, negro, rojo: semiosis racial en los villancicos de Sor Juana Inés de la Cruz"; Herrera Zapién, *Buena fe y humanismo en Sor Juana; diálogos y ensayos, las obras latinas, los sorjuanistas recientes*, y Rosa María Carreto León, *En torno a Sor Juana*, por mencionar algunos de los estudios más conocidos.

Martha Lilia Tenorio ofrece otro buen resumen de la historia y evolución del villancico en su ensayo "El villancico novohispano", que se encuentra en la compilación editada por Sara Poot-Herrera, *Sor Juana y su mundo: una mirada actual*. Rosa Valdés Cruz en su artículo "La visión del negro en Sor Juana"; Karl Vossler en "La décima musa de México; Sor Juana Inés de la Cruz" y Gerard Cox Flynn en *Sor Juana Inés de la Cruz* se oponen a esta visión reinvindicadora y subversiva de la representación de otros sectores subalternos en la obra de Sor Juana.

APÉNDICE V

"La identidad colonial de Sor Juana: ¿criolla o metropolitana?

Una de las zonas más debatidas de los estudios sorjuaninos y coloniales, es la pregunta sobre a qué tradición cultural pertenecen las obras que se producen en un contexto colonial de siglo diecisiete. Sobre la lectura de la obra de Sor Juana como parte de la literatura peninsular, ver Venko Kanev, "Lo español y lo americano en Sor Juana Inés de la Cruz"; Emilio Carilla, "Americanismo literario"; José María de Cossío, "Observaciones sobre la vida y obra de Sor Juana Inés de la Cruz"; Antonio Alatorre, "Avances en el conocimiento de Sor Juana"; Alvaro Uribe Rueda, "Sor Juana Inés de la Cruz o la culminación del siglo barroco en las Indias" y Gerard Cox Flynn, *A Revision of the Criticism of Sor Juana Inés de la Cruz*, y "Sor Juana Inés de la Cruz: México's Tenth Muse", entre otros.

La visión criollista, americanista o mestiza de la obra de Sor Juana se elabora en una gran cantidad de trabajos críticos. Destaco, sin embargo, los siguientes: Gloria Grajales, "Nacionalismo incipiente en Carlos Sigüenza y Góngora"; Germán Posada, "Sigüenza y Góngora, historiador"; Angelina Muñiz-Huberman, "Las claves de Sor Juana"; Thomas Hanrahan, "El tocotín expresión de identidad"; Anita Arroyo, "La mexicanidad en el estilo de Sor Juana"; Valenzuela Rodarte, "Juana Inés es ya mexicana y paradigma de México"; Rafael Catalá, "El Neptuno alegórico de Sor Juana: ontogenia de América" y *El sincretismo criollo en el barroco americano y su expresión en la obra de Sor Juana Inés de la Cruz*; Mario Hernández Sánchez-Barba, "El criollismo de Sor Juana Inés de la Cruz" y "El inconformismo epocal de Sigüenza y Góngora."; María Rosa Fort, "Juego de voces: los sonetos de amor y discreción de Sor Juana Inés de la Cruz"; Carmela Zanelli, "La loa de *El Divino Narciso* de Sor Juana Inés de la Cruz y la doble recuperación de la cultura indígena mexicana"; Margarita Rojas, "Sor Juana Inés de la Cruz: represión y subversión"; María Sten, "Sor Juana y la mitología mexicana"; Fina García Marruz, "Mexicanía de Sor Juana"; Julie Greer Johnson, "La obra satírica de Sor Juana"; Jara y Spadaccini, *1492-1992: Re/discovering Colonial Writing* y *Amerindian Images and the Legacy of Columbus*; Canny y Pagden, *Colonial Identity in the Atlantic World*; José Joaquín Blanco, *Esplendores y miserias de los criollos* y Gerardo Luzuriaga, "Siguenza y Góngora y Sor Juana: disidentes de la cultura oficial"; así como el amplio trabajo crítico de Mabel Moraña incluído en *Viaje al silencio. Exploraciones del discurso barroco* y el de Georgina Sabat-Rivers en *Estudios de literatura hispanoamericana. Sor Juana Inés de la Cruz y otros poetas barrocos de la colonia* y *En busca de Sor Juana*.

Un tercer grupo de críticos identifican a Sor Juana con una identidad criolla, pero trascienden la oposición entre su americanismo o peninsularismo proponiendo su ambigua identidad colonial como la solución a esta oposición binaria. Me refiero aquí a la obra de Octavio Paz, en especial su libro *Sor Juana Inés de la Cruz o las trampas de la fe* y sus dos ensayos "Homenaje a Sor Juana Inés de la Cruz en su tercer centenario (1651-1695)" y "Ritos políticos en la Nueva España", así como el trabajo crítico de Emilio Carilla, "Raíces del americanismo literario"; Germán Posada Mejía, "Sigüenza y Góngora, historiador"; Ramón Iglesia, "La mexicanidad de Don Carlos Sigüenza y Góngora"; Sergio Fernández, "Sor Juana Inés de la Cruz"; Hermenegildo Corbató, "La emergencia de una idea de nacionalidad en el México colonial"; Hernán Vidal, *Socio-historia de la literatura colonial hispanoamericana*; Fernando Benítez, *Los demonios del convento*; Ana Pizarro, "Sobre las direcciones del comparatismo en América Latina"; Giuseppe Bellini, "Albores del problema de la identidad americana: Garcilaso, Sor Juana, Caviedes"; Francisco López Cámara, *La génesis de la conciencia liberal en México,* y Kathleen Ross en *The Baroque Narrative of Carlos de Sigüenza y Góngora*, entre otros.

BIBLIOGRAFÍA

I. Textos Primarios:

A. *Documentos del Archivo General de la Nación, México*

"Autos echos sobre el tercero y quartos lugar de examinadores de los bachilleres en Artes por sufficiencia para el año de 1648". Universidad, Volumen 69, Núm. 3, 1647, folios 2-3v.
Cartas Anuas, Caja III-15. Expedientes 4, 5, 24, 29.
Cartas Anuas, Caja III-26.
Cartas Anuas, Caja III-29:1-2. Expedientes 1-4, 14-16, 19-24.
Archivo Histórico de la Hacienda. Volumen 258. Expedientes 6, 8, 28, 1-33.
Jesuitas, Caja I-37. Expedientes 10, 14, 17, 34.
Universidad, volumen 562.

B. *Ediciones de la obra de Sor Juana Inés de la Cruz*

Cruz, Sor Juana Inés de la. "Carta de Sor Juana Inés de la Cruz a su confesor: autodefensa espiritual". Aureliano Tapia Méndez, ed. Monterrey: Impresora Monterrey, 1986.
_____ *Enigmas ofrecidos a la casa del placer*. Edición y estudio de Antonio Alatorre. México: El Colegio de México, 1994.
_____ *Inundación castálida*. Georgina Sabat de Rivers, ed. Madrid: Castalia, 1982.
_____ *El Sueño*. Alfonso Méndez Plancarte, ed. México: Instituto Mexiquense de Cultura, 1995.
_____ *Obras Completas*. Prólogo de Francisco Monterde. México: Editorial Porrúa, 1989.
_____ *Obras Completas*. Alfonso Méndez Plancarte, ed. México: Fondo de Cultura Económica, 1951.
_____ *Obras escogidas*. Barcelona: Bruguera, 1979.
_____ *Obras escogidas*. Buenos Aires: Espasa-Calpe, 1949.
Cruz, Sor Juana Inés de y Agustín de Salazar y Torres. *La segunda Celestina*. Edición y prólogo de Guillermo Schmidhuber. México: Vuelta, 1990.
_____ "Segunda Celestina". *Parte de famosas comedias de diversos autores*. Pamplona: Joseph del Espíritu Santo, [1675?].
_____ *Segundo tomo de las obras de soror Juana Inés de la Cruz, monja professa en* ... (Series: [Obras] t. 2) Barcelona: J. Llopis, 1693.

II. Traducciones:

Arenal, Electa y Amanda Powell. *Sor Juana Inés de la Cruz. The Answer/La Respuesta. Including a Selection of Poems*. New York: The Feminist Press at the City University of New York, 1994.
Harss, Luis. *Sor Juana's Dream*. New York: Lumen Books, 1986.
Peden, Margaret. *Sor Juana Inés de la Cruz: Poems, Protest and a Dream*. New York: Penguin Classics, 1997.
Trueblood, Alan. *A Sor Juana Anthology*. Cambridge, MA: Harvard University Press, 1988.

III. Textos críticos:

Acosta, Leonardo. "El barroco de Indias y la ideología colonialista". *Barroco de Indias y otros ensayos*. La Habana: Cuadernos Casa 28, 1985.
Adorno, Rolena. "El sujeto colonial y la construcción cultural de la alteridad". *Revista de Crítica Literaria Latinoamericana* 14/28 (1988): 55-68.
_____ "Nuevas perspectivas en los estudios literarios coloniales hispanoamericanos". *Revista de Crítica Literaria Latinoamericana* 14/28 (1988): 13-28.
_____ "Literary Production and Suppression: Reading and Writing about Amerindians in Colonial Spanish America". *Dispositio* 11/28-29 (1986): 1-25.
Aguirre, Mirta. *Del encausto a la sangre: Sor Juana Inés de la Cruz*. La Habana: Casa de las Américas, 1975.
Alarcón, Norma. "Traddutora, Traditora: A Paradigmatic Figure of Chicana Feminism". *Cultural Critique* 13 (1989): 57-87.
Alatorre, Antonio. "La carta de Sor Juana al P. Núñez (1682)". *Nueva Revista de Filología Hispánica* 35/2 (1987): 591-673.
Alberró, Solange. "Negros y mulatos: La integración dolorosa". *Inquisición y sociedad en México 1571-1700*. México: Fondo de Cultura Económica, 1988. 455-487.
Alessi de Nicolini, Julia. "Pistas para una interpretación del barroco latinoamericano". *Nuestra América*. México: Universidad Nacional Autónoma de México. Centro Coordinador y Difusor de Estudios Latinoamericanos. Director: Leopoldo Zea. 1/3 (septiembre-diciembre 1980): 9-24.
Aponte-Ramos, Dolores. "¿Puede un subalterno hablar por otro? Sor Juana Inés de la Cruz y la representación poética de los africanos subsaháricos". *47th Annual Kentucky Foreign Language Conference*. 21-23 de abril de 1994.
Arenal, Electa. "Sor Juana Inés de la Cruz: Speaking the Mother Tongue". *University of Dayton Review* 16/2 (Spring 1983): 93-105.

_____ "The Convent as Catalyst for Autonomy: Two Hispanic Nuns of the Seventeenth Century". *Women in Hispanic Literature: Icons and Fallen Idols*. Beth Miller, ed. Berkeley: University of California Press, 1983. 147-183.

_____ "Where Woman is Creator of the Wor(l)d. Or, Sor Juana's Discourses on Method". *Feminist Perspectives on Sor Juana Inés de la Cruz*. Stephanie Merrim, ed. Detroit: Wayne State University Press, 1991. 124-141.

_____ y Stacey Schlau. *Untold Sisters. Hispanic Nuns in Their Own Works*. Albuquerque: University of New México Press, 1989.

Aristóteles. *La política*. España: Espasa-Calpe S.A., 1978.

Arrom, José Juan. "Criollo: definición y matices de un concepto". *Certidumbre de América*. La Habana: Ed. Letras Cubanas, 1980. 11-26.

Arroyo, Anita. "La mexicanidad en el estilo de Sor Juana". *Revista Iberoamericana* XVII/33 (julio 1951): 53-59.

_____ "Sor Juana Inés de la Cruz, primer espíritu moderno". *América en su literatura*. Río Piedras: Editorial Universitaria, Universidad de Puerto Rico, 1978. 139-145.

Arteaga, Alfred. "Tricks of Gender Xing". *Stanford Humanities Review* 3/1 (Winter 1993): 112-129.

Baudot, Georges. "El barroco mexicano, cuna del feminismo: Sor Juana Inés de la Cruz y la trova popular". *Culture et societé: Andes et Meso-Amerique. Melanges en hommage a Pierre Duvois*. Raquel Thiercelin, ed. Aix en Provence: Université de Provence, Service des Publications, 1991. 107-122.

_____ "La trova náhuatl de Sor Juana Inés de la Cruz". *Estudios de folklore y literatura dedicados a Mercedes Díaz Roig*. México: El Colegio de México, 1992. 849-859.

Beaupied, Aida. "Revelación velada pero rebelde en la *Respuesta* de Sor Juana Inés de la Cruz". *Hispanic Journal* 14/2 (Fall 1993): 117-130.

Becerra López, José Luis. *La organización de los estudios en la Nueva España*. México: Edición del Autor, 1963.

Belenky, Mary Field et. al. *Women's Ways of Knowing. The Development of Self, Voice and Mind*. Estados Unidos: Basic Books, 1986.

Bellini, Giusepe. "Albores del problema de la identidad americana: Garcilaso, Sor Juana, Caviedes". *Insula: Revista de ciencias y letras humanas* 47/549-550 (setiembre-octubre 1992): 4-5.

_____ "El teatro criollo: Fernán González de Eslava. Juan Ruiz de Alarcón. Sor Juana Inés de la Cruz". *Historia de la literatura hispanoamericana. Literatura y sociedad* 35. Madrid: Castalia, 1985. 169-182.

Bénassy-Berling, Marie Cécile. "Algunas reflexiones acerca de la vocación científica frustrada de sor Juana Inés de la Cruz". *Ciencia, vida y espacio en Iberoamérica*. J.L. Peset, ed. *Estudios sobre Ciencia* I/10. Madrid: Consejo Superior de Investigaciones Científicas, 1989. 333-344.

_____ "A manera de apéndice: Sor Juana y el problema del derecho de las mujeres a la enseñanza". *La mujer en el teatro y la novela del siglo XVII: Actas del II Coloquio del Grupo de Estudios sobre Teatro Español*. Toulouse-Le Mirail: Univ. of Toulouse-Le Mirail, 1979. 89-93.

_____ "Hipótesis sobre la 'conversión' final de Sor Juana Inés de la Cruz". *Revista de la Universidad de México* 30/3 (noviembre 1975): 21-24.

_____ *Humanisme et Religion chez Sor Juana Inés de la Cruz. La femme et la culture au XVII Siècle.* Paris: Editions Hispaniques, 1982.

_____ "Los criollos y el poder eclesiástico en la época colonial: el caso del jesuita mexicano Antonio Núñez de Miranda". *Actas del séptimo congreso de la Asociación Internacional de Hispanistas celebrado en Venecia del 25 al 30 de agosto de 1980*. Giuseppe Bellini, ed. Roma: Bulzoni, 1982. 217-222.

_____ "Sor Juana Inés de la Cruz aujourd'hui". *Les Langues Neo-Latines* 254 (1985): 21-29.

Benítez, Fernando. *Los demonios en el convento. Sexo y religión en la Nueva España*. México: Ediciones Era, 1985.

Benítez, Laura. "Sor Juana Inés de la Cruz y la filosofía moderna". *La literatura novohispana. Revisión crítica y propuestas metodológicas*. José Pascual Buxó y Arnulfo Herrera, eds. México: UNAM, 1994. 201-216.

Berg, Temma F. "Suppressing the Language of Wo(Man): The Dream as a Common Language". *Engendering the Word*. Temma F. Berg et. al., eds. Urbana/Chicago: University of Illinois Press, 1989. 3-28.

Bergmann, Emilie. "Sor Juana Inés de la Cruz: Dreaming in a Double Voice". *Women, Culture and Politics in Latin America*. Berkeley: University of California Press, 1990. 151-172.

_____ "Ficciones de Sor Juana: poética y biografía". *"Y diversa de mí misma entre vuestras plumas ando": Homenaje Internacional a Sor Juana Inés de la Cruz*. Sara Poot-Herrera, ed. México: El Colegio de México, 1994. 171-183.

Bermúdez, María E. "Juana de Asbaje, poetisa barroca americana". *XVII Congreso del Instituto Internacional de Literatura Iberoamericana. Primer Tomo: El Barroco en América*. Madrid: Ediciones Cultura Hispánica, 1978. 173-86.

Beuchot, Mauricio. *Estudios de historia y de filosofía en el México colonial*. México: UNAM, 1991.

_____ *Filosofía social de los pensadores novohispanos*. México: Instituto Mexicano de Doctrina Social Cristiana, 1990.

_____ "Microcosmos, filosofía y poesía en Sor Juana". Universidad de México, *Revista de la UNAM* 41/424 (mayo 1986): 29-32.

Beverley, John. "Nuevas vacilaciones sobre el barroco". *Revista de Crítica Literaria Latinoamericana* 14/28 (1988): 215-227.

_____"Poesía cortesana y festiva: literatura de homenaje". *América Latina: Palavra, Literatura e Cultura*. Volume I: A Situação Colonial. Ana Pizarro, ed. Campinas, Brasil: Editora da Unicamp, 1993. 265-275
Bhabha, Homi. "Of Mimicry and Man: The Ambivalence of Colonial Discourse". *October 28* (Spring 1984): 125-133.
_____"The Commitment to Theory". *New Formations* 5 (Summer 1988): 5-23.
_____"The Other Question". *Screen* 24/6 (1983): 18-36.
Blanco, José Joaquín. *Esplendores y miserias de los criollos. La literatura en la Nueva España 2*. México: Cal y Arena, 1989.
Bonet Correa, Antonio. "La fiesta barroca como práctica del poder". *El arte efímero en el mundo hispánico*. México: UNAM, Instituto de Investigaciones Estéticas, Colección Estudios de arte y estética, num. 17, 1983. 43-84.
Bordo, Susan R. "The Body and the Reproduction of Femininity: A Feminist Appropriation of Foucault". *Gender/Body/Knowledge. Feminist Reconstructions of Being and Knowing*. Alison M. Jaggar y Susan R. Bordo, eds. New Brunswick/Londres: Rutgers University Press, 1989. 13-33.
Boyer, Agustín. "Programa iconográfico en el *Neptuno alegórico* de Sor Juana Inés de la Cruz". *Homenaje a José Durand*. Luis Cortest, ed. Madrid: Editorial Verbum, 1993. 37-46.
Bravo Arriaga, María Dolores. "Dos dedicatorias de Núñez de Miranda a Sor Filotea de la Cruz, indicios inéditos de una relación peligrosa". *La literatura novohispana. Revisión crítica y propuestas metodológicas*. José Pascual Buxó y Arnulfo Herrera, eds. México: UNAM, 1994. 231-239.
_____"El arco trinfal novohispano como representación". *Espectáculo, texto y fiesta (Juan Ruiz de Alarcón y el teatro de su tiempo)*. México: UNAM, 1990. 85-93.
_____"Signos religiosos y géneros literarios en el discurso de poder". *Sor Juana y su mundo*. Sara Poot Herrera, ed. México: Universidad del Claustro de Sor Juana, 1995. 93-139.
Bravo Lira, Bernardo, ed. *El barroco en hispanoamérica*. Chile: Fondo Histórico y Bibliográfico José Toribio Medina, 1981.
_____ "El barroco y las nacionalidades hispanoamericanas". *Nuestra América*. México: UNAM. Centro Coordinador y Difusor de Estudios Latinoamericanos. Director: Leopoldo Zea. 1/3 (septiembre-diciembre 1980): 49-56.
Bustillo, Carmen. *Barroco y América Latina. Un itinerario inconcluso*. Caracas: Monte Ávila, 1990.
Butler, Judith. *Bodies that Matter: on the Discursive Limits of "Sex."* Nueva York/Londres: Routledge, 1993.
_____ *Gender Trouble: Feminism and the Subversion of Identity*. Nueva York/Londres: Routledge, 1990.

Calleja, Padre Diego. "Vida de la madre Juana Inés de la Cruz, religiosa profesa en el convento de San Jerónimo de la ciudad imperial de México". *Sor Juana Inés de la Cruz ante la historia. (Biografías antiguas. La fama de 1700. Noticias de 1667 a 1892).* Francisco de la Maza, ed. Revisado por Elías Trabulse. México: UNAM, 1980. 139-152.

Canny, Nicholas and Anthony Pagden, eds. *Colonial Identity in the Atlantic World, Identity Formation in Spanish America 1500-1800.* Princeton, NJ: Princeton University Press, 1987.

Carilla, Emilio. "Americanismo literario". *Boletín de Filología* [de Santiago de Chile] (1963): 314-5.

_____ *La literatura barroca en Hispanoamérica.* Madrid: Anaya, 1972.

_____ *Manierismo y barroco en las literaturas hispánicas.* Madrid: Gredos, 1983.

_____ "Raíces del americanismo literario". *Thesaurus* [de Bogotá] 23 (1968): 1-11.

Carpentier, Alejo. "De lo real maravilloso americano". *Tientos y diferencias.* Argentina: Calicanto Editorial, 1967. 83-99.

Carreño, Antonio. "Of 'Orders' and 'Disorders': Analogy in the Baroque Lyric (from Góngora to Sor Juana)". *Coded Encounters. Writing, Gender, and Ethnicity in Colonial Latin America.* Francisco Javier Cevallos-Candau, et. al, eds. Amherst: University of Massachusetts Press, 1994. 224-235.

Carreto León, Rosa María. *En torno a Sor Juana Inés de la Cruz. Contribución al tercer centenario de su natalicio.* México: Tipografía Ortega, 1951.

Carullo, Sylvia G. "El autorretrato en Sor Juana". *Hispanic Journal* 11/2 (Fall 1990): 91-105.

Cascardi, Anthony. *The Bounds of Reason: Cervantes, Dostoievsky, Flaubert.* New York: Columbia University Press, 1986.

_____ *The Subject of Modernity.* Cambridge: Cambridge University Press, 1992.

_____, ed. Introduction. *Literature and the Question of Philosophy.* Baltimore/Londres: The John Hopkins University Press, 1989. ix-xvii.

Castro, Marcela. "La transgresión insostenible". *Feminaria* 5/9 (noviembre de 1992): 2-4.

Castro López, Octavio. *Sor Juana y el **Primero sueño**.* México: Centro de Investigaciones Lingüístico-Literarias. Instituto de Investigaciones Humanísticas, Universidad Veracruzana, 1982.

Catalá, Rafael. "El Neptuno alegórico de Sor Juana: ontogenia de América". *Plural: Revista Cultural de Excelsior* 13/15 (abril 1984): 17-27.

_____ *El sincretismo criollo en el barroco americano y su expresión en la obra de Sor Juana Inés de la Cruz.* Ann Arbor, Michigan: University Microfilms International, 1992. Tesis Doctoral, New York University.

_____ "La trascendencia en *Primero sueño*: el incesto y el águila". *Revista Iberoamericana* XLIV/104-105 (julio-diciembre 1978): 421-434.

Celorio, Gonzalo. "Silencio y pudor en la poesía novohispana". *La literatura novohispana. Revisión crítica y propuestas metodológicas*. José Pascual Buxó y Arnulfo Herrera, eds. México: UNAM, 1994. 391-405.

Cerezo Graterol, Régulo. *El **Primero sueño** de Sor Juana: una lectura posible*. Tesis de Maestría en Letras Iberoamericanas, UNAM, Facultad de Filosofía y Letras, 1985.

Certeau, Michel de. "Montaigne's 'Of Cannibals': The Savage 'I'". *Heterologies. Discourse on the Other*. Minneapolis: University of Minnesotta Press, 19. 67-79.

____ "On the Oppositional Practices of Everyday Life". *Social Text* (Fall 1980): 3-43.

Cervantes, E. A. *Testamento de Sor Juana y otros documentos*. México, 1949.

Césaire, Aimé. *Discourse on Colonialism*. New York/London: Monthly Review Press, 1972.

Cesáreo, Mario. "Menú y emplazamientos de la corporalidad colonial". *Relecturas del Barroco de Indias*. Hanover: Ediciones del Norte, 1994. 185-222.

Céspedes del Castillo, Guillermo. *América Hispánica (1492-1898), Historia de España IV*. Dirigida por Manuel Tuñón de Lara. Barcelona: Ed. Labor, 1983.

Cevallos, Francisco Javier. "La alegoría del deseo: la loa para el auto 'El mártir del sacramento, San Hermenegildo,' de Sor Juana Inés de la Cruz". *Romance Language Annual* 3 (1991): 380-383.

Cevallos Candau, Francisco J. "Introducción". *Juan Bautista Aguirre y el barroco colonial*. (Temas y formas de la literatura, 3) Madrid: Edi-6, 1983. 1-7.

Chambers, Iain. *Migrancy, Culture, Identity*. Londres/Nueva York: Routledge, 1994.

Chang-Rodríguez, Raquel. "Mayorías y minorías en la formación de la cultura virreinal". *University of Dayton Review* 16/2 (Spring 1983): 23-34.

____ "Relectura de *Los empeños de una casa*". *Revista Iberoamericana* XLIV/104-105 (1978): 409-419.

Checa, Jorge. "El divino Narciso y la redención del lenguaje". *Nueva revista de filología hispánica* 38/1 (1990): 197-217.

____ "Los caracteres del Estrago: Babel en *Primero sueño*". *Mujer y cultura en la colonia hispanoamericana*. Mabel Moraña, ed. Pittsburgh: Biblioteca de América, 1996. 257-271.

____ "Sor Juana Inés de la Cruz: la mirada y el discurso". *"Y diversa de mí misma entre vuestras plumas ando": Homenaje Internacional a Sor Juana Inés de la Cruz*. Sara Poot-Herrera, ed. México: El Colegio de México, 1994. 127-136.

Chiampi, Irlemar. *El realismo maravilloso*. Caracas: Monte Ávila Editores, 1983.

Chinchilla Aguilar, Ernesto. "El siglo XVII novohispano y la figura de Sor Juana Inés". *University of Dayton Review* 16/2 (Spring 1983): 53-61.

Clamurro, William. "Sor Juana Inés de la Cruz Reads her Portrait". *Revista de Estudios Hispánicos* 20/1 (1986): 27-43.

Clendinnen, Inga. *Aztecs: An Interpretation.* Cambridge: Cambridge University Press, 1991.

Code, Lorraine. *What Can She Know? Feminist Theory and the Construction of Knowledge.* Ithaca, NY: Cornell University Press, 1991.

Concha, Jaime. "La literatura colonial hispanoamericana: problemas e hipótesis". *Neohelicon* 4/1-2 (1976): 31-50.

Contreras, Jesse A. G. *An Introductory Bibliography to the Study of the Intellectual History of Mexico: 1900 to Present.* Berkeley: Chicano Studies Library.

Corbató, Hermenegildo. "La emergencia de la idea de nacionalidad en el México colonial". *Revista Iberoamericana* VI/2 (1943): 377-392.

Cornejo-Polar, Antonio. "Ajenidad y apropiación nacional de las letras coloniales". *Conquista y contraconquista. La escritura del Nuevo Mundo.* Julio Ortega y José Amor y Vázquez, eds. México/Rhode Island: Colegio de México y Brown University, 1994. 651-657.

_____ "El discurso de la armonía imposible (El Inca Garcilaso de la Vega: discurso y recepción social)". *Revista de Crítica Literaria Latinoamericana* 19/38 (1993): 73-80.

_____ *La formación de la tradición literaria en el Perú.* Lima: Centro de Estudios y Publicaciones, 1989.

Corominas, J. *Diccionario crítico etimológico de la lengua castellana* 3 volúmenes. Madrid: Gredos, 1954.

Coronado López, Juan. *Las transfiguraciones de Narciso: el universo de cuatro poetas en el pretexto de un espacio: Góngora, Sor Juana, Gorostiza, Lezama Lima.* Tesis Doctoral en Letras, UNAM, Facultad de Filosofía y Letras, 1989.

Cortest, Luis. "Some Thoughts on the Philosophy of Sor Juana Inés de la Cruz". *Inti: Revista de Literatura Hispánica* 21 (Spring 1985): 83-88.

Corzo Gamboa, Arturo. *Juana Inés de Asbaje y Ramírez de Santillana. Sor Juana Inés de la Cruz.* México: Instituto Mexiquense de Cultura, 1993.

Cossío, José María de. "Observaciones sobre la vida y obra de Sor Juana Inés de la Cruz". *Notas y estudios de crítica literaria. Letras españolas. (siglo XVI y XVII).* Madrid: Espasa Calpe, 1970. 243-284.

Covarrubias Horozco, Sebastián de. *Tesoro de la lengua castellana o española.* Madrid: Ediciones Turner, 1984.

Cueva, Mario de la *et. al.* ed. *Estudios de la historia de la filosofía en México.* 3a Ed. México, DF: UNAM, 1980.

_____ *et. al,* ed. *Major Trends in Mexican Philosophy.* A. Robert Caponigri, trad. Notre Dame/London: University of Notre Dame Press, 1966.

Cussi Yupanqui, Titu. *Ynstruçion del Ynga* ... Introducción de Luis Millones. Lima: El Virrey, 1985.

Cypess, Sandra Messinger. "Los géneros re/velados en 'Los empeños de una casa' de Sor Juana Inés de la Cruz". *Hispamérica* 22/64-65 (abril-agosto 1993): 177-185.

Daniel, Lee. "The loas of Sor Juana Inés de la Cruz". *Letras femeninas* (Número dedicado a Sor Juana) 11/1-2 (primavera-otoño 1985): 42-48.

Danto, Arthur. "Philosophy as/and/of Literature". *Literature and the Question of Philosophy*. Baltimore/Londres: The John Hopkins University Press, 1989. 1-23.

Descartes, René. *Discurso del método*. Puerto Rico: Editorial de la Universidad de Puerto Rico, 1984.

____ *Meditaciones metafísicas*. Argentina: Aguilar, 1982.

Díaz Balsera, Viviana. "*Los empeños de una casa*: el sujeto colonial y las burlas al honor". *El escritor y la escena II. Actas al II Congreso de la Asociación Internacional de Teatro Español y Novohispano de los Siglos de Oro (17-20 de marzo de 1993, Ciudad Juárez)*. México: Universidad Autónoma de Ciudad Juárez, 1994. 61-74.

Diccionario de autoridades. Real Academia Española. Edición facisimilar de la versión de 1737. 3 volúmenes. Madrid: Editorial Gredos, 1979.

Duque, Félix. "La conciencia del mestizaje: el Inca Garcilaso y sor Juana Inés de la Cruz". *Cuadernos Hispanoamericanos* 504 (June 1992): 7-31.

Durán, Juan. "Reflexión en torno al llamado barroco americano". *XVII Congreso del Instituto Internacional de Literatura Iberoamericana. Primer Tomo: El Barroco en América*. Madrid: Ediciones Cultura Hispánica, 1978. 49-56.

Durán, Manuel. "El drama intelectual de Sor Juana y el antiintelectualismo hispánico". *Cuadernos americanos* 22/4 (julio-agosto 1963): 238-253.

____ "Hermetic Traditions in Sor Juana's 'Primero sueño'". *University of Dayton Review* 16/2 (Spring 1983): 107-115.

Egan, Linda. "Donde Dios todavía es mujer: Sor Juana y la teología feminista". *"Y diversa de mí misma entre vuestras plumas ando": Homenaje Internacional a Sor Juana Inés de la Cruz*. Sara Poot-Herrera, ed. México: El Colegio de México, 1994. 327-340.

Fanon, Frantz. *Black Skin, White Masks*. Londres: Paladin, 1970.

____ *The Wretched of the Earth*. New York: Grove Weindelfeld, 1991.

Feder, Elena. "Sor Juana Inés de la Cruz; or, The Snares of (Con)(tra)di(c)tion". *Amerindian Images and the Legacy of Columbus*. René Jara y Nicholas Spadaccini, eds. Minneapolis: University of Minnesota Press, 1992. 473-529.

Fernández, Sergio. "Sor Juana Inés de la Cruz". *Homenajes: a Sor Juana, a López Velarde, a José Gorostiza*. México: SEP Setentas, 1980. 21-102.

Fernández del Castillo, Francisco. "La medicina de Carlos de Sigüenza y Góngora y de Sor Juana Inés de la Cruz. Contribución al pensamiento barroco del siglo XVII en México". *Gaceta Médica de México* 100/2 (febrero 1970): 98-109.

_____ *Sor Juana Inés de la Cruz y la medicina de su tiempo*. México: Instituto de Estudios y Documentos Históricos, Serie de Cuadernos 13, 1981.

Flynn, Gerard Cox. "A Naive Reading of the Respuesta a Sor Filotea". *Letras femeninas* 11 [Beaumont, Texas] (1985): 36-41.

_____ *A Revision of the Criticism of Sor Juana Inés de la Cruz*. Ann Arbor, Michigan: University Microfilms International, 1979. Tesis Doctoral, New York University, Faculty of the Graduate School; Department of Spanish and Portuguese, 1975.

_____ "A Revision of the Philosophy of Sor Juana Inés de la Cruz". *Hispania* 43/4 (diciembre 1960): 515-520.

_____ *Sor Juana Inés de la Cruz*. Nueva York: Twayne, 1971.

_____ "Sor Juana Inés de la Cruz: México's Tenth Muse". *Female Scholars: A Tradition of Learned Women Before 1800*. J.R. Brink, ed. Montreal: Eden Press Women's Publications, 1980. 119-136.

Foucault, Michel. *Power/Knowledge: Selected Interviews and Other Writings*. New York: Pantheon Books, 1980.

Fort, María Rosa. "Juego de voces: los sonetos de amor y discreción de Sor Juana Inés de la Cruz". *Revista de Crítica Literaria Latinoamericana* 17/34 (julio-diciembre 1991): 33-45.

Franco, Jean. "Introduction". "Sor Juana Explores Space". *Plotting Women. Gender and Representation in Mexico*. New York: Columbia Press, 1989. XI-XXIV; 23-54.

_____ "Las finezas de Sor Juana". *"Y diversa de mí misma entre vuestras plumas ando": Homenaje Internacional a Sor Juana Inés de la Cruz*. Sara Poot-Herrera, ed. México: El Colegio de México, 1994. 247-256.

Furlong, Guillermo. *La cultura femenina en la época colonial*. Buenos Aires: Editorial Kapelusz, 1951. 43-46.

Galaviz, Juan M. *Sor Juana Inés de la Cruz (Protagonista de América)*. Madrid: Ediciones Quorum, 1987.

Gallegos Rocafull, J. M. *El pensamiento mexicano en los siglos XVI y XVII*. México: UNAM, 1974.

_____ "Philosophy in Mexico in the Sixteenth and Seventeenth Centuries". *Major Trends in Mexican Philosophy*. Mario de la Cueva, ed. A. Robert Caponigri, trad. Notre Dame/London: University of Notre Dame Press, 1966. 92-129.

Gallo, Marta. "Masculino/femenino: interrelaciones genéricas en *El divino Narciso* de Sor Juana". *"Y diversa de mí misma entre vuestras plumas ando": Homenaje Internacional a Sor Juana Inés de la Cruz*. Sara Poot-Herrera, ed. México: El Colegio de México, 1994. 227-236.

Gallop, Jane. *Thinking Through the Body*. Nueva York: Columbia University Press, 1988.
Gálvez Acero, Marina. "El teatro vinculado al mundo criollo". *El teatro hispanoamericano*. Historia crítica de la literatura hispánica, 34. Madrid: Taurus, 1988. 34-47.
Gaos, José. *En torno a la filosofía mexicana*. México, DF: Alianza Editorial Mexicana, 1980.
_____ "En sueño de un sueño". *Historia mexicana*. 10/37, 1 [México: El Colegio de México] (julio-septiembre 1960): 54-71.
García Alvarez, Jesús. *El pensamiento filosófico de Sor Juana Inés de la Cruz*. México: tesis inédita, 1980.
García Marruz, Fina. "Mexicanía de Sor Juana". *Sin Nombre* 7/3 (octubre-diciembre 1976): 6-36.
García Valdés, Celsa Carmen. "Estudio preliminar". *Los empeños de una casa* de Sor Juana Inés de la Cruz. Barcelona: Promociones y publicaciones universitarias S.A., 1989. 9-91.
Glantz, Margo. *Borrones y borradores. Reflexiones sobre el ejercicio de la escritura (ensayos de literatura colonial, de Bernal Díaz del Castillo a Sor Juana)*. México: Coordinación de Difusión Cultural Dirección de Literatura, UNAM, Ediciones del Equilibrista, 1992.
_____ "El discurso religioso y sus políticas". *Sor Juana y su mundo*. Sara Poot Herrera, ed. México: Universidad del Claustro de Sor Juana, 1995. 503-548.
_____ "Prólogo: No se hará sin hipérboles verosímil". *Sor Juana Inés de la Cruz: Obra selecta*. Venezuela: Biblioteca Ayacucho, 1994. XI-XCIII.
_____ *Sor Juana Inés de la Cruz: ¿hagiografía o autobiografía?* México: Grijalbo y UNAM, 1995.
Gómez Alonzo, Paula. "Ensayo sobre la filosofía en Sor Juana Inés de la Cruz". *Filosofía y Letras* [México] 60-62 (enero-diciembre 1956): 59-74.
Gonzalbo Aizpuru, Pilar. *Historia de la educación en la época colonial. La educación de los criollos y la vida urbana*. México: El Colegio de México, 1990.
_____ *La educación femenina en la Nueva España: Colegios, conventos y escuelas de niñas*. Tesis de Maestría: UNAM, 1981.
González, Aurelio. "El espacio teatral en *Los empeños de una casa*". "*Y diversa de mí misma entre vuestras plumas ando*": *Homenaje Internacional a Sor Juana Inés de la Cruz*. Sara Poot-Herrera, ed. México: El Colegio de México, 1994. 257-267.
González, Beatriz y Lucia Costigan, eds. *Crítica y descolonización: El sujeto colonial en la cultura latinoamericana*. Caracas: Biblioteca de la Academia Nacional de la Historia, 1992
González, María. "El nacionalismo embrionario visto a través de la obra de Sor Juana Inés de la Cruz". *Aztlán* 12/1 (primavera 1981): 23-37.

González Cossío, Francisco. *Relación breve de la venida de los de la Compañía de Jesús a la Nueva España. Año de 1602*. México: Imprenta Universitaria, 1945.

González Echevarría, Roberto. "José Arrom, autor de la 'Relación acerca de las antigüedades de los indios' (picaresca e historia)". *Relecturas: estudios de literatura cubana*. Caracas: Monte Ávila, 1976. 17-35.

Grajales, Gloria. "Nacionalismo incipiente en Carlos de Sigüenza y Góngora". *Nacionalismo incipiente en los historiadores coloniales*. Cuadernos de historia, Serie histórica núm. 4. México: UNAM, 1961, 59-87.

Granger-Carrasco, Elena. "La fuente hermafrodita en *El divino Narciso* de Sor Juana". *"Y diversa de mí misma entre vuestras plumas ando": Homenaje Internacional a Sor Juana Inés de la Cruz*. Sara Poot-Herrera, ed. México: El Colegio de México, 1994. 237-246.

Grossi, Verónica. "El triunfo del poder femenino desde el margen de un poema: Otra lectura del 'Primero Sueño' de Sor Juana Inés de la Cruz". *Mester* 20/2 (Fall 1991): 27-40.

Gruzinski, Serge. *The Conquest of Mexico*. Eileen Corrigan, trad. Cambridge: Polity Press, 1993.

Guillermou, Alain. *Los jesuitas*. Barcelona: Oikos-tau, S. A. Editores, 1970.

Gutiérrez Vega, Hugo. "Sor Juana y el barroco mexicano". *V jornadas de teatro clásico español: el trabajo con los clásicos en el teatro contemporáneo*. Vol. 1. Juan Antonio Hormigón, ed. Madrid: Dirección General de Música y Teatro, Ministerio de Cultura, 1983. 273-93.

Hanrahan, Thomas. "El 'Tocotín,' expresión de identidad". *Revista Iberoamericana* XXXVI/70 (enero-marzo de 1970): 51-60.

Haraway, Donna. *Simians, Cyborgs, and Women*. New York: Routledge, 1991.

Harding, Sandra. *The Science Question in Feminism*. Ithaca, NY: Cornell University Press, 1986.

Hegel, G.W.F. *The Phenomenology of Mind*. J.B. Baillie, trad. New York: Harper Torchbook, 1967.

Hernández-Araico, Susana. "El código festivo renacentista barroco y las loas sacramentales de Sor Juana: des/re/construcción del mundo europeo". *El escritor y la escena II. Actas al II Congreso de la Asociación Internacional de Teatro Español y Novohispano de los Siglos de Oro (17-20 de marzo de 1993, Ciudad Juárez)*. México: Universidad Autónoma de Ciudad Juárez, 1994. 75-94.

―――― "Venus y Adonis en Calderón y Sor Juana. La primera ópera americana, ¿en la Nueva España?" *Relaciones literarias entre España y América en los siglos XVI y XVII*. México: Universidad Autónoma de Ciudad Juárez, 1992. 137-152.

Hernández Sánchez-Barba, Mario. "El inconformismo epocal de Sigüenza y Góngora". "El criollismo de Sor Juana Inés de la Cruz". *Historia y literatura en hispano-américa (1492-1820)*. Madrid: Fundación Juan March y Editorial Castalia, 1978. 269-281.

Herrera Zapién, Francisco. *Buena fe y humanismo en Sor Juana; diálogos y ensayos, las obras latinas, los sorjuanistas recientes*. México: Porrúa, 1984.

Hidalgo Ramírez, Antonieta Guadalupe. *El pensamiento filosófico en la obra de Sor Juana Inés de la Cruz*. Tesis de Licenciatura en Filosofía, Escuela de Filosofía, Universidad Intercontinental [México], 1990.

Hoberman, Louisa Schell. "Conclusion". *Cities and Society in Colonial Latin America*. Louisa Schell Hoberman y Susan Midgen Socolow, eds. Albuquerque: University of New Mexico Press, 1991. 313-331.

_____ y Susan Midgen Socolow, eds. *Cities and Society in Colonial Latin America*. Albuquerque: University of New Mexico Press, 1991.

Iglesia, Ramón. "La mexicanidad en Don Carlos de Sigüenza y Góngora". *El hombre Colón y otros ensayos*. México: Fondo de Cultura Económica, 1986. 182-198.

Iñiguiz, Juan B. "Catálogo de las obras de y sobre sor Juana de la Cruz existentes en la Biblioteca Nacional". *Boletín de la Biblioteca Nacional-segunda época*. Tomo II. 4 (octubre-diciembre 1951): 9-18.

Irigaray, Luce. *Speculum of the Other Woman*. Ithaca, NY: Cornell University Press, 1989.

_____ *This Sex Which is not One*. Ithaca, NY: Cornell University Press, 1990.

Jaggar, Alison M. y Susan R. Bordo, eds. *Gender/Body/Knowledge. Feminist Reconstructions of Being and Knowing*. New Brunswick/Londres: Rutgers University Press, 1989.

JanMohamed, Abdul R. y David Lloyd, eds. *The Nature and Context of Minority Discourse*. New York/Oxford: Oxford University Press, 1990.

Jara, René y Nicholas Spadaccini, eds. "Introduction: The Construction of a Colonial Imaginary, Columbus's Signature". *Amerindian Images and the Legacy of Columbus*. Minneapolis: University of Minnesota Press, 1992. 1-95.

_____ *1492-1992: Re/Discovering Colonial Writing*. Hispanic Issues 4. Minneapolis: The Prisma Institute, 1989.

Jed, Stephanie. "The Tenth Muse: Gender, Rationality and Marketing of Knowledge". *Women, 'Race' and Writing in the Early Modern Period*. Londres/Nueva York: Routledge, 1994. 195-208.

Jiménez Rueda, Julio. *Santa Teresa y sor Juana: un paralelo imposible*. Discurso de ingreso en la Academia Mexicana correspondiente de la Española, leído el 23 de octubre de 1942, y respuesta del académico de número Genaro Fernández Mec Gregor. México: 1943.

Johnson, Julie Greer. "La obra satírica de Sor Juana". *Relecturas del Barroco de Indias*. Hanover: Ediciones del Norte, 1994. 97-116.

_____ *Satire in Colonial Spanish America*. Austin, TX: University of Texas Press, 1993.

_____ "The Feminine Perspective". *Women in Colonial Spanish American Literature: Literary Images*. Westport, CT: Greenwood Press, 1983. 157-169.

Jones, Ann Rosalind. "Introduction: Imitation, Negotiation, Appropiation". *The Currency of Eros. Women's Love Lyric in Europe, 1540-1620*. Bloomington: Indiana University Press, 1990. 1-10.

Jones, Cyril. "El negro en los juegos religiosos de villancicos en México y España". *Estudios de literatura hispanoamericana en honor a José J. Arrom*. Chapel Hill: University of North Carolina; Department of Romance Languages, 1974. 59-69.

Judovitz, Dalia. *Subjectivity and Representation in Descartes. The Origins of Modernity*. Cambridge: Cambridge University Press, 1988.

Kanev, Venko. "Lo español y lo americano en sor Juana Inés de la Cruz". *Las relaciones literarias entre España e Iberoamerica. XXIII Congreso del Instituto Internacional de Literatura Iberoamericana*. Madrid: Instituto de Cooperación Iberoamericana. Facultad de Filología. Universidad Complutense, 1987. 211-15.

Karttunen, Frances. "The Nahuatl Language in the Works of Sor Juana". Ponencia presentada en *Sor Juana Inés de la Cruz: Her Life and Times*. University of Texas-Austin, February 10-11, 1995.

Klor de Alva, José Jorge. "Colonialism and Postcolonialism as (Latin) American Mirages". *Colonial Latin American Review* 1/1-2 (1992): 3-23.

_____ *Introduction to Mexican Philosophy*. Tesis doctoral, California State College, San José, 1972.

Krynen, Jean. "Mito y teología en *El Divino Narciso* de Sor Juana Inés de la Cruz". *Actas del tercer congreso internacional de hispanistas*. Carlos Magis, ed. México: El Colegio de México, 1970. 501-505.

Kuznesof, Elizabeth Anne. "Ethnic and Gender Influences on 'Spanish' Creole Society in Colonial Spanish America". *Colonial Latin American Review* 4/1 (1995): 153-176.

_____ "The Construction of Gender in Colonial Latin America". *Colonial Latin American Review* 1/1-2 (1992): 253-270.

Lafaye, Jacques. "¿Existen las letras coloniales?" *Conquista y contraconquista. La escritura del Nuevo Mundo*. Julio Ortega y José Amor y Vázquez, eds. México/Rhode Island: Colegio de México y Brown University, 1994. 641-650.

_____ *Quetzalcoatl and Guadalupe: the formation of Mexican National Consciousness 1531-1813*. Chicago: University of Chicago Press, 1976.

_____ *Sor Juana Inés de la Cruz, nueva fénix de México*. México: Claustro de Sor Juana, 1981.

Larroyo, Francisco. "La educación en México: la figura de Sor Juana Inés". *Periódico Excelsior.* Suplemento "Diorama de la Cultura", 4 de noviembre de 1951; 9C y 11C.

____ "Sor Juana y la defensa de la educación femenina". *Filosofía y letras* 28/55-56 (julio-diciembre 1954): 197-202.

Lauretis, Teresa de, ed. *Feminist Studies/Critical Studies.* Bloomington: Indiana University Press, 1987.

____ *Technologies of Gender. Essays on Theory, Film, and Fiction.* Bloomington: Indiana University Press, 1987.

Lavrin, Asunción. "Female Religious". *Cities and Society in Colonial Latin America.* Louisa Schell Hoberman y Susan M. Socolow, eds. Albuquerque: University of Mexico Press, 1991. 165-195.

____ "Lo femenino: Women in Colonial Historical Sources". *Coded Encounters. Writing, Gender, and Ethnicity in Colonial Latin America.* Francisco Javier Cevallos-Candau, et. al, eds. Amherst: University of Massachussetts Press, 1994. 153-176.

____ "Unlike Sor Juana? The Model Nun in the Religious Literature of Colonial Mexico". *Feminist Perspectives on Sor Juana Inés de la Cruz.* Stephanie Merrim, ed. Detroit: Wayne State University Press, 1991. 61-85.

____ "Vida conventual: rasgos históricos". *Sor Juana y su mundo.* Sara Poot Herrera, ed. México: Universidad del Claustro de Sor Juana, 1995. 35-91.

Lavrin, Asunción, ed. *Sexuality and Marriage in Colonial Latin America.* Lincoln/London: University of Nebraska Press, 1992.

Leal, Luis. "El hechizo derramado: elementos mestizos de Sor Juana". *"Y diversa de mí misma entre vuestras plumas ando": Homenaje internacional a Sor Juana Inés de la Cruz.* Sara Poot Herrera, ed. México: El Colegio de México, 1993. 185-200.

____ "El tocotín mestizo de Sor Juana". *Abside* 18/1 (1954): 51-64.

Lemus, George. "El feminismo de Sor Juana Inés de la Cruz en *Los empeños de una casa*". *Letras femeninas* 11 [Beaumont, Texas] (1985): 21-29.

León, Tonia J. *Sor Juana Inés de la Cruz's 'Primero sueño': A Lyric Expression of Seventeenth Century Scientific Thought.* Tesis Doctoral: Departamento de Español y Portugués, New York University, 1989.

León-Portilla, Miguel. *La filosofía nahuatl.* México: UNAM, 1993.

____ "Pre-Hispanic Thought". *Major Trends in Mexican Philosophy.* Mario de la Cueva et. al., eds. A. Robert Caponigri, trad. Notre Dame/London: University of Notre Dame Press, 1966. 2-57.

Leonard, Irving A. *La época barroca en el México colonial.* México: Fondo de Cultura Económica, 1990.

Lima, Lezama. *La expresión americana.* La Habana: Instituto Nacional de Cultura, 1957.

Lockhart, James. *The Nahuas: After the Conquest*. Stanford: Stanford University Press, 1992.

_____ y Stuart B. Schwartz. *Early Latin America. A History of Colonial Spanish America and Brazil*. Cambridge: Cambridge University Press, 1989.

Loera de la Llave, Marco Antonio. "'Sirtes tocando/de imposibles' en Sor Juana Inés de la Cruz". *Cuadernos americanos* 2/265 (marzo-abril 1986): 128-160.

Logan. Brenda. "The Kaleidoscopic Self: Sor Juana Inés de la Cruz in Her Own Poetry". *Letras femeninas* 11 [Beaumont, Texas] (1985): 76-83.

López Cámara, Francisco. "El cartesianismo en Sor Juana y Sigüenza y Góngora". *Filosofía y letras* 19-20/39 (julio-setiembre 1950): 107-131.

_____ "El pensamiento social. Sor Juana y su americanismo". *Periódico Excelsior*. Sección: "Diorama de la cultura." [México] 4 de noviembre de 1951. 9C; 11C.

_____ "La conciencia criolla en Sor Juana y Sigüenza". *Historia mexicana* [México] 6/3 (enero-marzo 1957): 350-373.

_____ "Las ideas científicas de Sor Juana". *Periódico Novedades*. Suplemento "México en la cultura." [México] 11 de noviembre de 1951. Página seis.

_____ "Primera parte: Tres expresiones de la conciencia criolla colonial". *La génesis de la conciencia liberal en México*. México: UNAM, 1988. 17-122.

López González, Aralia. "Anticipaciones feministas en la vida y en la obra de Sor Juana Inés de la Cruz". *"Y diversa de mí misma entre vuestras plumas ando": Homenaje Internacional a Sor Juana Inés de la Cruz*. Sara Poot-Herrera, ed. México: El Colegio de México, 1994. 341-348.

López Mena, Sergio. "Precisar lo literario en los textos coloniales, una necesidad metodológica". *La literatura novohispana. Revisión crítica y propuestas metodológicas*. José Pascual Buxó y Arnulfo Herrera, eds. México: UNAM, 1994. 361-369.

Luciani, Frederick. "El amor desfigurado: El ovillejo de Sor Juana Inés de la Cruz". *Texto Crítico* 34-35 (1986): 11-48.

_____ "Recreaciones de Sor Juana en la narrativa y teatros hispano/norteamericanos, 1952-1988". *"Y diversa de mí misma entre vuestras plumas ando": Homenaje Internacional a Sor Juana Inés de la Cruz*. Sara Poot-Herrera, ed. México: El Colegio de México, 1994. 395-408.

_____ "Sor Juana Inés de la Cruz: epígrafe, epíteto, epígono". *Letras femeninas* 11 [Beaumont, Texas] (1985): 84-90.

_____ "The Burlesque Sonnets of Sor Juana Inés de la Cruz". *Hispanic Journal* 8/1 (1966): 85-95.

Ludmer, Josefina. "Tretas del débil". *La sartén por el mango: Encuentro de escritoras latinoamericanas*. Patricia Elena González, ed. Puerto Rico: Huracán, 1985. 47-54.

Luiselli, Alessandra. "Tríptico virreinal: los tres sonetos a la rosa de Sor Juana Inés de la Cruz". *"Y diversa de mí misma entre vuestras plumas ando": Homenaje Internacional a Sor Juana Inés de la Cruz.* Sara Poot-Herrera, ed. México: El Colegio de México, 1994. 137-157.

Luzuriaga, Gerardo. "Siguenza y Góngora y Sor Juana: disidentes de la cultura oficial". *Cuadernos americanos* 242 (mayo-junio 1982): 140-162.

Maldonado, Humberto. "La evolución de la loa en la Nueva España: de González de Eslava a Sor Juana". *El escritor y la escena. Actas al I Congreso de la Asociación Internacional de Teatro Español y Novohispano de los Siglos de Oro (18-21 de marzo de 1992, Ciudad Juárez).* México: Universidad Autónoma de Ciudad Juárez, 1993. 77-94.

Maravall, José Antonio. "From the Renaissance to the Baroque: The Diphasic Schema of a Social Crisis". *Literature Among Discourses. The Spanish Golden Age.* Wlad Godzich y Nicholas Spadaccini, ed. Minneapolis: University of Minnesota Press, 1986. 3-40.

_____ *La cultura del barroco.* Barcelona, Caracas, México: Ariel, 1981.

Mariscal Hay, Beatriz. "Una 'mujer ignorante': Sor Juana, interlocutora de virreyes". *"Y diversa de mí misma entre vuestras plumas ando": Homenaje Internacional a Sor Juana Inés de la Cruz.* Sara Poot-Herrera, ed. México: El Colegio de México, 1994. 91-99.

_____ "Voces novohispanas: silencios de nuestra historia literaria". *La literatura novohispana. Revisión crítica y propuestas metodológicas.* José Pascual Buxó y Arnulfo Herrera, eds. México: UNAM, 1994. 329-337.

Mata Lozano, Juan Javier. *Arte emblemático y simbología política: Sor Juana y Sigüenza y Góngora.* Tesis de Licenciatura en Lengua y Literatura Hispánicas, UNAM, Facultad de Filosofía y Letras, 1994.

Mayagoitia, David. *Ambiente filosófico en la Nueva España.* México: Editorial Jus, 1945.

Mayoral, José Antonio. "Poética y retórica de un subgénero popular. Los villancicos-'ensalada' de sor Juana Inés de la Cruz". *Las relaciones literarias entre España e Iberoamerica. XXIII Congreso del Instituto Internacional de Literatura Iberoamericana.* Madrid: Instituto de Cooperación Iberoamericana, Facultad de Filología, Universidad Complutense, 1987. 217-30.

Maza, Francisco de la. "Neptuno y Sor Juana". *La mitología clásica en el arte colonial de México.* México: UNAM, Instituto de Investigaciones Estéticas, 1968. 107-21.

_____ *Sor Juana Inés de la Cruz ante la historia. (Biografías antiguas. La fama de 1700. Noticias de 1667 a 1892).* Revisado por Elías Trabulse. México: UNAM, 1980.

McKendrick, Melveena. *Woman and Society in the Spanish Drama of the Golden Age. A Study of the **mujer varonil**.* Cambridge: Cambridge University Press, 1974.

Melano Couch, Beatriz. "Sor Juana Inés de la Cruz: The First Woman Theologian in the Americas". *The Church and Women in the Third World*. John C. B. Webster y Ellen Low Webster, eds. Philadelphia: Westminster Press, 1985. 51-57.

Meléndez, Concha. "Sor Juana y los negros". *Signos de Iberoamérica*. México: Imp. Manuel León Sánchez, 1936. 85-88.

Memmi, Albert. *The Colonizer and the Colonized*. Boston: Beacon Press, 1990.

Méndez Plancarte, Alfonso. *Crítica de críticas*. s.l.: Las Hojas del Mate, 1982.

Méndez-Plancarte, Gabriel. *Humanismo mexicano del siglo XVI*. México: UNAM, 1946.

_____ Introducción. *Humanistas del siglo XVIII*. México: UNAM, 1941. VII-XXX.

_____ "Reminiscencias de Horacio en nuestra literatura de los siglos XVI y XVII: Dr. Francisco de Salazar. Bernardo de Balbuena. Sor Juana Inés de la Cruz". *Horacio en México*. México: Ediciones de la Universidad Nacional, 1937. 3-10.

Merrim, Stephanie, ed. *Feminist Perspectives on Sor Juana Inés de la Cruz*. Detroit: Wayne State University Press, 1991.

_____ "Narciso desdoblado: Narcissistic Stratagems in *El Divino Narciso* and the *Respuesta a Sor Filotea de la Cruz*". *Bulletin of Hispanic Studies* 64/2 (1987): 111-117.

_____ "*Mores Geometricae*: The 'Womanscript' in the Theater of Sor Juana Inés de la Cruz". *Feminist Perspectives on Sor Juana Inés de la Cruz*. Stephanie Merrim. ed. Detroit: Wayne State University Press, 1991. 94-123.

Mignolo, Walter. "La lengua, la letra, el territorio (o la crisis de los estudios literarios coloniales)". *Dispositio* 11/28-29. 137-160.

_____ *The Darker Side of the Renaissance. Literacy, Territoriality, and Colonization*. Ann Arbor: The University of Michigan Press, 1995.

Mitchell, Juliet. "Femininity, Narrative and Psychoanalysis". *Modern Criticism and Theory*. David Lodge, ed. New York: Longman, 1990. 426-30.

Mohanty, Chandra Talpade *et. al.*, eds. Introduction. *Third World Women and the Politics of Feminism*. Bloomington/Indianapolis: Indiana University Press, 1991. 1-47.

Moi, Toril. *Sexual/Textual Politics*. London: Routledge, 1991.

Molloy, Sylvia. *At Face Value: Autobiographical Writing in Spanish America*. Cambridge: Cambridge University Press, 1991.

Monguió, Luis. "Compañía para Sor Juana: Mujeres cultas en el virreinato del Perú". *University of Dayton Review* 16/2 (Spring 1983): 45-52.

Monterde, Francisco. "Un aspecto del teatro profano de Sor Juana Inés de la Cruz". *Revista de Filosofía y Letras* [UNAM] (abril-junio 1946): 247-57.

Moraña, Mabel. "Apologías y defensas: discursos de la marginalidad en el barroco hispanoamericano". *Relecturas del Barroco de Indias*. Hanover: Ediciones del Norte, 1994. 31-58.

_____ "Barroco y conciencia criolla en Hispanoamérica". *Revista de Crítica Literaria Latinoamericana* 14/28 (1988): 229-251.

_____ "Colonialismo y construcción de la nación criolla en Sor Juana Inés de la Cruz". *Viaje al silencio. Exploraciones del discurso barroco*. México: UNAM, 1998. 199-215.

_____ "Formación del pensamiento crítico-literario en Hispanoamérica: Epoca colonial". *Revista de Crítica Literaria Latinoamericana* 16/31-32 (1990): 255-265.

_____ Introducción. *Relecturas del Barroco de Indias*. Hanover: Ediciones del Norte, 1994. I-XII.

_____ "La retórica del silencio en Sor Juana Inés de la Cruz". *Viaje al silencio. Exploraciones del discurso barroco*. México: UNAM, 1998. 153-198.

_____ "Orden dogmático y marginalidad en la Carta de Monterrey de Sor Juana Inés de la Cruz". *Hispanic Review* 58/2 (Spring 1990): 205-225.

_____ "Orden dogmático y marginalidad en la Carta de Monterrey de Sor Juana Inés de la Cruz". *Viaje al silencio. Exploraciones del discurso barroco*. México: UNAM, 1998. 65-86.

_____ "Para una relectura del Barroco hispanoamericano: Problemas críticos e historiográficos". *Revista de Crítica Literaria Latinoamericana* 15.29 (1989): 219-231.

_____ "Poder, raza y lengua: la construcción étnica del Otro en los villancicos de Sor Juana". *Colonial Latin American Review* 4/2 (1995): 139-154.

_____ "Sor Juana y sus otros. Núñez de Miranda o el amor del censor". *Viaje al silencio. Exploraciones del discurso barroco*. México: UNAM, 1998. 141-151.

_____ *Viaje al silencio. Exploraciones del discurso barroco*. México: UNAM, 1998.

Moraña, Mabel, ed. *Mujer y cultura en la colonia hispanoamericana*. Pittsburgh: Biblioteca de América, 1996.

Moreno, Rafael. "Modern Philosophy in New Spain". *Major Trends in Mexican Philosophy*. Mario de la Cueva, ed. A. Robert Caponigri, trad. Notre Dame/London: University of Notre Dame Press, 1966. 130-183.

Morhardt, Constance Conn. *The Rationalist Nature of the Lyrical Poetry of Sor Juana Inés de la Cruz*. Ann Arbor, MI: University Microfilms International. Tesis Doctoral, Yale University, Faculty of the Graduate School, 1975.

Muciño Ruiz, José Antonio. "La nueva teoría literaria frente a la literatura novohispana". *La literatura novohispana. Revisión crítica y propuestas metodológicas*. José Pascual Buxó y Arnulfo Herrera, eds. México: UNAM, 1994. 371-376.

Muñiz-Huberman, Angelina. "Las claves de Sor Juana". *"Y diversa de mí misma entre vuestras plumas ando": Homenaje Internacional a Sor Juana Inés de la Cruz.* Sara Poot-Herrera, ed. México: El Colegio de México, 1994. 315-325.

Muriel, Josefina. *Conventos de monjas en la Nueva España.* México: Editorial Santiago, 1946.

_____ *Cultura femenina novohispana.* México: UNAM, 1982.

_____ *Las mujeres de hispanoamérica: época colonial.* Madrid: Editorial MAPFRE, 1992.

_____ "Lo que leían las mujeres en la Nueva España". *La literatura novohispana. Revisión crítica y propuestas metodológicas.* Ed. José Pascual Buxó y Arnulfo Herrera. México: UNAM, 1994. 159-173.

_____ *Los recogimientos de mujeres: respuesta a una problemática social novohispana.* México: Instituto de Investigaciones Históricas, 1974.

Nandy, Ashis. *The Intimate Enemy. Loss and Recovery of Self Under Colonialism.* Delhi: Oxford University Press, 1992.

Narayan, Uma. "The Project of Feminist Epistemology: Perspectives from a Nonwestern Feminist". *Gender/Body/Knowledge. Feminist Reconstructions of Being and Knowing.* Alison M. Jaggar y Susan R. Bordo, eds. New Brunswick y Londres: Rutgers University Press, 1989. 256-269.

Navarro, Bernabé. *La introducción de la filosofía moderna en México.* México: El Colegio de México, 1948.

Nervo, Amado. *Juana de Asbaje. Contribución al centenario de la independencia de México.* México: Consejo Nacional para la Cultura y las Artes, 1994.

Newby, Edith O. "Sor Juana Inés de la Cruz, científica". *Revista hispánica moderna* [Columbia University, New York] 20/3 (julio 1954): 17-22.

Nicholson, Irene. "Sor Juana Inés de la Cruz. A study in intellectual devotion". *Mexico Quarterly Review* 1/3 (Summer 1962): 141-153.

O'Gorman, Edmundo. "America". *Major Trends in Mexican Philosophy.* Mario de la Cueva, ed. *et. al.* Robert Caponigri, trad. Notre Dame and London: University of Notre Dame Press, 1966. 59-91.

_____ *Meditaciones sobre el criollismo.* México: Centro de estudios de historia de México, 1970.

_____ *La invención de América. Investigación acerca de la estructura histórica del nuevo mundo y del sentido de su devenir.* México: Fondo de Cultura Económica, 1986.

Oropeza Martínez, Roberto ed. Introducción. *Obra poética. Los empeños de una casa* de Sor Juana Inés de la Cruz. México, D. F.: Ediciones Ateneo S. A., 1982. 5-10.

Ortega, Julio y José Amor Vázquez, eds. *Conquista y contraconquista. La escritura del Nuevo Mundo.* México y Rhode Island: Colegio de México y Brown University, 1994.

Ortiz, Fernando. "Del fenómeno social de la 'transculturación' y de su importancia en Cuba". *Contrapunteo cubano del tabaco y el azúcar*. La Habana: Editorial de Ciencias Sociales, 1983. 86-90.

Osorio Romero, Ignacio. *Conquistar el eco: la paradoja de la conciencia criolla*. México: UNAM, 1989.

Paredes. Américo. "Mexican Legendry and the Rise of the Mestizo: A Survey". *American Folk Legend*. W.D. Hand, ed. Berkeley-Los Angeles: University of California Press, 1971. 97-107.

Partida Tayzán, Armando. "El sincretismo indígena-hispánico de las manifestaciones parateatrales en el territorio mexicano". *Cuadernos americanos* 2.5 (1988): 27-38.

Pascual-Buxó, José. *Arco y certamen en la poesía mexicana colonial siglo XVII*. México: Universidad Veracruzana, Colección Cuadernos de Filosofía y letras, num. 2, 1987.

____ *Sor Juana Inés de la Cruz en el conocimiento de su sueño*. México: UNAM, 1984.

____ "Sor Juana egipciana: aspectos neoplatónicos de 'El sueño'". *Mester* 18/2 (Fall 1989): 1-17.

Pascual Buxó, José y Arnulfo Herrera, eds. *La literatura novohispana. Revisión crítica y propuestas metodológicas*. Méxixo: UNAM, 1994.

Pasquariello, Anthony. M. "The entremés in Sixteenth-Century Spanish America". *Hispanic American Historical Review* 32 (1952): 44-58.

____ "The Evolution of the Loa in Spanish America". *Latin American Theater Review* 3 (1970): 5-19.

____ *The Entremés, Sainete and Loa in the Colonial Theater of Spanish America*. Michigan: University of Michigan, Ann Arbor, 1950.

Pastor, Beatriz. *Discursos narrativos de la conquista: mitificación y emergencia*. Hanover: Ediciones del Norte, 1988.

Paz, Octavio. *El laberinto de la soledad*. México: Fondo de Cultura Económica, 1979.

____ "Homenaje a Sor Juana Inés de la Cruz en su tercer centenario (1651-1695)". *Sur* 206 (diciembre 1951): 29-40.

____ "Ritos políticos en la Nueva España". *Revista Vuelta* 3/35 (octubre 1979): 4-9.

____ *Sor Juana Inés de la Cruz o las trampas de la fe*. México: Fondo de Cultura Económica, 1990.

Pellarolo, Silvia. "Des-centrando el sujeto escriturario en "El Sueño" de Sor Juana". Ponencia leída en la conferencia *Women Speak: feminismo, cultura e historia* (13 de abril de 1991), Universidad de California en Irvine.

Perelmuter Pérez, Rosa. "La estructura retórica de la *Respuesta a sor Filotea*". *Hispanic Review* 51/2 (Spring 1983): 147-158.

_____ *Noche intelectual: la oscuridad idiomática en el* **Primero sueño**. México: UNAM, Instituto de Investigaciones Filológicas, Centro de Estudios Literarios, 1982.

Pérez, María E. *Lo americano en el teatro de Sor Juana Inés de la Cruz*. New York: Eliseo Torres, 1975.

Pérez Martínez, Herón. *Estudios sorjuanianos*. Colección Literatura. Morelia, Michoacán: Gobierno del Estado de Michoacán, Instituto Michoacano de Cultura, 1988.

Pfandl, Ludwig. *Sor Juana Inés de la Cruz. La décima musa de México: su vida, su poesía, su psique*. México: UNAM-Instituto de Investigaciones Estéticas, 1963.

Picón Salas, Mariano. *De la conquista a la independencia*. México: Fondo de Cultura Económica, 1944.

Pizarro, Ana. "Sobre las direcciones del comparatismo en América Latina". *Casa de las Américas* 23/135 (noviembre-diciembre 1982): 40-49.

Pizarro, Ana, ed. *América Latina: Palavra, Literatura e Cultura*. Volume I: A Situação Colonial. Campinas, Brasil: Editora da Unicamp, 1993.

Poot Herrera, Sara. "Los criollos: nota sobre su identidad y cultura". *Colonial Latin American Review* 4/1 (1995): 177-183.

_____, ed. *Sor Juana y su mundo*. México: Universidad del Claustro de Sor Juana, 1995.

_____, ed. *"Y diversa de mí misma entre vuestras plumas ando": Homenaje internacional a Sor Juana Inés de la Cruz*. México: El Colegio de México, 1993.

Portuondo, José Antonio. "El barroco latinoamericano, expresión de un proceso midatorio". *Nuestra América*. México: UNAM. Centro Coordinador y Difusor de Estudios Latinoamericanos. Director: Leopoldo Zea. 1/3 (septiembre-diciembre 1980): 25-25.

Posada Mejía, Germán. *Nuestra América, notas de historia cultural*. Bogotá: Publicaciones del Instituto Caro y Cuervo, 1959.

_____ "Sigüenza y Góngora historiador". *Revista de Historia de América* 28 (diciembre 1949): 357-406.

Preminger, Alex et. al. *Princeton Encyclopedia of Poetry and Poetics*. Princeton: Princeton University Press, 1974.

Puccini, Darío. "La poesía de Sor Juana Inés de la Cruz en sus vértices imaginativos". *Cuadernos americanos* 27/158 (mayo-junio 1968): 197-208.

_____ La tradición mágico-hermética y la literatura científica en el siglo XVII". *América Latina: Palavra, Literatura e Cultura*. Volume I: A Situação Colonial. Ana Pizarro, ed. Campinas, Brasil: Editora da Unicamp, 1993. 277-295.

_____ "Los 'villancicos' de Sor Juana Inés de la Cruz". *Cuadernos americanos* 24/142 (septiembre-octubre 1965): 223-252.

Quesada, Vicente G. *La vida intelectual en la América española durante los siglos XVI, XVII y XVIII.* Buenos Aires: Ed. La Cultura Argentina, 1917.

Quezada, Noemí. *Sexualidad, amor y erotismo. México prehispánico y México colonial.* México: UNAM y Plaza y Valdés, 1996.

Rabasa, José. "Dialogue as Conquest: Mapping Spaces for Counter-Discourse". *The Nature and Context of Minority Discourse.* Abdul R. JanMohamed y David Lloyd, eds. New York/Oxford: Oxford University Press, 1990. 187-215.

Radhakrishnan, R. "Ethnic Identity and Post-Structuralist Difference". *The Nature and Context of Minority Discourse.* Abdul R. JanMohamed y David Lloyd, eds. New York/Oxford: Oxford University Press, 1990. 50-71.

_____ "Nationalism, Gender, and the Narrative of Identity". *Nationalisms and Sexualities.* Andrew Parker, Mary Russo, Doris Sommer y Patricia Yaeger, eds. Nueva York: Routledge, 1992. 77-95.

_____ "Negotiating Subject Positions in an Uneven World". *Feminism and Institutions: Dialogues on Feminist Theory.* Linda Kauffman, ed. Cambridge, MA: Basil Blackwell, 1989. 276-290.

Ramírez España, Guillermo. *La familia de Sor Juana. Documentos inéditos.* México: Imprenta Universitaria, 1947.

Ramos, Samuel. *Historia de la filosofía en México.* México: Imprenta Universitaria, 1943.

Real Academia Española, ed. *Homenaje a Sor Juana Inés de la Cruz en el tercer centenario de su nacimiento.* Madrid: S. Aguirre Impresor, 1952.

Redmond, Walter Bernard y Mauricio Beuchot. *La lógica mexicana en el Siglo de Oro.* México, DF: UNAM, 1985.

Reyna, María del Carmen. *El convento de San Jerónimo. Vida conventual y finanzas.* México: Instituto Nacional de Antropología e Historia, 1990.

Ricard, Robert. "Reflexiones sobre "el sueño" de Sor Juana Inés de la Cruz". *Revista de la Universidad de México* 30/4 (diciembre 1975-enero 1976): 25-32.

_____ *Une poétesse mexicaine du XVIIe siècle; Sor Juana Inés de la Cruz.* París: Université de París, Institute des Hautes Etudes de l'Amerique Latine, 1954.

Ríos Ávila, Rubén. "Las vicisitudes de Narciso: Lezama, Sor Juana y la poesía del conocimiento". *Revista de Estudios Hispánicos* [San Juan, Puerto Rico] 19 (1992): 395-410.

Rivera, Agustín. "Dos monjas teólogas escolásticas". *Entretenimientos de un enfermo, El cempazuchil.* Lagos: Ausencio López Arce, Impresor, 1981. 54-66.

_____ *La filosofía en la Nueva España.* Tipografía de Vicente Veloz a cargo de A. López Arce, 1886.

Rivers, Elias. "Diglossia in New Spain". *University of Dayton Review* 16/2 (Spring 1983): 9-12.

_____ "Indecencias de una monjita mejicana". *Homenaje a William L. Fichter.* A. D. Kossoff y J. Amor y Vázquez, eds. Madrid: Castalia, 1976. 633-7.

Robinson, Sally. *Engendering the Subject. Gender and Self-Representation in Contemporary Women's Fiction.* New York: State University of New York Press, 1991.

Roggiano, Alfredo. "Acerca de dos barrocos: el de España y el de América". *XVII Congreso del Instituto Internacional de Literatura Iberoamericana.* Primer Tomo: El Barroco en América. Madrid: Ediciones Cultura Hispánica, 1978. 39-47.

_____ "Conocer y hacer en Sor Juana Inés de la Cruz". *Revista de Occidente* Tercera Epoca, 1977.

_____ "Para una teoría de un Barroco hispanoamericano". *Relecturas del Barroco de Indias.* Mabel Moraña, ed. Hanover: Ediciones del Norte, 1994. 1-16.

Rojas, Margarita. "Sor Juana Inés de la Cruz: represión y subversión". *Las poetas del buen amor. La escritura transgresora de Sor Juana Inés de la Cruz, Delmira Agustini, Juana de Ibarbourou, Alfonsina Storni.* Caracas: Monte Ávila, 1991. 57-84.

Rojas Bez, José. "Sor Juana y 'El Divino Narciso'" síntesis americanista del 'matrimonio divino'". *Cuadernos Americanos* 7/1 (enero-abril 1988): 47-63.

Rojas Garcidueñas, José. "Sor Juana y don Carlos de Sigüenza y Góngora". *Anales del Instituto de Investigaciones Estéticas* 23 (1964): 51-65.

Romanell, Patrick. *Making of the Mexican Mind; A Study in Recent Mexican Thought.* Nebraska: University of Nebraska Press, 1952.

Ross, Kathleen. "Carlos Sigüenza y Góngora y la cultura del barroco hispanoamericano". *Relecturas del Barroco de Indias.* Mabel Moraña, ed. Hanover: Ediciones del Norte, 1994. 223-244.

_____ *The Baroque Narrative of Carlos de Sigüenza y Góngora.* Cambridge: Cambridge University Press, 1993.

Sabat-Rivers, Georgina. "A Feminist Rereading of Sor Juana's *Dream*". *Feminist Perspectives on Sor Juana Inés de la Cruz.* Stephanie Merrim, ed. Detroit: Wayne State University Press, 1991. 142-161.

_____ "A propósito de Sor Juana Inés de la Cruz: Tradición poética del tema 'sueño' en España. *Modern Language Notes* 84 (1969): 171-195.

_____ "Apología de América y del mundo azteca en tres loas de Sor Juana". *Revista de Estudios Hispánicos* [San Juan, Puerto Rico] (1992): 267-291.

_____ "Biografías: Sor Juana vista por Dorothy Schons y Octavio Paz". *Revista Iberoamericana* LI/132-133 (julio-diciembre 1985): 927-937.

_____ "Blanco, negro, rojo: semiosis racial en los villancicos de Sor Juana Inés de la Cruz". *Crítica Semiológica de Textos Literarios Hispánicos.* Volumen II de las Actas del Congreso Internacional sobre semiótica e Hispanismo celebrado en Madrid, 20-25 de junio de 1983. 247-255.

____ "*Ejercicios de la Encarnación*: sobre la imagen de María y la decisión final de Sor Juana". *Estudios de literatura hispanoamericana. Sor Juana Inés de la Cruz y otros poetas barrocos de la colonia*. Barcelona: Promociones y Publicaciones Universitarias, S.A., 1992. 257-282.

____ "El Neptuno de Sor Juana: fiesta barroca y programa político". *Estudios de literatura hispanoamericana. Sor Juana Inés de la Cruz y otros poetas barrocos de la colonia*. Barcelona: Promociones y Publicaciones Universitarias, S.A., 1992. 241-256.

____ *El "Sueño" de Sor Juana Inés de la Cruz: Tradiciones literarias y originalidad*. Londres: Támesis, 1976.

____ *En busca de Sor Juana*. México: UNAM, 1998.

____ *Estudios de literatura hispanoamericana. Sor Juana Inés de la Cruz y otros poetas barrocos de la Colonia*. Barcelona: Promociones y Publicaciones Universitarias, S.A., 1992.

____ "Introducción" a *Inundación castálida* de Sor Juana Inés de la Cruz. Madrid: Castalia, 1982. 9-81.

____ "Loa del auto a San Hermenegildo: Sor Juana frente a la autoridad de la sabiduría antigua". *Modern Language Association Conference*. Ontario, Canada. December 1993.

____ "Los problemas de la 'Segunda Celestina'". *Nueva revista de filología hispánica* 40/1 (1992): 493-512.

____ "Mujer, ilegítima y criolla: en busca de Sor Juana". *Crítica y descolonización: El sujeto colonial en la cultura latinoamericana*. Beatriz González y Lucia Costigan, eds. Caracas: Biblioteca de la Academia Nacional de la Historia, 1992. 397-418.

____ Sor Juana: bibliografía. Las ediciones de Fama de Lisboa y Barcelona, 1701". *Homenaje a José Durand*. Luis Cortest, ed. Madrid: Editorial Verbum, 1993. 16-36.

____ "Sor Juana: feminismo y americanismo en su romance a la duquesa de Aveiro". *5 Foro Hispánico: La mujer en la literatura hispánica de la Edad Media y el Siglo de Oro* (1993): 101-109.

____ "Sor Juana Inés de la Cruz y Gertrudis Gómez de Avellaneda: dos voces americanas en defensa de la mujer". *Homenaje a Gertrudis Gómez de Avellaneda: Memorias del simposio en el centenario de su muerte*. Rosa M. Cabrera y Gladys B. Zaldívar, eds. Miami: Editores Universal, 1981. 99-110.

____ "Sor Juana Inés de la Cruz y la cultura virreinal". *University of Dayton Review* 16/2 (Spring 1983): 118.

____ "Veintiún sonetos de Sor Juana y su casuística del amor". *Sor Juana y su mundo*. Sara Poot Herrera, ed. México: Universidad del Claustro de Sor Juana, 1995. 395-445.

Sabourin Fornaris, Jesús. *Sor Juana Inés de la Cruz: entre el soñar y el callar*. La Habana: Unión de Escritores y Artistas de Cuba, 1991.

Said, Edward. *Orientalism*. New York: Random House, 1979.

Salstad, M. Louise. "El símbolo de la fuente en 'El Divino Narciso' de Sor Juana Inés de la Cruz". *Explicación de textos literarios* 9/1 (1980-81): 41-46.

Sánchez Robayna, Andrés. *Para leer "Primero sueño" de Sor Juana Inés de la Cruz*. México: Fondo de Cultura Económica, 1991.

San José Azueta, Imanol. "Sobre una posible influencia hermética en *El divino Narciso* de Sor Juana Inés de la Cruz". *Letras de Deusto* 19/43 (enero-abril 1989): 109-120.

Santamaría, Francisco J. *Diccionario general de americanismos*. México: Pedro Robredo, 1942.

_____ *Diccionario de mejicanismos*. México: Porrúa, 1959.

Santí, Enrico Mario. "Sor Juana, Octavio Paz and the Poetics of Restitution". *Indiana Journal of Hispanic Literatures* 1/2 (Spring 1993): 101-139.

_____ "El sexo de la escritura". *Revista de la Universidad de México* 38/23 (marzo, 1983): 50-52.

Santillán González, Baltasar. *Don Carlos Sigüenza y Góngora. Con unas notas para la bibliografía científica de su época*. Tesis de Maestría en Historia, Facultad de Filosofía y Letras, UNAM, 1956.

Sarduy, Severo. "El barroco y el neobarroco". *América Latina en su literatura*. México: Siglo Veintiuno, 1975. 167-184.

Sasaky, Betty. "Seizing the Gaze: the Carpe diem Topos in Sor Juana Inés de la Cruz's 'A su retrato'". *Calíope: Journal of the Society for Renaissance and Baroque Hispanic Poetry* 3/1 (1997): 5-17.

Schilling, Hilburg. "El programa completo de un festejo barroco a cargo de Sor Juana Inés de la Cruz". *Teatro Profano en la Nueva España: fines del siglo XVI al mediados del XVIII*. México: UNAM, Centro de Estudios Literarios, 1958. 208-44.

Schmidhuber, Guillermo. "*La Segunda Celestina*: hallazgo de una comedia de Sor Juana Inés de la Cruz y Agustín de Salazar". *Conquista y contraconquista. La escritura del Nuevo Mundo*. Julio Ortega y José Amor y Vázquez, eds. México/Rhode Island: Colegio de México y Brown University, 1994. 315-324.

Schmidhuber de la Mora, Guillermo. "*La Segunda Celestina*, búsqueda y hallazgo de una comedia perdida". Introducción a *La Segunda Celestina* de Sor Juana Inés de la Cruz y Agustín de Salazar y Torres. México: Vuelta, 1990. 11-26.

Schons, Dorothy. "The Influence of Góngora on Mexican Literature during the Seventeenth Century". *Hispanic Review* 7 (1939): 22-34.

Schwartz, Stuart B. "Colonial Identities and the *Sociedad de Castas*". *Colonial Latin American Review* 4/1 (1995): 185-201.

Scott, Nina. "'If you are not pleased to favor me, put me out of your mind...': Gender and Authority in Sor Juana Inés de la Cruz: And the Translation of Her Letter to the Reverend Father Maestro Antonio Núñez of the

Society of Jesus". *Women's Studies International Forum* 11/5 (1988): 429-438.

_____ "'La gran turba de las que merecieron nombres': Sor Juana's Foremothers in 'La Respuesta a Sor Filotea'". *Coded Encounters. Writing, Gender, and Ethnicity in Colonial Latin America.* Francisco Javier Cevallos-Candau, *et. al*, eds. Amherst: University of Massachusetts Press, 1994. 206-223.

_____ "'Ser mujer ni estar ausente/ no es de amarte impedimento': los poemas de Sor Juana a la condesa de Paredes". *"Y diversa de mí misma entre vuestras plumas ando": Homenaje Internacional a Sor Juana Inés de la Cruz.* Sara Poot-Herrera, ed. México: El Colegio de México, 1994. 159-169.

_____ "Sor Juana Inés de la Cruz: 'Let Your Women Keep Silence in the Churches...'". *Women's Studies International Forum* 8/5 (1985): 511-519.

Selig, Karl-Ludwig. "Algunos aspectos de la tradición emblemática en la literatura colonial". *Actas del tercer congreso internacional de hispanistas.* Carlos Magis, ed. México: El Colegio de México, 1970. 831-7.

Sibisrky, Saúl. "Carlos Siguenza y Góngora (1645-1700), la transición hacia el iluminismo criollo en una figura excepcional". *Revista Iberoamericana* XXXI/60 (julio-diciembre 1965): 195-207.

Smith, Paul. *Discerning the Subject.* Minneapolis: University of Minnesota Press, 1988.

Smith, Paul Julian. *Representing the Other. 'Race', Text, and Gender in Spanish and Spanish American Narrative.* Oxford: Clarendon Press, 1992.

_____ *The Body Hispanic: Gender and Sexuality in Spanish and Spanish American Literature.* Oxford: Clarendon Press, 1992.

Socolow, Susan. M. "Introduction". *Cities and Society in Colonial Latin America.* Louisa Schell Hoberman y Susan Midgen Socolow, eds. Albuquerque: University of New Mexico Press, 1991. 3-18.

Sotomayor, Aurea. "La réplica a las voces de los padres: el caso Sor Juana". *Postdata* 6-7 (1993): 34-41.

Spivak, Gayatri Chakravorty. "Can the Subaltern Speak?" *Marxism and the Interpretation of Culture.* Cary Nelson y Lawrence Grossberg, eds. Urbana/Chicago: University of Illinois Press, 1988. 271-313.

_____ *In Other Worlds: Essays in Cultural Politics.* Nueva York: Methuen, 1987.

_____ "Woman in Difference: Mahasweta Devi's 'Douloti the Bountiful'". *Nationalisms and Sexualities.* Andrew Parker, Mary Russo, Doris Sommer y Patricia Yaeger, eds. Nueva York: Routledge, 1992. 105-128.

Steggink, Otger. "Introducción". *Libro de la Vida.* Santa Teresa de Jesús. Madrid: Castalia, 1986. 7-70.

Sten, María. "La mitología mexicana en *El Divino Narciso* de Sor Juana". *Vida y muerte del teatro Nahuatl: el Olimpo sin Prometeo*. México: Biblioteca Universidad Veracruzana, 1982. 117-127.

_____ "Sor Juana y la mitología mexicana". *Plural* 8/93 (junio de 1979): 39-41.

Strong, Roy C. *Art and Power. Renaissance Festivals 1450-1650*. Berkeley: University of California Press, 1984.

Suárez Radillo, Carlos Miguel. "Visión panorámica del teatro barroco virreinal como expresión del mestizaje hispano-americano". *V Jornadas de teatro clásico español*. Almagro, 1982. 249-70.

Tenorio, Martha Lilia. "El villancico novohispano." *Sor Juana y su mundo*. Sara Poot Herrera, ed. México: Universidad del Claustro de Sor Juana, 1995. 447-501.

Theodoro, Janice. *América Barroca: tema e variações*. Brasil: Editora Nova Fronteira, 1992.

Torre Revello, José. *El libro, la imprenta y el periodismo en América durante la dominación española*. New York: Burt Franklin, 1973.

Torres, Daniel. "Del calco aparente: una lectura de la lírica barroca americana". *Conquista y contraconquista. La escritura del Nuevo Mundo*. Julio Ortega y José Amor y Vázquez, eds. México: El Colegio de México y Brown University, 1994. 355-361.

Tovar y de Teresa, Guillermo. "El arte novohispano en el espejo de su literatura". *La literatura novohispana. Revisión crítica y propuestas metodológicas*. José Pascual Buxó y Arnulfo Herrera, eds. México: UNAM, 1994. 289-302.

TePaske, John y Herbert S. Klein. "The Seventeenth-Century Crisis in New Spain Myth or Reality?" *Past & Present* 90 (1981): 116-135.

Trabulse, Elías. *Ciencia y religión en el siglo XVII*. México: El Colegio de México, 1974.

_____ "El hermetismo y Sor Juana Inés de la Cruz". *El círculo roto*. México: Fondo de Cultura Económica y SEP 80, 1982. 75-91.

_____ "La Rosa de Alexandría: ¿una querella secreta de Sor Juana?" *"Y diversa de mí misma entre vuestras plumas ando": Homenaje Internacional a Sor Juana Inés de la Cruz*. Sara Poot-Herrera, ed. México: El Colegio de México, 1994. 209-214.

Twinam, Ann. "Honor, Sexuality, and Illegitimacy in Colonial Spanish America". *Sexuality and Marriage in Colonial Latin America*. Asunción Lavrín, ed. Lincoln/London: University of Nebraska Press, 1992. 118-155.

Uribe Rueda, Alvaro. "Sor Juana Inés de la Cruz o la culminación del siglo barroco en las Indias". *Thesaurus* 44/1 (enero-abril 1989): 112-148.

Valbuena-Briones, Ángel. "El auto sacramental en Sor Juana Inés de la Cruz". *"Y diversa de mí misma entre vuestras plumas ando": Homenaje*

Internacional a Sor Juana Inés de la Cruz. Sara Poot-Herrera, ed. México: El Colegio de México, 1994. 215-225.

———. "El juego de los espejos en 'El divino Narciso' de Sor Juana Inés de la Cruz". *Nueva revista de filología hispánica (RILCE)*. [Universidad de Navarra] 6/2 (1990): 337-348.

Valdés, Octaviano. "El barroco, espíritu y forma del arte de México". *Abside* 20/4 (octubre-diciembre de 1956): 380-409.

Valdés-Cruz, Rosa. "La visión del negro en Sor Juana". *XXVII Congreso del Instituto Internacional de Literatura Iberoamericana*. Primer Tomo: El Barroco en América. Madrid: Ediciones Cultura Hispánica, 1978. 207-216.

Valenzuela Rodarte, Alberto. "Juana Inés es ya mexicana y paradigma de México". *Historia de la literatura en México*. México: Editorial Jus, S.A., 1961. 176-187.

Vega, Lope de. *El perro del hortelano*. Madrid: Castalia, 1989.

——— *La dama boba*. Madrid: Espasa Calpe, S.A., 1977.

——— *La vengadora de las mujeres*. Madrid: s.n., 18—.

Veiravé, Alfredo. "Estudio preliminar". *Selección poética*. México: Kapelusz Mexicana, 1972. 9-41.

Velasco, Mabel. "La cosmología azteca en el 'Primero sueño' de Sor Juana Inés de la Cruz". *Revista Iberoamericana* L/127 (abril-junio 1984): 539-548.

Venier, Martha Elena. "Ciencia y filosofía en Nueva España". *Conquista y contraconquista. La escritura del Nuevo Mundo*. Julio Ortega y José Amor y Vázquez, eds. México/Rhode Island: Colegio de México y Brown University, 1994. 383-388.

Vicente-García, Luis Miguel. "La defensa de la mujer como intelectual en Teresa de Cartagena y Sor Juana Inés de la Cruz". *Mester* 18/2 (Fall 1989): 95-103.

Vidal, Hernán. *Socio-historia de la Literatura Colonial Hispanoamericana: Tres lecturas orgánicas*. Minneapolis: Ideologies and Literature, 1985.

Villar, Luis M. *Juana Inés de la Cruz: A Bibliography*. Hanover, NH: Darmouth College, 1994.

Vossler, Karl. "La décima musa de México; Sor Juana Inés de la Cruz". *Investigaciones Lingüísticas* 3/1-2 (enero-abril 1935): 58-72.

Weimer, Christopher Brian. "Sor Juana as Feminist Playwright: The Gracioso's Satiric Function in 'Los empeños de una casa'". *Latin American Theater Review* 26/1 (Fall 1992): 91-98.

Williamsen, Vern G. "La simetría bilateral en las comedias de Sor Juana Inés". *XVII Congreso del Instituto Internacional de Literatura Iberoamericana*. Primer Tomo: El Barroco en América. Madrid: Ediciones Cultura Hispánica, 1978. 217-28.

Wilshire, Donna. "The Uses of Myth, Image, and the Female Body in Re-visioning Knowledge". *Gender/Body/Knowledge. Feminist Reconstructions of Being and Knowing*. Alison M. Jaggar y Susan R. Bordo, eds. New Brunswick/Londres: Rutgers University Press, 1989. 92-114.

Wilson, Leslie. "La poesía negra: its background, themes and significance". *Blacks in Hispanic Literature: Critical Essays*. Miriam DeCosta Port, ed. Washington, NY: Kennikat Press, 1977. 90-104.

Xirau, Ramón. *Poesía y conocimiento*. México: Joaquín Mortiz, Cuadernos, 1978.

Yáñez, Agustín. "Mexicanidad ejemplar de Sor Juana". *Letras Potosinas*. (noviembre-diciembre 1951): 22-23.

Young, Robert. *Colonial Desire. Hibridity, Theory, Culture and Race*. Londres: Routledge, 1995.

Zambrano, María. *Filosofía y poesía*. México: Fondo de Cultura Económica, 1987.

Zamora, Margarita. "América y el arte de la memoria". *Revista de Crítica Literaria Latinoamericana* 21/41 (1995): 135-148.

_____ "Historicity and Literariness: Problems in the Literary Criticism of Spanish American Colonial Texts". *Modern Language Notes* 102/2 (March 1987): 334-346.

Zanelli, Carmela. "La loa de 'El Divino Narciso' de Sor Juana Inés de la Cruz y la doble recuperación de la cultura indígena mexicana". *La literatura novohispana. Revisión crítica y propuestas metodológicas*. José Pascual Buxó y Arnulfo Herrera, eds. México: UNAM, 1994. 183-200.

Zavala, Iris. "Representing the Colonial Subject". *1492-1992: Re/Discovering Colonial Writing*. René Jara y Nicholas Spadaccini, eds. Hispanic Issues 4. Minneapolis: The Prisma Institute, 1989.323-348.

Zavala, Silvio. *El mundo americano en la época colonial*. México: Porrúa,1967.

Zea, Leopoldo. "Descartes y la conciencia de América". *Filosofía y letras* 19-20/39 (1950): 93-106.

_____ "Ideología y filosofía de la cultura barroca latinoamericana". *Nuestra América*. México: UNAM. Centro Coordinador y Difusor de Estudios Latinoamericanos. Director: Leopoldo Zea. 1/3 (septiembre-diciembre 1980): 71-79.

Zertuche, Francisco. *Sor Juana y la Compañía de Jesús*. Monterrey, México: Universidad de Nuevo León, Departamento de Extensión Universitaria, 1961.

Zuckerman-Ingber, Alix. *El bien más alto. A Reconsideration of Lope de Vega's Honor Plays*. Gainesville: University Press of Florida, 1984.

NOTA EDITORIAL:

Las siguientes publicaciones incluyen algunas secciones de los capítulos dos, cuatro y cinco de este libro:

"Saberes americanos: constitución de una subjetividad intelectual femenina en la poesía lírica de Sor Juana". *Revista de Crítica Literaria Latinoamericana* 49 (1999).

"Saberes americanos: la constitución de una subjetividad colonial en los villancicos de Sor Juana". *Revista Iberoamericana* LXIII/181 (octubre-diciembre 1997): 631-648.

"Articulando las múltiples subalternidades en el *Divino Narciso*". *Colonial Latin American Review* 4/1 (1995): 85-104.

"Engendrando el sujeto femenino del saber o las estrategias para la construcción de una conciencia epistemológica colonial en Sor Juana". *Revista de Crítica Literaria Latinoamericana* 20/40 (1994): 259-280.

Se agradece a estas publicaciones la autorización para reproducir estos trabajos.

www.ingramcontent.com/pod-product-compliance
Lightning Source LLC
Chambersburg PA
CBHW071403300426
44114CB00016B/2169